儒学与古典文学论集

谢谦 著

四川人民出版社

目录

儒学独尊的文化背景说 / 001

儒教：中国历代王朝的国家宗教 / 013

儒学独尊的历史真相与儒家学者的精神蜕变 / 026

周公遗范与儒家礼乐文化的发展模式 / 044

论屈原形象的塑造 / 066

刘向著述与汉代政治之联系考略 / 086

论朱熹《诗》说与毛郑之学的异同及历史意义 / 098

试论朱熹的"美刺"之辨 / 115

朱熹"淫诗"之说评议 / 130

关于朱熹《诗》说的两条考辨 / 145

论北宋的通俗滑稽词 / 160

论宋代文人词的俚俗化 / 171

欧阳修艳词绯闻辨疑 / 184

游于艺：徐渭的艺术精神 / 199

论明末文人阮大铖的堕落 / 212

复古与创新：寻找失落的"真诗" / 226

词中故事：明末士风与清初科场案 / 236

论"度柳翠"杂剧的两个系统 / 245

小说文本：中国文化的另一种解读 / 260

白蛇传：民间传说的三教演绎 / 270

朱熹与严蕊：从南宋流言到晚明小说 / 281

吴敬梓等人修复先贤祠质疑 / 295

吴敬梓"不赴廷试"辨析 / 301

庞德：中国诗的"发明者" / 313

初版后记 / 322

再版后记 / 325

儒学独尊的文化背景说

儒学是汉代以后中国历代王朝转相尊奉的正统之学。在先秦时代，儒学是诸子私学；而在秦始皇时代，它遭到禁绝，汉初诸帝也不好儒。直到汉武帝时代，它才开始交上好运，从诸子私学一跃而成为官学，从此享受独尊的殊荣。问题在于，当时活跃于思想界的学派并非儒学一家，司马谈《论六家要旨》列举了六家，班固《艺文志·诸子略》列举了十家。黄老之学和五行家在当时的影响力决不在儒家之下，甚至超过了儒家。那么，汉武帝又为什么在诸子百家之中选择儒家，让它享受独尊的殊荣呢？

从五四新文化运动以来，学术界对此有两种截然不同的看法。反孔派的学者认为，因为儒学最符合大一统封建专制的政治需要，而且举出了一系列证据，如"君君臣臣""三纲五常""忠孝节义"等。尊孔派的学者则认为，儒学原非专制政治的思想工具，它的许多思想与专制政治格格不入，而且也举出了一系列证据，如"天聪明自我民聪明""民贵君轻""诛一夫"等，汉代统治者不过是假借孔子之名，行其专制政治之实，所谓"王霸道杂用"，从未实行过孔子的真儒学。这似乎已成为一种思维定式：

凡是涉及儒学独尊这一历史问题的讨论，反孔派和尊孔派的学者都要为真假孔学这样一个"见仁见智"、而且事实上永远也说不清的问题争论不休。我们并不否认，即使是这种得不出统一结论的争论，在思想文化史上也自有其意义，不必强求任何一种争论都必须得出统一的结论。但是，如果我们将儒学独尊作为一个文化问题来认识，从另外一个角度，譬如说从汉王朝继往开来的文化建设的角度，而不必拘泥于真假儒学之争这种思维定式，来审视儒学独尊的因果关系，或许更有助于我们历史地认识儒学独尊这一历史问题。

一

尊孔派的学者多以秦始皇"焚书坑儒"来反证孔子的真儒学并不是符合封建专制政治的思想工具。其实，秦始皇个人虽然"刻削毋仁恩和义"，但在统一天下的过程中及统一天下之初，对于诸子各派，他不但宽容，而且广为网罗。他"悉召文学方术士甚众，欲以兴太平"（《史记·秦始皇本纪》）。在秦博士中，就有许多儒生。当然，这并不意味着秦始皇要保留战国时代的诸子争鸣的局面。相反，为了使大一统的秦王朝长治久安，一世二世传至无穷，他在统一天下之后，便采取了"一法度衡石丈尺，车同轨，书同文字"（同上）等一系列文化统一措施。而统一的标准，便是秦文化。

秦王朝的建立，与汉王朝的建立是不一样的。它实际上是秦国的胜利，是秦民族也即秦文化的胜利。不管秦王国在历史上与周王朝以及与中原正统文化有怎样的依附关系，它毕竟是一个具有近六百年历史的民族国家（笔者按，《史记·秦始皇本纪》："秦襄公至二世，六百一十岁。"张守节《正义》："《秦本纪》自襄公至二世，五百七十六年矣。《年表》自襄公至二世，五百六十一年。三说并不同，未知孰是。"），而且也有自己的民族文化传统，包括文字、历法、宗教、礼乐制度等。也就是说，秦王朝并非一个有今无古的"暴发户"。这一点也就决定了它的大一统王朝文化建设的基本路线，即以本民族的传统文化为基础，同时兼收并蓄其他被征服民族的文化，包括周文化。事实上，秦王朝的许多基本制度，例如郡县制、雍四時祭上帝、事统尚法等，皆秦旧制，而非新创。也就是说，在秦王朝的大一统文化中，处于主导地位的是秦文化，而其他非秦的文化只不过是从属。而作为私学的诸子百家也只是被利用的对象，绝不可能取代秦文化而被奉为正统，享受独尊的殊荣。如果要独尊，那自然是秦文化。

但是，产生于诸侯力政时代的诸子百家之学并非文化制度，而是各家各派的理论学说与意识形态，"百家殊方，指意不同"。秦相李斯一语中的："人善其所私学，以非上之所建立。"（《史记·秦始皇本纪》）更为严重的是，私学"语皆道古以害今"（同上）。所谓"古"，无非是"五帝三王"之古。秦王朝有自己的列祖列宗，有自己的历史与文化传统，所以当诸生以"五帝三王"之古来评判秦王朝之今时，那就不只是一个"以古非今"的问题了，而也意味着无视秦文化的正统地位。因此，禁绝私学，对于秦王朝来说，不但有统一思想的现实意义，同时也有维护秦文化正统地位的历史意义。这就是"焚书坑儒"的历史背景。

其实,秦始皇禁绝私学的极端措施,并非只针对儒学一家,而是广泛针对一切非秦的思想文化传统的。李斯禁绝私学的建议说得非常清楚:"史官非秦记皆烧之。非博士官所职,天下敢有藏《诗》、《书》、百家语者,悉诣守、尉杂烧之……所不去者,医药卜筮种树之书。"(同上)总之,凡属非秦的文化意识形态,凡属诸子私学,都在禁绝之列。秦王国自己的历史文化传统和秦王朝的法令即是钦定的意识形态。这与秦王朝建立之初的文化统一的基本路线是完全一致的。

总而言之,秦王朝自始至终都走着以本民族的文化传统为基础建设大一统王朝文化的路线,它竭力维护并强化着秦文化的正统地位。因此,无论它是采取宽容的政策,还是施行极端的措施,都不可能将诸子之学的任何一家奉为正统官学,儒家没有资格,法家也没有资格。尽管秦始皇本人专任法治,但申、韩之学也在禁绝之列,并未被钦定为人人必读的经典。任何一家诸子私学都不可能取代秦文化的正统地位,这一点是可以肯定的。

二

汉王朝却全然不同。高祖刘邦以一介匹夫而为天子,在此之前,既没有一个汉民族,也无所谓汉文化。汉王朝的历史只是从刘邦开始的,它是一个"有今无古"的"暴发户"。所以汉皇室常谓"天下者,高皇帝之天下",而刘邦本人也理所当然地把汉家江山看作他自己挣来的一份"家业"。这就决定了汉王朝在建设自己的大一统王朝文化时,必须选择一种既有的文化传统,以此为基础来建设所谓汉文化。

对于汉王朝的统治者来说,至少有三种文化传统可供选择:

第一种选择是楚文化。刘邦是楚地人,对楚文化有深厚的感情,但是他又并非楚王室或同姓贵族的后裔。尽管初起时曾奉楚怀王之孙心为王,后又因项羽放杀义帝(即楚王心)而举兵讨项羽,摆开了楚汉之争的战场,但这只不过是一种策略。他的最终目的是建立刘氏的汉家江山,而不是复兴楚国或建立楚王朝。而且楚国只是诸侯列国,其文化并不代表中原华夏文化的正统。所以,尽管高祖好楚声,武帝好楚辞,甚至武帝在建立汉家郊祀制度时奉太一(楚神)为至尊神,郊祀乐章也多仿《九歌》体制,但汉王朝最终还是没有选择楚文化来作为汉文化建设的基础。

第二种选择是秦文化。事实上,汉初制度多因袭秦制,如朝廷礼仪,即是由故秦博士叔孙通"采古礼与秦仪杂就之"(《史记·叔孙通传》),而正朔服色等也因天下初定,而未遑改更(见《史记·历书》)。尽管如此,刘邦并未以继秦自命。他深知"天下苦秦久矣",初入关中,即宣布"约法三章","余悉除去秦法"(《史记·高祖本纪》)。他力图给天下一种万象更新的印象,但为什么又要采取亡秦的正朔服色等制度呢?原来根据当时流行的"五德终始"之说,朝代的更替乃五德转运,例如,黄帝得土德,夏得木德,商得金德,周得火德,而代周者则为水德(参见《吕氏春秋·应同》)。正朔服色及一切礼仪制度也应与此一一对应。秦始皇统一天下后,即推"终始五德"之运,认为

"秦代周德，从所不胜，方今水德之始"，于是秦王朝的正朔服色及一切礼仪制度也与此对应，如以十月为岁首，服色尚黑，度以六为纪，音上大吕，事统上法，等等。而这一切，无非是证明秦王朝代周而有天下是天命所归。然而，汉高祖刘邦却否认了秦王朝在终始五德之运中的正统地位，"自以为获水德之瑞"。据《史记·封禅书》载，高祖击项羽而还入关，问："故秦时上帝祠何帝也？"对曰："四帝，有青、白、黄、赤帝之祠。"高祖曰："吾闻天有五帝，而有四，何也？"莫知其说。于是高祖曰："吾知之矣，乃待我而具五也。"乃立黑帝祠，命曰北畤。其实，刘邦何尝不知道五帝之中的黑帝乃秦帝，"秦自以水德为其一"（王先谦《汉书补注》引何曾说）。他故作不知，无非是想说明代周而王天下者在汉而不在秦。他非常巧妙地将秦剔出终始五德之运的系统，从而也将秦王朝排除出了"五帝三王"一脉相承的正统。这不仅为汉袭秦制找到了理论依据，而且也为第三种选择埋下了伏笔。

第三种选择即是以周文化为代表的中原正统文化。汉高祖刘邦代秦而以继周自命，用陆贾的话说："皇帝起丰沛，讨暴秦，诛强楚，为天下兴利除害，继五帝三王之业，统理中国。"（《史记·陆贾传》）"五帝三王"即中国古人心目中代代相传的正统，"有今无古"的汉王朝自然要攀上这一正统。如果说，高祖、高后时代，汉王朝统治者还无暇顾及"稽古礼文"之事，那么到了汉文帝时代，以继周为主题的文化建设运动就开始了。文帝初即位，贾谊就提出了改德改制的建议。贾谊从五德终始之运的另一系统中，推出汉继周当为土德，认为汉"宜当改正朔，易服色制度，定官名，兴礼乐"，并"草具其仪法，色上黄，数用五，为官名，悉更秦之法"（《史记·贾谊传》）。其后，鲁人公孙臣又再次上书陈五德终始之运，"言方今土德时，土德应黄龙见，当改正朔、易服色制度"（《史记·封禅书》）。所谓改德改制，实质上就是要改变汉袭秦制的现状，建立大汉王朝自己的文化制度。既然汉王朝统治者以继周自命，那么以周文化为代表的中原正统文化理所当然也就成了汉文化的模范。因此，当文帝最终采纳了改德改制的建议时，他一面拜公孙臣为博士，"与诸生草改历服色事"，一面又"使博士诸生刺《六经》中作《王制》"（同上）。《王制》所言乃三代爵禄制度，非秦制。据刘向《别录》云，文帝使博士诸生所造书还有《本制》《兵制》《服制》等。尽管文帝本人好黄老刑名之学，但当他着手改德改制时，还是选择了以周文化为代表的中原正统文化。这样，"有今无古"的汉王朝也就攀上了中国历史上"五帝三王"的正统。

汉王朝"法三代"或"取法乎周"的文化路线并非基于儒家思想，因为汉初诸帝以及统治集团的主要人物都不好儒术。汉王朝统治者之所以采取这一路线，完全是由于它本身没有一个既成的文化传统，如秦王朝那样。它必须凭借一个既成的文化传统为基础，来建设发展大一统的王朝文化，而在可能选择的文化传统中，以周文化为代表的中原正统文化毫无疑问是最佳选择。汉王朝统治者在确定这一路线之初，实在并无意于将诸子私学包括儒学奉为王朝的正统。

三

到了武帝时代,汉王朝的文化建设进入了全盛期。《汉书·武帝纪》总结这一时代的文化建设说:"孝武初立,卓然罢黜百家,表章'六经'。遂畴咨海内,举其俊茂,与之立功。兴太学,修郊祀,改正朔,定历数,协音律,作诗乐,建封禅,礼百神,绍周后,号令文章,焕焉可述。后嗣得遵洪业,而有三代之风。"显然,武帝时代的文化建设,依然是遵循着汉初以继周为主题的文化路线的。

那么,以周文化为代表的中原正统文化又是什么呢?自然是儒家所崇奉的"六经"。"六经"本非诸子私学,而是王官文化,是"先王旧典",而非私家著述。《庄子·天下》说,古之道术"其明而在数度者,旧法世传之史尚多有之,其在于《诗》《书》《礼》《乐》者,邹鲁之士、搢绅先生多能明之"。《易》是周代卜筮之书,而《春秋》则是鲁国旧史。即使我们承认"六经"是经孔子编订的,如《史记·孔子世家》所说,"六经"的材料依然是"先王旧典",所谓"'六经'皆史"也。事实上,孔子不过是"六经"的第一个非官方的传人,首开私家讲学之风,以《诗》《书》《礼》《乐》示教。当然,孔子有他自己的一套"治国平天下"的政治思想,即以"仁义"为核心,以"礼乐"教化为形式的伦理本位主义。但他并不诉诸空言,而是借"六经"来发挥自己的思想。他自谓"述而不作,信而好古",然而事实上,他不过是借述五帝三王之古,来阐明自己"治国平天下"的思想。以传经而传道,这就是孔子的特点,也是儒家学派的特点。《汉书·艺文志》说,儒家者流"游文于'六经'之中,留意于仁义之际,祖述尧舜,宪章文武,宗师仲尼,以重其言"。儒家学派以传经而传道的特点,恰好符合了汉王朝文化建设的需要。因为汉王朝是以"法三代"或"取法乎周"为其基本路线的,而"稽古礼文之事",引经据典,是儒家的看家本领,非儒家莫属。儒家以传经而传道,汉武帝也因宗经(中原正统文化)而尊儒(诸子私学),这就是儒学独尊的文化背景,也就是汉武帝"罢黜百家,独尊儒术"的历史原因。

这里,需要说明两个问题。

第一,"六经"和儒学的异同。今人多将"六经"和儒学混为一谈,实则两者是有区别的。"六经"是"先王旧典",是王官文化,而儒家是诸子私学,它不过借助了"六经"来发挥自己的思想,即以传经而传道,所谓"我欲载之空言,不如见之于行事之深切著明也"(《史记·太史公自序》引孔子语)。这也就是中国史官文化的传统。尽管如此,在汉代,经学是经学,儒学是儒学。《汉书·艺文志》叙"六艺",著录了《易》《书》《诗》《礼》《乐》《春秋》《论语》《孝经》等及汉代解经说经的著述,甚至包括《国语》《战国策》《世本》《太古以来年纪》《汉大年纪》《汉封禅群祀》《楚汉春秋》《太史公》等非儒家的著作。显然,班固所谓的"六艺"是指"先王旧典"和记录历代治乱盛衰的古史,而并未以儒家标准为取舍。儒家虽然"于道为最高",但也只是"十流九家"之一。所以,《子思》《曾子》《孟子》《荀子》等儒家著述只是排在《诸子略》中,甚至不能同汉人的注经之学并列。即使在汉代以后，这种分别还是很严格的。程、朱、陆、王等儒学大师的非经学著述都只能列名于子部，享受不到列名经部的殊荣。朱熹的《四书集注》曾被钦定为科考的标准答案，然而《朱子大全》《朱子语类》则仅是一家之言。原因就在于经学与儒学的区别。

第二，宗经与尊儒的因果关系。前文已言及汉武帝是因宗经而尊儒，而不是因为尊儒而宗经。这并非推论，而是于史有证。汉初诸帝并不好儒术，然高祖时已基本确定了继周的文化路线，文帝时已"使博士诸生刺'六经'中作《王制》"，又使晁错从济南伏生受《尚书》。武帝建元五年（前136），置《五经》博士，而两年之后，即元光元年（前134），董仲舒才以《春秋》大一统之义，提出了"诸不在六艺之科孔子之术者，皆绝其道，勿使并进"（《汉书·董仲舒传》）的建议。显然是宗经在前，尊儒在后。汉武帝在诏策中已明确提出"章先帝之洪业休德，上参尧舜，下配三王"（同上），效法"五帝三王"的主题是非常突出的。而以传经而传道的儒家，既以称说"六经"为其看家本领，引经据典，辨明"五帝三王"之道，也就非它莫属。于是，也就出现了儒学独尊、百家尽黜的历史结果。

四

毫无疑问，儒学的基本思想是符合大一统封建专制的政治要求的。孔子创立儒学的本意，是在为统治者设计"治国平天下"之道，他周游列国，也是为了得到国君的赏识与重用。我们并不同意现代新儒学有意要将孔学纯化为一种完全超然于现实政治之外的人生哲学或文化哲学。现代新儒学之所以淡化孔学的政治色彩,否认或半否认孔学与大一统封建专制政治相适应的一面,无非是因为孔子及其儒学同时也代表了中华民族的文化传统,所以他们从"复兴民族文化"的梦想出发,竭力要把孔子塑造成一位超越时空的圣哲,甚至把儒学预言为21世纪人类精神的依归。他们心中郁结着强烈而深沉的"民族情结"或"中国情怀"。尤其是他们远离故国,漂泊异乡,面对欧美文化的昌盛,痛感中华文化的衰落,因而高扬"民族复兴"的旗帜,盛称中国文化的伟大,并力图从孔子及其儒学中阐释出中华民族赖以自信、自立、自强的现实意义,其苦心孤诣是可以理解的。然而,理解归理解,历史归历史。如果说,孔子及其儒学的基本思想并不符合大一统封建专制政治的需要,历代统治者实行的都是假孔学而非真孔学,那么在中国延续了两千多年的儒学独尊的历史,岂不是成了一场闹剧?

问题的关键并不在这里。事实上,并非只有儒家才为统治者设计"治国平天下"的方案,而且也并非只有儒家才最符合大一统封建专制政治的要求,成为专制政治的思想工具。可以说,春秋战国时代并称"显学"的诸子各家,无一不是在为统治者寻求"治国平天下"之道,都是"君人南面之术"。《汉书·艺文志》说:"诸子十家,其可观者九家而已。皆起于王道既微,诸侯力政,时君世主,好恶殊方,是以九家之术蜂出并作。各引一端,崇其所善,以此驰说,取合诸侯。"司马谈《论六家要旨》也说:"夫阴阳、儒、墨、名、法、道德,此务为治者也,直所从言之异路,有省不省耳。"既然诸子之学都是"务为治者"的统治之术,那么我们就不能断言其中哪一家是最符合统治者要求的。班固说儒家"于道为最高",而司马迁"论大道则先黄老而后'六经'"。站在秦始皇的立场上,法家也许比儒家更符合他的需要。事实上,我们也可以从儒家学说中找到或引申出反对专制政治的思想,如近代改良派和现代新儒学所做的那样。诸子百家提供了形形色色的意识形态与统治之术,统治者要统一思想,有多种选择,未必一定要统一于儒家,法家也可,道家也未必不可。其间并不存在非此不可的必然性。也就是说,儒家之所以享受到独尊的殊荣,主要的不是因为它的思想本身,不是因为它的思想最符合大一统封建专制政治的需要,而是因为它以传经而传道的形式符合了汉王朝的文化建设路线。如果汉王朝在建立之前已有自己的文化传统,如秦王朝那样,那么,享受独尊殊荣的不可能是儒学,而是汉文化。即使汉王朝不采取禁绝私学以至"焚书坑儒"那样的极端措施,擅长引经据典称说"五帝三王"的儒家学者最多也只能"具官待问"而已。

原载中华书局《传统文化与现代化》1993年第3期

儒教：中国历代王朝的国家宗教

现代学者讨论儒教或儒家，一般总是从流行的宗教定义出发，并以基督教、佛教或道教等宗教作为参照，据此来衡量儒教或儒家是不是宗教。其实，宗教定义不过只是某些学者对宗教现象的一般概括。早在19世纪，宗教学的奠基人之一英国学者麦克斯·缪勒在其《宗教的起源与发展》一书中，就曾经列举过多种互相矛盾的宗教定义，并由此得出结论说："世界上有多少种宗教，就会有多少种宗教的定义。"尽管如此，我们还是暂时采用通常的定义，即宗教是对超自然的神灵的信仰与崇拜，来对中国传统的宗教与儒教作一番定性分析。

说到中国的宗教，人们自然首先想到佛道二教。尽管儒家经典中充斥着鬼神观念，而且古代就已经有"三教同源""三教合一"之类的说法，但现代学者还是更倾向于将儒教视为教化之教，而不是宗教之教。毫无疑问，儒家注重人伦，注重道德教化，讲求修齐治平的"内圣外王"之学，讲求"忠君孝亲"的纲常伦理；而且，我们还可以从儒家的代表人物那里，找出一大堆与宗教观念完全相反的思想，例如孔子的"不语怪力乱神"、荀子的"制天命而用之"等等。总之，根据通常的宗教定义，我们很难得出儒教或儒家是宗教的结论。儒家之学是伦理之学，是中国历代王朝尊奉的正统之学，这似乎已成定论。

但是，只要我们翻翻历代的正史，就不难发现除佛道二教之外，中国还存在另外一种宗教现象，而且其历史比佛道二教还要悠久得多。这就是秦汉以来历代汉民族甚至非汉民族王朝如清朝列为国家祭典的郊庙制度。郊，是祭祀天神地祇的宗教仪式，因为分别在国都的南北郊举行，所以称为"郊"。庙即宗庙，是祭祀祖宗的所在，因此也代指祭祀祖宗的宗教仪式。《周礼·考工记》："左祖（宗庙）右社（社稷）。"历代的郊庙制度非常复杂，其仪式也非常烦琐，而且都有专用的乐舞，这些都详细记载于历代正史的《郊祀志》或《礼乐志》之中，是历代王朝主要的礼乐制度。

郊庙礼乐祭祀的是天神、地祇、人鬼，这是历代王朝转相尊奉的三元系列神。天神以上帝为尊，次以日月星辰、风雨雷电之神；地祇以社稷（汉以后改为后土）为尊，次以山川林泽、江河湖海之神；人鬼以始祖为尊，次以列祖列宗、先公先妣。这一三元神崇拜的基本格局形成于商代，现代学者陈梦家在《殷墟卜辞综述》中曾将商民族祭祀的诸神归为三大系列：

甲、天神系列：上帝、日、东母、西母、云、风、雨、雪；

乙、地祇系列：社、四方、四戈、四巫、山、川；

丙、人鬼系列：先王、先公、先妣、诸子、诸母、旧臣。

因为商民族将始祖当作至尊神，所以上帝既是众神之主，又是商民族的始祖，是商民族的保护神。商民族的宗教以天地祖宗三元神为崇拜物，是一种多神教。周武王克商后，基本沿袭了这一宗教传统。《周礼·春官》所载西周的宗教祀典如下：

> 大宗伯之职，掌建邦之天神、人鬼、地示之礼，以佐王建保邦国，以吉礼事邦国之鬼神祇：以禋祀祀昊天上帝，以实柴祀日月星辰，以槱燎祀司中、司命、风师雨师；以血祭祭社稷、五祀、五岳，以埋沉祭山林川泽，以疈辜祭四方百物；以肆献祼享先王，以馈食享先王，以祠春享先王，以禴夏享先王，以尝秋享先王，以烝冬享先王。

但周人对商民族的上帝观念进行了改造，即将始祖神与至尊神一分为二，将上帝与天联系起来，使其成为超越某一民族或氏族的最高神，称为"昊天上帝"，并将其始祖后稷尊为五谷之长，与"社"合并为"社稷"，居于地祇之首。这就是孔子所谓"周因于殷礼"而又有所"损益"者。而周文化在中国文化上的典范意义，又决定了历代大一统王朝国家宗教的发展模式。

我在《儒学独尊的文化背景说》[①]一文中，曾经对西汉王朝的文化路线作过一番探讨，认为汉文化的建设有三种模式可供选

---

① 参见本书第一篇文章。

择，即秦文化、楚文化和周文化，每一种模式西汉统治者都曾经尝试过，而最后选择了继周的文化路线。如果说汉武帝在建立汉家大一统宗教时还深受楚文化的影响的话，例如以"太一"而不是"昊天上帝"为至尊神，那么在元、成之际，汉家大一统宗教就开始全面恢复西周古制，其高潮就是王莽在汉平帝元始年间发动的"元始改制"①。"元始改制"的依据就是古文经《周礼》。光武中兴，其郊庙制度基本上是采用"元始故事"，即以王莽以汉平帝名义颁布的宗教祀典为依据。清代学者秦蕙田指出："西汉所谓郊祀天地者，乃是祀五畤及甘泉太一、汾阴后土之类，皆出于方士祈福之说，而非古人报本反始之意也。"（《五礼通考》卷七）而"元始故事"则是西周古制，这正符合汉王朝在文化建设上继周的基本路线。这样，以商周三元神崇拜为中心的郊庙制度就正式作为大一统王朝的宗教祀典确立了下来。汉以后历代王朝的宗教祀典，尽管因时因地而有所变化，但却保持了这种三元神崇拜的基本格局，其崇拜祭祀的对象不出天、地、人三界，于是就形成了中国古代祭祀天地祖宗的郊庙制度。根据儒教的传统，帝王建国君民，第一等大事就是制礼作乐，即建立本朝以郊庙制度为中心的礼乐制度。

郊庙制度是国家祀典，不仅是一种宗教仪式，同时也是一种政治制度。例如，只有天子才有祭天的特权，臣民只能祭祀自家的祖宗。中国传统的"上帝"似乎只是帝王家的保护神，这也许就是中西方"上帝"的最大区别。人间帝王才是独一无二的

---

① 参见拙文《汉代的儒学复古运动与"元始改制"》，载《四川师范大学学报》1996年第2期。

"天子",并非人人都是上帝的"选民",所以在一般百姓的心目中,这个上帝是非常遥远的。中国人上帝观念的淡薄,忠君观念的浓厚,也许可以从这里得到解释。事实上,在古代中国人的心目中,帝王绝非凡人,而是"天子",而是人神,尤其是那些打天下的开国皇帝,更是神圣。古代帝王感生的神话,就是这种宗教观念的产物。而且,尽管臣民可以祭祀自家的祖宗,但宗庙制度也有等级之分。《礼记·王制》说:"天子七庙,三昭三穆与太祖之庙而七;诸侯五庙,二昭二穆与太祖之庙而五;大夫三庙,一昭一穆与太祖之庙而三;士一庙;庶人祭于寝。"清代学者孙希旦认为,这种庙制乃出于汉儒,非西周古制(参见《礼记集解》卷五十三)。也许,西周庙制不一定如此,但通过庙制体现上下尊卑的等级秩序则自古皆然。这种以三元神崇拜为基础的郊庙制度,不仅体现了古代社会的等级秩序,而且也体现了传统道德的最高观念即"忠君"与"孝亲"。宗庙之祭就是为了"慎终追远",而"忠君"不只是"孝"的扩展,也有其宗教基础,即帝王乃"天子"的观念。总之,作为历代王朝国家祀典的郊庙制度,有着三层意义,即宗教信仰、政治制度与伦理观念。

这一套祭祀天地祖宗的宗教祀典,是中国历代王朝奉行的传统。即使在佛道二教流行之际,甚至朝廷也举行水陆道场或斋醮等祈福禳灾仪式,但从没有废弃这一套宗教祀典,而且其重要性远远在佛道仪式之上。历代都有人排斥佛道二教,但却从没有人出来排斥这一套宗教祀典。原因非常简单,这才是中国本土源远流长的传统宗教,是商周立国的根本信仰,是自西汉以来历代王朝奉为正统的国家宗教。

这一国家宗教是客观存在的历史现象，即使根据通常的定义，也不能否认其为宗教。事实上，现代学者在论及中国古代宗教时，不是没有注意到这一宗教现象，而是苦于找不到一个贴切的名称，如道教、佛教、基督教等约定俗成或古已有之的名称。也就是说，关键在于称谓。我们则认为，中国历代王朝的国家宗教可以称为儒教。

这里先区分两个概念：儒教与儒家。众所周知，道家与道教是两个概念，前者是一个学派，后者是一种宗教。儒家与儒教也可作类似的区分：儒家是孔子创立的一个学派，儒教则是华夏民族的传统宗教即历代王朝的国家宗教。需要指出的是，这两个概念的内涵是我们界定的，而在古代，两个概念之间是没有这种界定的。就如同我们今天都将道家与道教严加区别，但事实上古代道教却将老聃与庄周奉为"太上老君"与"南华真人"，而将《老子》与《庄子》尊为道教宝典。在中国古代，本来客观上就存在着一个孔子创立的学派与比这个学派历史更古老的华夏民族的宗教传统与文化传统，而两者之间又有着非常紧密的联系，古代学者笼统称为"先王之教"，现代学者笼统称为"儒家文化"，那么，我们拈出"儒家"与"儒教"这两个古已有之的词语，来分别孔子所创立的学派与华夏民族的传统宗教，也就不是别出心裁的"发明"。

其实，在古代中国人心目中，以天地祖宗为信仰中心的国家宗教与所谓"儒教"本来就是一回事，这是不言自明的。古人所谓儒教是什么？就是礼教，以礼为教。而所谓礼，首先就是以天地祖宗为中心信仰的宗教祭礼。《礼记·祭统》说："凡治人之道，莫急于礼；礼有五经，莫重于祭。"又说："祭者，教之本也。"这就是后世儒家盛称的"先王之教"。唐代韩愈在其《原道》一文中区分儒释道三教的差别时说：

> 夫所谓先王之教者，何也？博爱之谓仁，行而宜之之谓义，由是而之焉之谓道，足乎己无待于外之谓德。其文：《诗》《书》《易》《春秋》；其法：礼、乐、刑、政；其民：士、农、工、贾；其位：君臣、父子、师友、宾主、昆弟、夫妇；其服：麻、丝；其居：宫、室；其食：粟、米、果蔬、鱼肉。其为道易明，其为教易行也。……斯吾所谓道也，非向所谓老与佛之道也。尧以是传之舜，舜以是传之禹，禹以是传之汤，汤以是传之文、武、周公，文、武、周公以是传之孔子……

孔子之前，是否存在着这样一个历圣相传的"道统"，我们先存而不论。但孔子之前的古代文化即三代古礼，绝非凭空创造，而是代代累积而成。孔子曾说："周监于二代，郁郁乎文哉。吾从周。"(《论语·八佾》)又说："殷因于夏礼，所损益可知也；周因于殷礼，所损益可知也。"(《论语·为政》)这个"礼"最初就是祭神的宗教仪式。《尚书·尧典》："帝曰：'咨四岳，有能典朕三礼？'"马融注："三礼：天神、地祇、人鬼之礼。"郑玄注："天事、地事、人事之礼。"(见孙星衍《尚书今古文注疏》卷一)古代文化之中心在宗教，古代礼乐之中心在祭神，而三代宗教与礼乐的一脉相传，就形成了古代华夏民族的文化传统，此即被后世儒家神化的历圣相传的"道统"。古代的礼教即"先王之教"本是宗教之教，其道德教化就包含在宗教之教中。这就是儒教，就是后世儒家之所本。

儒教是华夏民族的传统宗教，也即历代王朝的国家宗教，《诗》《书》《礼》《乐》《易》《春秋》即儒教的圣经，其性质相当于犹太教的《旧约》，既是宗教宝典，又是古代先民的历史。现代学者以清儒"六经皆史"之说为据，将"六经"视为"史"，但须知所谓"史"与宗教经典在上古时代本来就没有什么分别。站在今人的立场上，凡以往之陈迹皆可以谓之"史"，而在这些"史"中，"六经"之所以能被历代王朝尊奉为经典，就在于它们代表着华夏民族的文化正统，是民族文化的元典。历代以正统自居的汉民族王朝甚至非汉民族王朝如清朝，不可能不尊崇这一文化正统，其国家宗教及郊庙制度必须以经典所载为依据。例如，天子祭昊天上帝于国都之南郊，祭后土于国都之北郊，立宗庙于皇宫之左，立社稷于皇宫之右，以及封禅泰山、明堂制度等等，无一不是以"六经"为依据的。历代王朝之尊崇"六经"，并非因为它们出自孔子，而是因为它们乃华夏民族之文化元典。

这就是说，儒教的传统并不始于孔子，孔子无非只是这一古老的文化传统的一位传人。其实，孔子本人并没有创立一个什么学派的意图。所谓儒家，所谓学派，都是后人的表述。孔子既没有发明"儒"这个名词，也没有以"儒家"的创始人自居。孔子之前，中国并不存在后世所谓的学派，文化包括宗教都由王官所掌，即所谓"王官文化"，其典籍就是"六经"。孔子生当春秋末世,眼见得自己倾心向往的文化传统将坠于地,于是以发扬光大这一文化传统为己任,自谓"述而不作,信而好古"(《论语·述而》)。他首开私家讲学之风,以《诗》《书》《礼》《乐》为教,把本是"王官文化"的"六经"传到了民间。后世有孔子删定"六经"的说法,但即使是"删定",也不是凭空的创作,而是对"先王旧典"的整理。孔子对"夏礼""殷礼"与"周礼"都非常熟悉,对其"因于"与"损益"也颇得其详,这就构成了孔子的思想特点,即以礼为教。这也成了孔门后学"一以贯之"的传统。在孔子时代,所谓"儒"是一种职业或熟悉礼乐仪式的术士的通称,因为孔子及其弟子的看家本领就是熟悉古礼,所以孔门就有了"儒家"之称。

孔子及儒家所谓"礼",当然不只是祭神的宗教礼乐,不只是郊社宗庙之礼。在孔子之前,礼就已经从祭神的宗教仪式扩大到了人事。据今传《仪礼》所载,其大别即有士冠礼、士昏礼、士相见礼、乡饮酒礼、乡射礼、燕礼、大射礼、聘礼、公食大夫礼、觐礼、丧礼、既夕礼、特牲馈食礼、少牢馈食礼等十七类。其中的冠婚射燕等就是人事之礼。《周礼》有"以五礼防民之伪"之说,所谓"五礼",据郑玄注,即"吉、凶、军、宾、嘉"是也。"五礼"的功能分别是:"以吉礼事邦国之鬼神祇""以凶礼哀邦国之忧""以军礼同邦国""以宾礼亲邦国""以嘉礼亲万民"(《周礼·春官》)。《周礼》是否即周公制礼作乐以致太平之书,历来就有人怀疑,但孔子之前,古礼已经由祭神的仪式扩大到人事,却是不可否认的历史事实。尽管如此,孔子时代却不是一个非宗教的时代。论者多以春秋时代出现的宗教怀疑论或无神论来证明中国人"理性早熟",例如郑子产所谓"天道远,人道迩",老子所谓"道法自然",以及孔子的"不语怪力乱神",但少数先知先觉的"理性早熟"并不能证明一个民族的宗教观念淡薄。事实上,在孔子生前以至身后的两千多年,华夏民族都保持着一种以天地祖宗信仰为中心的传统宗教,这就是儒教。

孔子本人也许是一个无神论者,至少是一个宗教怀疑论者,不是一个虔诚的宗教信徒。他"敬鬼神而远之"的态度就是证据。其实,宗教都只是芸芸众生的精神依归,大智大慧如孔子、老子、庄子、孟子、荀子,他们都是先知先觉。孔子的深刻之处就在于他不但深知文化传统的一脉相承,而且深知万民的信仰在于宗教,所以他在以礼为教、以仁为本之时,一方面是"述而不作",一方面则是"神道设教"。禘是古代非常隆重的一种祭祀大礼,只有天子才能举行,据《论语·八佾》记载,有人问禘礼的意义,孔子回答说:"不知也。知其说者之于天下也,其如示诸斯乎!"说完指着手掌。《礼记·中庸》对这一段加以演绎说:"郊社之礼,所以事上帝也;宗庙之礼,所以祀其先也。明乎郊社之礼、禘尝之义者,治国其如视诸掌乎!"所谓"禘尝之义",就是"神道设教"的意义。孔子说:"使民如承大祭。"盖大有深意焉。

实际上,孔子以礼为教的思想就是植本于宗教礼乐,即其道德教化以宗教为基础,这一层意思,古代儒家说得很分明:

忠臣以事其君，孝子以事其亲，其本一也。上则顺于鬼神，外则顺于君长，内则以孝于其亲，如此之谓备。……顺以备者，其教之本欤？是故君子之教也，外则教之以尊其君长，内则教以孝于其亲。是故明君在上，则诸臣服从，崇祀宗庙社稷，则子孙顺孝。尽其道，端其义，而教生焉。……是故君子之教也，必由其本，顺之至也，祭其是欤？故曰：祭者，教之本也。（《礼记·祭统》）

祭为教之本，就是宗教为道德教化之本。忠君与孝亲，是儒家道德教化的核心，但道德并不是信仰，而是行为的规范，也就是说，儒家道德并非"不证自明"的终极真理，它还得有某种信仰作为基础，才能成立。儒家道德之所以能够深入华夏民族的人心，就在于它以传统的宗教信仰作为基础，以三元神崇拜作为其道德教化的基础。儒家所谓"五礼"以吉礼即祭礼为首，其意义正在于此：

合鬼与神，教之至也。……因物之精，制为之极，明命鬼神，以为黔首则，百众以畏，万民以服。（《礼记·祭义》）

夫祭有十伦焉：见事鬼神之道焉，见君臣之义焉，见父子之伦焉，见贵贱之等焉，见亲疏之杀焉，见爵赏之施焉，见夫妇之别焉，见政事之均焉，见长幼之序焉，见上下之际焉。此之谓十伦。（《礼记·祭统》）

如果说孔子的宗教态度还比较暧昧的话，那么荀子则是态度鲜明的无神论者。他在《礼论》中说：

> 礼有三本：天地者，生之本也；先祖者，类之本也；君师者，治之本也。无天地恶生？无先祖恶出？无君师恶治？三者偏亡焉，无安人。故礼上事天，下事地，尊先祖而隆君师，是礼之三本也。

郊庙之祭的意义在于"报本反始，不忘其所由生也"。荀子所谓天地先祖，没有任何宗教意味，所以他又说：

> 祭者，志意思慕之情也，忠信爱敬之至矣，礼节文貌之盛矣。苟非圣人，莫之能知也。圣人明知之，士君子安行之，官人以为守，百姓以成俗。其在君子，以为人道也；其在百姓，以为鬼事也。

"君子"的自觉并非就是"百姓"的信仰。在儒家圣贤那里，礼教为道德之教；但在百姓那里，礼教为宗教之教。而儒教之所以能化行天下，深入人心，就在于其道德之教以宗教之教为基础。这一点，历代儒家倒是非常自觉的，所以尽管他们中有人并不相信鬼神，但却仍然一本正经地奉行着宗教祭礼。他们可以对佛道诸神大不敬，但对天地祖宗却毕恭毕敬，因为如果排斥了这种宗教信仰，对于其道德教化来说，就等于"釜底抽薪"。墨子就曾经批评某些儒家的非宗教态度："执无鬼而学祭礼，是犹无客而学客礼,是犹无鱼而为鱼罟也。"(《墨子·公孟》)儒家既然以礼为教,以祭礼为礼教之根本,就不可能与传统的宗教信仰一分为二。

总而言之,儒家所谓礼,所谓郊庙之礼,都不是孔子的创造,而是以古代华夏民族传统宗教祭礼为核心的仪式与规范。礼教即儒教的传统也并非始于孔子,其最直接的渊源至少可以追溯到西周的礼乐文化,所以荀子在追述"大儒之效"时,先列周公,后述孔子,而后世儒家也多以"周孔"并称。事实上,孔子之所以被后世尊为圣人,正是因为他发扬光大了华夏民族源远流长的礼教传统;儒家之所以被后世尊为"于道为最高"的学派,就在于它以这一礼教传统为自己的出发点。尽管历代儒家门户众多,宗派林立,但以礼为教却是其"一以贯之"的传统,这就叫"万变不离其宗"。简言之,儒教是华夏民族的传统宗教,是历代王朝的国家宗教,而孔子及儒家则是传教者。儒家之于儒教,非常类似西方神学之于基督教,两者虽然有所分别,但又难以截然分开,而且常常被人混为一谈。可以这样认为,儒教是一个大概念,儒家是一个小概念,前者可以包括后者,而后者只是前者的某一部分。当现代学者论及中国文化主流为所谓儒家文化时,就曾试图澄清这种混淆,将儒家学派与以这一学派命名的华夏文化传统分别开来。其实,所谓儒家文化的核心正是我们所谓的儒教。

原载中华书局《传统文化与现代化》1996年第6期

儒学独尊的历史真相与儒家学者的精神蜕变

汉儒董仲舒之所以留名后世广为人知，并不是因其所著《春秋繁露》一书垂范儒林，而是因其首创"罢黜百家，独尊儒术"之议，汉武帝采纳之，而开中国两千年思想定于一尊之局。论者多谓汉武帝此举与秦始皇"焚书坑儒"有异曲同工之妙，其实质都是钳制舆论统一思想。笔者多年前研读秦汉文献，发现这些历史事件皆有其特定的民族与文化的背景，并非如今人简单地归纳为所谓"封建意识形态"的问题，因撰《儒学独尊的文化背景说》《儒教：中国历代王朝的国家宗教》等文，辨析经学与儒学、尊经与崇儒之间的因果关系，以及汉武帝"罢黜百家，表章'六经'"之于汉王朝文化建设的意义。我当年主要是从"有今无古"的汉王朝文化选择的角度，来阐释百家被黜而儒学独尊的历史原因。读者若有兴趣，可参阅拙文，兹不赘述。本文要进一步辨析的是儒学独尊的历史真相，同时以董仲舒所倡"王道三纲"为例，揭示大一统专制政治下儒家学术精神之蜕变。

一

"罢黜百家，独尊儒术"不仅是汉武帝时代的大事件，也是影响中国历史至深的大事件。人皆谓此议创自董仲舒《天人三策》之第三策。董氏果真能以一篇对策耸动帝听，而使汉初以来备受帝王公卿冷落的儒学从边缘走向中心？我认为这可能是后儒编造出来的政治神话。今据班固《汉书》本传，董氏"少治《春秋》，孝景时为博士"：

> 武帝即位，举贤良文学之士前后百数，而仲舒以贤良对策焉。

然后全文照录董氏对策即所谓"天人三策"，其末云：

> 《春秋》大一统者，天地之常经，古今之通谊也。今师异道，人异论，百家殊方，指意不同，是以上亡以持一统；法制数变，下不知所守。臣愚以为：诸不在六艺之科孔子之术者，皆绝其道，勿使并进。邪辟之说灭息，然后统纪可一而法度可明，民知所从矣。（策三）

后儒即将此策精义归纳为"罢黜百家，独尊儒术"。班固总结董氏生平事业云：

> 自武帝初立，魏其、武安侯为相而隆儒矣。及仲舒对策，推明孔氏，抑黜百家。立学校之官，州郡举茂才孝廉，皆自仲舒发之。

按武帝即位于建元元年（前140），然据《汉书·武帝纪》：

> 元光元年，五月，诏贤良曰："朕闻昔在唐虞，画象而民不犯……何行而可以章先帝之洪业休德，上参尧舜，下配三王？朕之不敏，不能远德，此子大夫所睹闻也。贤良明于古今王事之体，受策察问，咸以书对，着之于篇，朕亲览焉。"于是董仲舒、公孙弘等出焉。

董氏对策又在元光元年（前134）。又据《汉书·武帝纪》：

> 建元元年冬十月，诏丞相、御史、列侯、中二千石、二千石、诸侯相举贤良方正直言极谏之士。丞相绾奏："所举贤良，或治申、商、韩非、苏秦、张仪之言，乱国政，请皆罢。"奏可。

也就是说，据《武帝纪》，建元元年武帝初即位，丞相卫绾已有罢黜百家的动议，五年又置五经博士，而元光元年董仲舒对策云云，并非创议，乃附议而已。这一点至关重要。细绎《汉书》本传，还有若干疑点。第一，董氏对策年月表述含混，若云"前后百数"，显然诏举贤良非止建元元年一次，董氏属何年何次？第二，董氏所对之三策皆非《武帝纪》所载元光元年之策题。第三，据本传，"对既毕，天子以仲舒为江都相，事易王"，而据《汉书·严助传》，建元元年，"郡举贤良，对策百余人，武帝善助对，由是独擢助为中大夫"。中大夫位在江都相之下，何以曰严助以对策而"独擢为中大夫"？

清人严可均辑《全汉文》，将董氏《举贤良对策》系于元光元年（卷二十三），显然是依据《武帝纪》系年。然《武帝纪》所载元光元年策题并非本传所载董氏对策之题，或疑此即建元元年策题，但这次出风头的是严助，而非董仲舒。也就是说，即或董氏建元元年对策有"罢黜百家，独尊儒术"之创议，也未产生后儒所盛称的巨大影响。而且，我认为，无论是建元元年还是元光元年，武帝可能出若干策题，而由对策者任选，而《武帝纪》所载仅为其一。所以，董氏对策与《武帝纪》所载元光元年策题不一致，还不能无可辩驳地成为董氏建元元年对策的证据。

最初引起我怀疑董氏对策之影响者，是司马迁《史记》的相关记载。司马迁与董仲舒同时，却未提及董仲舒对策之事，对所谓"天人三策"更不着一字。《史记·儒林列传》云：

> 今上即位，为江都相。以《春秋》灾异之变推阴阳所以错行，故求雨闭诸阳，纵诸阴，其止雨反是。行之一国，未尝不得所欲。中废为中大夫。

司马迁为后学晚辈，据《太史公自序》"余闻之董生"云云分析，他还可能亲聆董氏面命，《集解》引服虔云："仲舒也。"

赵翼《廿二史札记》云："古时先生，或称先，或称生，不必二字并称。"（卷三）司马迁对董氏的人品学问赞美有加，如谓其"进退容止，非礼不行，学士皆师尊之"，"为人廉直"，"汉兴至于五世之间，唯董仲舒名为明于《春秋》"云云（《儒林列传》）。如果"罢黜百家，独尊儒术"之议创自董氏，无疑居功甚伟，司马迁为何不大书特书一笔？司马迁记汉初儒生如陆贾、叔孙通、贾谊等，甚至与董仲舒同时的公孙弘、主父偃，都叙及他们独特的建言，为何对董氏"罢黜百家，独尊儒术"这样于当代后世皆影响至巨的创议却置若罔闻不赞一词？这很不符合司马迁的实录精神。他甚至没有像班固《汉书》那样，为董氏单独立传。也就是说在司马迁看来，这位"一代儒宗"在汉武帝时代的影响力与重要性，还赶不上辞赋家司马相如。明人张溥发现了这一点，但却以"凡人轻今贵古"为说：

> 《史记·儒林传》载广川董氏与胡毋生《春秋》同列，无大褒异，至《汉书》始特为立传，赞述刘子政与刘歆、刘龚言论，抑扬其辞，以寄郑重。凡人轻今贵古，贤者不免，太史公与董生并游武帝朝，或心易之。孟坚后生，本先儒之说，推崇前辈，则有叩头户下耳。（《汉魏六朝三百家集题辞》）

然仅是推测之词，不足为凭。当然，《史记》《汉书》记董氏事多有龃龉，如高园便殿火，辽东高庙灾，事皆在建元六年，时董氏已"废为中大夫"，着《灾异之记》推测遭灾之由，而主父偃取其书奏之，董氏因此身陷囹圄，怎能在元光元年应诏对策呢？然据《史记·平津侯主父列传》，主父偃自齐"北游燕、赵、中山，皆莫能厚遇"，元光元年中，"乃西入关见卫将军"，留久，乃上书阙下，得蒙召见。据此，董氏下狱就在元光元年之后，此前他完全有时间有机会参加元光元年五月的贤良对策。然而，《史记》既云"今上即位，为江都相"，怎可能六年之后还以贤良文学身份应诏对策呢？

诸如此类互相矛盾的记载，仅凭现有史料，似很难得一确切结果的。然则历来史家多采信建元元年对策之说，如北宋司马光《资治通鉴》卷十七：

> 建元元年，冬，十月，诏举贤良方正直言极谏之士，上亲策问以古今治道，对者百余人。广川董仲舒对曰……天子善其对，以仲舒为江都相。……丞相卫绾奏："所举贤良，或治申、韩、苏、张之言乱国政者，请皆罢。"奏可。

明确将董氏对策系于建元元年，而后才有丞相卫绾罢黜治申商韩非苏秦之言者的上奏。这样叙述，很明显与《汉书·武帝纪》的系年冲突，司马光因此特加考异：

> 《汉书·武纪》："元光元年五月，诏举贤良，董仲舒、公孙弘出焉。"《仲舒传》曰："仲舒对策，推明孔氏，抑黜百家，立学校之官，州县举茂才、孝廉，皆自仲舒发之。"今举孝廉在元光元年十一月，若对策在下五月，则不得云自仲

舒发之,盖《武纪》误也。然仲舒对策,不知果在何时;元光元年以前,唯今年(谦按:建元元年)见于《纪》。

仅以《汉书》本传中云"州县举茂才、孝廉,皆自仲舒发之",以及《武帝纪》"元光元年冬十一月,初令郡国举孝廉各一人",而董氏对策如在同年夏五月,于时为后(谦按:太初以前,汉以十月为岁首),则不得以此事("郡国举孝廉")为董氏创议。但我们不要忘记班固是很推崇董仲舒的,所以他把汉武帝时代若干重大举措之创议归美董氏,也就并不奇怪。然而他也就这么一说,并无其他证据,至少"天人三策"中没有什么"州县举茂才、孝廉"云云。仅凭本传中这一疑似的评语,就完全推翻《武帝纪》中至关重要的系年,很难令人信服。我宁愿相信班固评语是夸大其辞,而不相信他在《武帝纪》中的系年乃误记。我虽然不怀疑司马光叙事严谨,但在董仲舒对策系年这一问题上,证据尚嫌不足,不敢苟同。偶阅南宋洪迈《容斋随笔》,其《续笔》卷六"汉举贤良"条云:

> 汉武建元元年,诏举贤良方正直言极谏之士。丞相绾奏:"所举贤良治申、商、韩非、苏秦、张仪之言,乱国政,请皆罢。"奏可。是时对者百余人,帝独善庄助对,擢为中大夫。后六年,当元光元年,复诏举贤良,于是董仲舒出焉。《资治通鉴》书仲舒所对为建元元年。案策问中云:"朕亲耕籍田,劝孝弟,崇有德。使者冠盖相望,问勤劳,恤孤独,尽思极神。"对策曰:"阴阳错缪,氛气充塞,群

生寡遂，黎民未济。"必非即位之始年也。

可见董仲舒对策系年一事，前人已有不同看法。

二

而且，即或董氏应诏对策是在武帝即位之建元元年，但以司马迁不书，而汉武帝又独擢严助为中大夫，我们就完全有理由认定，班固以来的史家夸大了董氏"天人三策"的影响力。今据《史记·儒林列传》：

> 及今上即位，赵绾、王臧之属明儒学，而上亦向之，于是招方正贤良文学之士。自是之后，言《诗》于鲁则申培公，于齐则辕固生，于燕则韩太傅。言《尚书》自济南伏生。言《礼》自鲁高堂生。言《易》自菑川田生。言《春秋》于齐鲁自胡毋生，于赵自董仲舒。及窦太后崩，武安侯田蚡为丞相，绌黄老、刑名百家之言，延文学儒者数百人，而公孙弘以《春秋》白衣为天子三公，封以平津侯。天下之学士靡然向风矣。

王臧景帝时曾为太子少傅，是武帝的老师；赵绾是王臧的同门，皆学《诗》于申培公。武帝初即位，即以王臧为郎中令，赵绾为御史大夫。丞相魏其侯窦婴、太尉武安侯田蚡是能影响朝政的当权派，也皆好儒术。也就是说，在诏举贤良文学之士前，朝廷已形成势力强大的崇儒派。包括汉武帝本人在内的最高决策层，业已达成共识。观《汉书》所引汉武帝前后策题，皆以儒家之说命题，如曰"上参尧舜，下配三王"（《武帝纪》），盛称"五帝三王之道"（《董仲舒传》策一），又引《诗》云："嗟尔君子，毋常安息，神之听之，介尔景福。"（策三）倾向性如此明确。丞相卫绾罢黜法家纵横家的奏议，正是在这一背景下出台的。而汉武帝随即批准曰"可"。这一"可"非同小可。新皇帝借此发出的重要信息，就是在人事政策上要改弦更张："罢黜百家，独尊儒术。"

值得注意的是，卫绾奏议中未提及黄老。原因很简单：窦太后健在，号太皇太后。她老人家好黄老，是出了名的。博士辕固因诋《老子》书为"家人言"，窦太后竟令七旬老翁入圈刺豕。虽然很喜剧，也可见窦太后之专横。卫绾奏疏不斥黄老，是投鼠忌器。今人杨树达《汉书窥管》卷一云：

> 时窦婴、田蚡用事，二人皆推隆儒术，故绾有此奏。又汉初文景崇尚黄老，贤良中亦必有其人。此历举申、商、韩非、苏、张而不及黄老者，盖恐触怒好道家之窦太后避而不言耳。

但这里有一个问题无法回避：道家与法家原来有着血缘关系，世称"黄老刑名之学"。司马迁《史记》即将老、庄等道家与申、韩等法家人物合传，且谓："申子之学本于黄老而主刑名。"又谓："韩非者……喜刑名法术之学，而其归本于黄老。"

（《老子韩非列传》）黄老与法家的这种亲缘关系，在汉武帝时代，并非专家才知其所以的学术问题，而仅属于常识。所以，尽管卫绾采取迂回战术，但最后还是牵涉到黄老，因此而惹翻了窦太后。据《史记·魏其武安侯列传》：

> 魏其、武安俱好儒术，推毂赵绾为御史大夫，王臧为郎中令。迎鲁申公，欲设明堂，令列侯就国，除关，以礼为服制，以兴太平。举谪诸窦宗室无节行者，除其属籍。时诸外家为列侯，列侯多尚公主，皆不欲就国，以故毁日至窦太后。太后好黄老之言，而魏其、武安、赵绾、王臧等务隆推儒术，贬道家言，是以窦太后滋不说魏其等。及建元二年，御史大夫赵绾请无奏事东宫。窦太后大怒，乃罢逐赵绾、王臧等，而免丞相、太尉。

窦太后干预，形势逆转，崇儒派遭受重创。诸人被罢官，原因非一，但儒道之争无疑是主因。据《汉书·武帝纪》，赵绾、王臧"皆下狱，自杀"。颜师古注引应劭曰：

> 礼：妇人不豫政事。时帝已自躬省万机，王臧儒者，欲立明堂辟雍。太后素好黄老术，非薄《五经》。因欲绝奏事太后，太后怒，故杀之。

丞相窦婴、太尉田蚡俱外戚，是能影响甚至左右朝廷政策的实力人物，他们一下课，罢黜百家的改革也落了空。五年之后即建元六年，窦太后崩，黄老之学的靠山倒了，同年冬十月改元元光，武帝随即复命田蚡为丞相，重新启动"罢黜百家，独尊儒术"的新政，于是有诏策贤良之举，如《武帝纪》所记："董仲舒、公孙弘等出焉。"

由此可知，"罢黜百家，独尊儒术"之动议既非发端自董仲舒，也非武帝采纳他的建议而实施的文化政策，而是窦婴、田蚡等执政者酝酿已久的新政。由此言之，董仲舒对策"推明孔氏，抑黜百家"并非创议，不过是迎合朝廷"既定方针"的附议而已。后儒为何要归美董氏呢？我以为原因很简单：窦婴、田蚡等人名声不佳，尤其是田蚡，曾私下与淮南王刘安有悖逆语，后儒有意回避；而董仲舒作为"一代儒宗"，学术人品皆足称道，突出他的影响，将其附议当作创议，也就是顺理成章之事。

如上所述，《汉书·董仲舒传》所载三道策题，其实已明确规定对策的基调，这里所传达的政治与文化信息，以董氏博古知今之世故，岂有不心领神会曲意迎合之理？董氏不是辕固那种不达时变的"迂儒"，否则他既已在景帝时以治《春秋》为博士，为何彼时甘愿坐冷板凳，而不有所建言去争取儒学独尊的荣宠呢？同理，如果不是朝廷崇儒的大政方针已定，他也不可能在对策中倡言什么"罢黜百家，独尊儒术"。

三

但这并不意味着董仲舒作为"一代儒宗"是"浪得虚名"。《汉书》本传赞引刘向曰："董仲舒有王佐之材，虽伊、吕无以加,管、晏之属,伯者之佐,殆不及也。"刘歆虽然认为这一评价太过,然也谓:"仲舒遭汉承秦灭学之后,《六经》离析,下帷发愤,潜心大业,令后学者有所统一,为群儒首。"那么,董氏何以被尊为"群儒首"呢?班固《汉书·五行志》云:

> 汉兴,承秦灭学之后,景、武之世,董仲舒治《公羊春秋》,始推阴阳,为儒者宗。

原来,董氏所以备受汉儒推崇,是首创以阴阳五行推说《春秋》灾异之变,即《儒林列传》所谓"以《春秋》灾异之变推阴阳所以错行"。按阴阳五行是战国以来逐渐流行的新学说,而将其应用于《春秋》以解释"天人相与之际",进而发展到"举往以明来",道古以讽今,则自董仲舒始。以今人之眼光看,此无疑为虚妄无稽之谈;然以彼时社会普遍知识水平而言,则可能是最具说服力的时髦理论。董仲舒应该是真信奉者。建元六年,辽东高庙与高园殿先后火灾,据《汉书·五行志》,董仲舒以《春秋》所记推之:

> 《春秋》之道,举往以明来,是故天下有物,视《春秋》所举与同比者,精微眇以存其意,通伦类以贯其理,天地之变,国家之事,粲然皆见,亡所疑也。……今高庙不当居辽东,高园殿不当居陵旁,于礼亦不当立,与鲁所灾同。其不当立久矣,至于陛下时天乃灾之者,殆亦其时可也。……故天灾若语陛下:"当今之世,虽敝而重难,非以

太平至公，不能治也。视亲戚贵属在诸侯远正最甚者，忍而诛之，如吾燔辽东高庙，乃可；视近臣在国中处旁仄及贵而不正者，忍而诛之，如吾燔高园殿，乃可"云尔。在外而不正者，虽贵如高庙，犹灾燔之，况诸侯乎？在内而不正者，虽贵如高园殿，犹燔灾之，况大臣乎？此天意也。

建议武帝诛杀诸侯近臣之不正者，以消弭天灾，这可能很需要勇气。但董仲舒草稿秘而未宣，主父偃"窃而奏之"，结果身陷囹圄，险遭杀身之祸。尽管如此，继董氏之后，以《春秋》灾异之变推当代政治得失之风，未尝稍衰，甚至有不避杀身之祸以谏汉帝逊位让贤如眭孟者。眭孟者，董氏弟子也。因此，我们完全有理由认为董仲舒及其后学以《春秋》灾异之变言时政并非故神其说，而是出自一种真信仰。然而董氏在被赦免后，"竟不敢复言灾异"，不是不信，而是不敢。这种"明哲保身"的处世态度，亦无可厚非。值得注意的是，董氏既以"推明孔氏"为己任，难道不知这不仅与"子不语怪力乱神"之旨大异其趣，也与孟子、荀子等先秦儒家的学术精神大相径庭？董氏很清楚这种不同，曾说：

> 《诗》无达诂，《易》无达占，《春秋》无达辞，从变从义，而一以奉人。（《春秋繁露·精华》）

今人多引"《诗》无达诂"云云印证现代阐释学之原理，但我却从中感觉到一种学术世故。先秦诸子立义原各有己见，儒家有儒家之见，道家有道家之见，墨家有墨家之见，虽然不能说是水火不容，但基本立场显然有别。以今日平等的眼光看，先秦诸子之所以精光四射，不在同而在别。也许我们已习惯以"王道既微，诸侯力政，时君世主，好恶殊方"这样的时代背景来阐释百家争鸣的自由精神，但细读各家言论，其实不难发现当此之时，除纵横家外，各家并非一味以"取合诸侯"为依归，而主要是以自家学理为根据，即或面对诸侯，如孟子见梁惠王、齐宣王，也是其所是，非其所非，绝不含糊。先秦诸子思想之代表人物，如孔子、孟子、墨子、老子、庄子、韩非子等，生前多未以学术致高位，或周游列国，或避世高蹈，甚至杀身取祸。如果说董仲舒以《春秋》阴阳推高庙高园殿之灾，即或有违孔子《春秋》之义，是出于真信仰，而当身陷囹圄之后"竟不敢复言灾异"，是出于人皆有之的避祸本能，那么他在景帝朝为博士而无所建言，而当汉武帝诏策贤良已预定崇儒路线的时候，才发一通"推明孔氏，抑黜百家"的高论，这不是揣摩圣意曲意迎合又是什么？我觉得董仲舒这样的儒家学者，貌似"廉直"，实则老于世故。既曰"推明孔氏""依经立义"，又曰："从变从义，以奉一人。"一人者，人主也。孔子之名义，学派之学理，学术之讲求，不过是表面文章，所谓"饰之以儒术"，质言之，当今人主之好恶，才是其治经论学的依归。

这样评价董仲舒的学术精神，似有深文周纳之嫌。但我总觉得董仲舒以来的儒家学者，多以学术为政治游戏，随时可以塑造出现实政治需要的孔子，也随时可以阐释出现实政治需要的经义。此非"《诗》无达诂"云云之妙义乎？这里仅以董氏"王道三纲"之说为例。所谓"三纲"者,"君为臣纲,父为子纲,夫为妻纲"是也。这是后汉班固《白虎通》引纬书《含文嘉》的表述,为后代儒家转相称引,被视为儒家核心伦理。虽然在董仲舒那里,尚未形成如此经典的表述,但精神则基本相同:

> 凡物必有合。合,必有上,必有下;必有左,必有右;必有前,必有后;必有表,必有里。……阴者阳之合,妻者夫之合,子者父之合,物莫无合,而合各有阴阳。……君臣、父子、夫妇之义,皆取诸阴阳之道也。……王道之三纲,可求于天。(《春秋繁露·基义》)

提请今人注意的是,所谓"王道之三纲",乃董氏新创之说,而非儒家原教旨。孔子讲究君臣名分,强调上下尊卑的等级秩序,但也这样说:"君君,臣臣,父父,子子。"又说:"君使臣以礼,臣事君以忠。"君臣关系是相对的。孟子说得更分明:

> 君之视臣如手足,则臣视君如腹心;君之视臣如犬马,则臣视君如国人;君之视臣如土芥,则臣视君如寇雠。(《孟子·离娄下》)

臣民之忠于君主,是有条件的,这就是君必须是有道之君,如果不幸而遇桀纣那样的暴君,臣民可以讨而诛之,所谓"诛一夫",而非弑君。这也是辕固在景帝面前,与黄生辩论"汤武革命"所坚守的学术立场。孟子论"五伦"曰:

> 父子有亲，君臣有义，夫妇有别，长幼有序，朋友有信。（《孟子·滕文公下》）

父子、君臣、夫妇之际，也完全是一种相对关系。如果董仲舒完全以"推明孔氏"为己任，坚守儒家的学术立场，如辕固那样，怎么可能推演出"王道三纲"这样绝对化的理论来呢？他显然是在用黄老刑名之学修正儒家教义。

事实上，"三纲"这样上下尊卑绝对化的理论是由先秦道家与法家发展建立起来的。试读以下言论：

> 道大，天大，地大，王亦大。域中有四大，而王居其一焉。（《老子》二十五章）
> 本在于上，末在于下，要在于主，详在于臣。……君先而臣从，父先而子从，兄先而弟从，长先而少从，男先而女从，夫先而妇从，夫尊卑先后，天地之行也，故圣人取象焉。（《庄子·天道》）
> 臣之所闻曰：臣事君，子事父，妻事夫，三者顺则天下治，三者逆则天下乱，此天下之常道也。《韩非子·忠孝》）

道家与法家皆为"君人南面之术"，分而言之，道家为君主政治哲学，而法家在这一哲学基础上提供了具有操作性的统治术，韩非集其大成曰"法术势"。在君臣父子夫妻这类传统社会最基本的人伦关系上，取向与儒家全然不同，那就是将其尊卑主从视为自然不移之理，所谓"天地之行""天下之常道"，是绝对的，是不可人为变更的。臣民即或不幸而遇桀纣那样"残仁贼义"的暴君，也如"敝冠"之"必加于首"，不得"因过而诛之"。这就是道家黄生以"汤武革命"为篡弑的理由。

事实上，我们在先秦儒家经典中，还可以找出不少并不很利于后来大一统君主专制政治的言论，谓其为"民本思想"也罢，为"古典人文精神"也罢，总之与"三纲"这样绝对化的君权、父权与夫权理论绝不是一回事。这些不符合大一统君主专制政治的思想，在后儒的阐释中，或者被淡化，或者被歪曲。这可以谓之"随时变通"，也可谓之"曲学阿世"。但"三纲"之说一出，便牢不可破，后儒至以"三纲"为三代以来亘古不变之常经。《论语·为政》记孔子曰："殷因于夏礼，所损益，可知也；周因于殷礼，所损益，可知也；其或继周者，虽百世可知也。"东汉马融注："所因，谓三纲五常；所损益，谓文质三统。"这种阐释显然是以汉之今律三代之古，不仅厚诬先儒，而且昧于历史。但却被后儒视为当然，转相征引。朱熹《论语集注》引申发挥曰："三纲五常，礼之大体，三代相继，皆因之而不能变。"宋代理学家怀疑汉儒未得圣人真传，要超越千年而直承孔孟之绝学，在很多观念上抨击汉儒不遗余力，但却视"三纲"为万世常存之天理。以马融、朱熹等经学大师之博古通今，一流智慧一流学者，难道他们真不知"三纲"非孔子原教旨，而是董氏窃取黄老刑名之说所创新义？这里表现的不仅是学术创新，更是一种学术世故。因自汉武帝以来，儒家知识群体逐渐被专制政治体制化，名曰"变通"，其实常常是不惜歪曲甚至背叛自家学理，来为这一体制的合理性进行阐释与辩护，以求苟合显荣于当世。

我由此而深感汉以来儒家学者之现实之理性，而缺乏超越精神、一种为学术而学术的独立精神。老博士辕固可能是汉儒中始终坚守先秦儒家原教旨的另类，不仅在窦太后面前竟敢诋毁《老子》书，而且在景帝面前竟敢与黄生辩论"汤武革命"，而当薛人公孙弘应诏出山踌躇满志时，正言相告：

公孙子，务正学以言，无以曲学阿世！（《史记·儒林列传》）

这其实也是对儒家知识群体的警示。然而，"曲学阿世"的公孙弘后来"以《春秋》白衣为天子三公，封以平津侯"。司马迁感慨曰："天下之学士靡然乡风矣！"董仲舒虽自悲"生不丁三代之隆盛"而赋"士不遇"，也因其始推《春秋》灾异之变古为今用而被后儒推为"一代儒宗"，而坚守儒家学术立场"正学以言"的辕固则唯有作为儒家独立之精神遥远的回忆，供后人凭吊。

原载《四川师范大学学报》2006年第6期

周公遗范与儒家礼乐文化的发展模式

一

《说文解字·人部》:"儒:柔也,术士之称。"章太炎说:"儒有三科,关达、类、私之名。达名为儒,儒者术士也",又说:"是诸名籍道、墨、刑法、阴阳、神仙之伦,旁有杂家所记、列传所录,一谓之儒……故号遍施于九能,诸有术者,悉赅之矣。"(章炳麟《国故论衡·原儒》)然而,儒家所谓"儒"却是一个学派的名称,是孔门学者的"类名",非泛指"术士"。或者说,孔氏之儒是从古代"术士"中分化出来的。所谓"儒"原本是宗教之术士,专司祀天地、祭祖先、理鬼神一类的宗教事务,所以熟悉礼仪舞容,天文占候,以及《诗》《书》《礼》《乐》等文化典籍。《汉书·艺文志》说:"儒家者流,盖出于司徒之官,助人君顺阴阳,明教化者也。"《周礼·天官·大宰》说:"儒以道得名。"所谓道,即《诗》《书》《礼》《乐》所言的礼乐教化之道,皆地官司徒之属所掌。对此,《周礼》的《大司徒》《保氏》《舞师》《鼓人》等篇有明确记载。

大概这些礼乐教化之官在古代即被人统而称之曰"儒",因其与教化有关,所以又有"师儒"之称。《周礼·大司徒》郑玄注:"师儒,乡里教以道艺者。"所谓"道艺",即《诗》《书》《礼》《乐》之文。《韩非子·五蠹》说:"儒以文乱法。"称《诗》《书》,道《礼》《乐》,是儒者的共同特点,儒者以《诗》《书》《礼》《乐》之文为教,给人的印象自然是温文尔雅、文质彬彬,正如《说文解字·人部》所谓:"儒,柔也。"段玉裁注引郑玄说:"儒之言优也,柔也,能安人,能服人。"于是儒的范围扩大,凡是称道《诗》《书》《礼》《乐》的文雅之士如所谓"邹鲁搢绅先生"等都被人称为儒。孔子首创私家讲学之风,并以《诗》《书》《礼》《乐》教弟子,所以孔子及其后学即被以儒家之名。

然而,作为一个学派的孔氏之儒,并不是《周礼》中的掌礼乐教化的官,也不是专司祀天地、祭祖先、理鬼神的宗教之士,而是学者之儒,即所谓"搢绅先生"。孔子生于一个没落的贵族家庭,其先曾是宋国贵族,但孔子少时却已经是"贫且贱"的平民。但他"敏而好学,不耻下问",又生于保存了西周礼乐文化的鲁国。鲁国原是周公的封地,成王以周公有勋劳于天下,赐之以天子礼乐。古有"周礼尽在于鲁"的说法。这一文化背景无疑培养了孔子对传统礼乐文化的热爱,于是形成了他的以"周公遗范"为依据的礼乐教化思想体系。

所谓"周公遗范",即西周政治化的大一统的礼乐制度,其文指《诗》《书》《礼》《乐》等典籍。孔子对之是推崇备至的,他曾说:"周监于二代,郁郁乎文哉!吾从周。"《论语》中记载孔子言《诗》《书》《礼》《乐》者甚多，《论语·述而》说："子所雅言，《诗》《书》，执礼。"侯外庐指出，"孔子是以全盘西周（《诗》《书》《礼》《乐》）为观念的根据"，其"贤人作风"是西周"维新思想"即周公遗范的"春秋版"。①孔子自谓"述而不作，信而好古"，《礼记·中庸》谓"仲尼祖述尧舜，宪章文武"，可见他对西周礼乐文化传统的态度。孔子生于春秋乱世，当此之时，礼崩乐坏，他所倾心向往的古代文化将坠于地，于是以复兴西周礼乐文化传统为己任，系统整理了《诗》《书》《礼》《乐》等文化典籍，并以此教授弟子，以培养造就一批治国平天下的人才。《史记·孔子世家》言之颇详：

> 孔子之时，周室微而礼乐废，《诗》《书》缺。追迹三代之礼，序《书传》，上纪唐虞之际，下至秦缪，编次其事。曰："夏礼，吾能言之，杞不足征也；殷礼，吾能言之，宋不足征也。足，则吾能征之矣。"观殷夏所损益。曰："后虽百世可知也。"以一文一质，"周监于二代，郁郁乎文哉，吾从周"。故《书传》《礼记》自孔氏。孔子语鲁大师："乐其可知也。始作，翕如；纵之，纯如，皦如，绎如也，以成。吾自卫返鲁，然后乐正，《雅》《颂》各得其所。"古者诗三千余篇，及至孔子，去其重，取可施于礼义，上采契、后稷，中述殷、周之盛，至幽、厉之缺，始于衽席……三百五篇，孔子皆弦歌之，以求合《韶》

---

① 侯外庐、赵纪彬、杜国庠：《中国思想通史》第一卷，人民出版社，1957年，第132～134。

《武》《雅》《颂》之音。礼乐自此可得而述，以备王道，成六艺。……孔子以《诗》《书》《礼》《乐》教，弟子盖三千焉。

孔子虽然对西周的礼乐文化传统推崇备至，以继承周公遗范自命，然而他又不是一个"食古不化"的迂夫子。他知道三代礼乐文化既有因袭的一面，也有"损益"的一面，所以他主张"行夏之时，乘殷之辂，服周之冕，乐则《韶》舞"（《论语·卫灵公》）。说明他是一个知随时变通的人，即孟子所谓"圣之时者"。基于政治化的大一统礼乐制度的西周盛世是他的理想王国，所以他主张重建大一统的礼乐制度，以此来达到天下大治，使西周盛世再现于今日。然而他所要重建的礼乐制度却是西周模式的"春秋版"，一方面是继承，是对周公遗范的因袭，另一方面却是发展，是对周公遗范的"损益"。事实上，孔子所谓礼乐文化与西周模式并不是完全等同的。如果说周公制礼作乐完成了古代宗教礼乐的政治化，那么孔子则是在此基础上，将政治化的礼乐文化进一步非宗教化，赋予它以伦理的意义，即将政治化的礼乐制度伦理化，使之具有更普遍的社会意义，以形成一种民族的文化心理结构。这种政治化与伦理化的传统也就是两千年来儒家礼乐文化发展演变的模式，而与宗教神学对立的儒家人文主义正是体现于这一以政治为中心，以伦理为本位的礼乐文化传统中。

二

孔子既不是老子那样的宗教否定论者，也不是墨子那样的宗教论者，他对宗教采取了一种比较谨慎的中庸态度，似乎是既信而又不一味迷信。一方面，孔子也谈天道与天命；但另一方面，他对天命与鬼神又并不十分热衷。如果孔子是一个热烈的宗教论者，他当然就不可能对天命与鬼神抱无所谓的冷漠态度，"儒以天为不明，以鬼为不神"（《墨子·公孟》），于是"敬鬼神而远之"（《论语·雍也》）。这又类似于春秋以来的非宗教化的人文主义思想。显然，孔子的宗教态度与其人文思想之间存在着矛盾。

既然承认了天命与鬼神的存在，那么无疑也就肯定了传统礼乐与宗教信仰的联系。所以，孔子注重祭祀，对禹"菲饮食而致孝乎鬼神"大加赞美，又以"使民如承大祭"来解释所谓"仁"，以"生事之以礼，死葬之以礼，祭之以礼"来解释所谓"孝"。又说："祭如在，祭神如神在。"（《论语·八佾》）何晏注："言事死如事生"，邢昺疏："此章言孔子重祭礼。祭如在者，谓祭宗庙必致其敬，如其亲存，言事死如事生也；祭神如神在者，谓祭百神亦如神之存在而致敬也。"也就是说，祭祀主敬。如果没有对鬼神的信仰与崇拜，那么"致敬"当然也就失去了对象。然而，孔子所谓"敬鬼神而远之"，不语怪、力、乱、神，罕言天命，以"事人"先于"事鬼"，显然又对天命与鬼神采取了一种回避的态度，与传统的宗教信仰有意保持着一定的距离。既然祭祀以对上帝与鬼神的信仰与崇拜为前提,那么回避天命与鬼神而注重祭祀,从逻辑上说,无疑存在着明显的矛盾。墨子正是发现了孔子思想中的这一矛盾,所以他利用形式逻辑来批评儒家说:"执无鬼而学祭礼,是犹无客而学客礼,是犹无鱼而为鱼罟也。"(《墨子·公孟》)当然,孔子并非无鬼论者,他只是对天命与鬼神不那么迷信,比较起来,他更注重"事人"与"事生",而不是"事鬼"与"事死"。不过,在墨子那样的主张"明鬼"的宗教论者看来,似乎也没有质的区别。

其实,孔子也未尝不知道自己的思想矛盾。所以,他决不否认天命与鬼神的存在,在这种意义上,孔子实际上还是一个宗教论者。西周的礼乐文化本身即"植本于宗教思想",由古代祭神的宗教仪式扩展而来,宗教礼乐是其政治化的礼乐制度中的重要组成部分。对天命与鬼神的崇拜与信仰,是西周礼乐制度的思想基础,一旦基础动摇,这一礼乐制度也就会随之土崩瓦解。以孔子为代表的儒家学派出于掌礼乐教化的王官之属,又以继承周公遗范、发扬西周礼乐文化为宗旨,他们绝不可能与传统宗教思想彻底绝缘,相反,他们还必须自觉或不自觉地继承传统的宗教思想。而且,他们为使儒家学说被社会广泛认同,以重建大一统的礼乐制度,还不得不考虑全民的普遍信仰,即对天命与鬼神的迷信与崇拜。道家的极端的宗教否定论只是少数智者的"先知先觉",它是哲学家的智慧,但难以成为社会的普遍信仰,即所谓"曲高和寡"。《论语·子罕》载孔子说:"麻冕,礼也;今也纯,俭,吾从众。"说明孔子并不一味坚执古礼,也随时而从习俗。那么具有人文思想而且并不热衷于天命与鬼神的孔子之所以并不否认天命与鬼神的存在,当然也有"吾从众"的心理在。天命与鬼神既然是社会的普遍信仰,孔子姑且从之,从而建立起他的礼乐教化的思想体系,并能使其为社会广泛认同,形成全民的文化心理结构。也就是说,孔子所以保留着对天命与鬼神的传统宗教观点,实在是一种策略,而不是一种信仰。

孔子虽以继承周公遗范为己任,但他毕竟不是周公那样的最高执政者,虽然他一生都在想从政,而且也做过鲁国的大司寇,"行摄相事"(《史记·孔子世家》),但为期甚短,很快就下了台。他是一个失败的政治家,不可能依靠政治权力来制礼作乐,化行天下。在诸侯力政、百家争鸣的春秋时代,卑微如孔子,他只能以其思想来征服人心,让天下心悦诚服地来信仰并实行他的礼乐教化的主张,因此他就不得不迎合社会普遍存在的宗教信仰,因势利导。所以,他虽然具有人文主义的理性精神,却并不以宗教否定论者自居;虽然承认天命与鬼神的存在,却与宗教论者保持着一定距离,不偏不倚,执其两端,原来是别有一番苦心在。孔子的这种思维模式奠定了儒家礼乐文化发展的基本格局,形成了儒家"神道设教"的礼乐教化传统。

三

礼乐制度的伦理化并非始于孔子。当周公将宗教礼乐政治化以后,礼乐制度作为一种宗法社会的等级规范,便已具有了伦理学的意义。王国维说:"周之制度典礼,乃道德之器械,而尊尊、亲亲、贤贤、男女有别四者之结体也。"又说:"此数者

（指宗法、封建、庙数、同姓不婚等制度）皆周之所以纲纪天下，其旨则在纳上下于道德，而合天子诸侯卿大夫庶民以成一道德之团体，周公制作之本意，实在于此。"（《殷周制度论》）周公创设政治化的礼乐制度，既已成为西周宗法社会的行为规范，自然也就变为这一社会的伦理准则。于是，祀祖祭神的郊庙礼乐在宗教的与政治的意义外也具有了伦理学的意义，即周人的"敬德"与"宗孝"。西周维新宗教中"天命"观念的出现，导致统治者的注意力由天道转向人事，即由敬天转向敬德，淡化了礼乐文化中的宗教意识，于是尊祖也就从敬神转为宗孝。而所谓孝，正是"家国同构"的宗法社会的最高道德，从"宗统"的父子关系而言为孝，即子敬父；从"君统"的君臣关系而言为忠，即臣尊君。祀祖祭神的宗教礼乐在政治化以后，同时也被赋予了敬德宗孝的伦理功能，这就是所谓郊庙礼乐的伦理化。

周公欲以这一具有宗教、政治、伦理三重功能的大一统礼乐制度化行天下，传之后世，所以他又建立了以礼乐文化为主体的教育体系。凡是贵族子弟从小即须接受礼乐文化教育，以培养他们治国平天下的能力与道德。据《周礼》，保氏之官的职掌即是"养国子以道，乃教之六艺：一曰五礼，二曰六乐，三曰五射，四曰五驭，五曰六书，六曰九数"，礼乐居于六艺之首，而大司乐"掌成均之法，以治建国之学政，而合国之子弟焉……以乐德教国子，中、和、祗、庸、孝、友；以乐语教国子，兴、道、讽、诵、言、语；以乐舞教国子，舞《云门》《大卷》《大咸》《大韶》《大夏》《大濩》《大武》"；乐师则掌教"六诗"，即《风》《雅》《颂》，赋、比、兴，"以六德为之本，以六律为之音"。乐师"掌国学之政,以教国子小舞"。这显然已开儒家礼乐教化之先声。

然而,西周的礼乐教育只不过是一种贵族教育,其礼乐制度也只是体现了贵族社会中的敬德宗孝等伦理观念。至孔子始将西周礼乐制度所包含的伦理内容扩大到人伦关系的各个方面,而且提出"有教无类"的全民教育思想,将礼乐教化推广到全社会。这一以伦理为本位的礼乐教化论便构成了孔子及其儒家学说的中心。

孔子是伦理本位主义者。在伦理本位主义者看来,人之区别于其他动物而为"万物之灵"者在于人有道德,道德不但使人成其为人,而且使人类组成了一个统一的社会。所谓道德是一种行为规范,人类社会依靠它而存在。如果没有这种规范,人依其本能而行,那么势必是天下大乱,社会解体。而所谓社会不过是由许许多多的个人所组成的一个统一体,如孟子所说"天下之本在国,国之本在家"(《孟子·离娄章句上》),家之本自然在人。所以通过道德教育培养起个人的理想人格也就成为孔子治国平天下的基本出发点。《礼记·大学》说:

> 大学之道,在明明德,在亲民,在止于至善。……古之欲明明德于天下者,先治其国;欲治其国者,先齐其家;欲齐其家者,先修其身;欲修其身者,先正其心;欲正其心者,先诚其意;欲诚其意者,先致其知,致知在格物。物格而后知至,知至而后意诚,意诚而后心正,心正而后身修,身修而后家齐,家齐而后国治,国治而后天下平。自天子以

至于庶人，壹是皆以修身为本，其本乱而末治者，否矣。

这一由个人而家、而国、而天下的治平之道，中心便在"修身"，即培养个人的理想人格。《大学》虽为儒家后学所作，但它所总结的修、齐、治、平之道无疑也代表了孔子的伦理本位思想：

"子以四教：文、行、忠、信。"（《论语·述而》）
"志于道，据于德，依于仁，游于艺。"（同上）
"兴于《诗》，立于礼，成于乐。"（《论语·泰伯》）
"不学《诗》，无以言；不学礼，无以立。"（《论语·季氏》）
"入则孝，出则弟，谨而信，泛爱众而亲仁，行有余力，则以学文。"（《论语·学而》）

可见孔子是将道德教育放在首位，并把它与为政联系起来：

或谓孔子曰："子奚不为政？"子曰："《书》云'孝乎惟孝，友于兄弟，施于有政。'是亦为政，奚其为为政？"（《论语·为政》）

为教即为政，德教即德治，政教合一。"道之以德，齐之以礼"，既是为教，也是为政，两者之间没有什么质的区别，所以孔子所主张的礼乐教化不仅是教育之道,也是政治之道。《礼记·学记》所谓"建国君民,教学为先",正是以伦理本位主义为其基本前提的。

孔子所施行的道德教育不是诉诸空言,而是以传统的礼乐文化为依据的。然而孔子关心的并不是礼乐文化中的宗教意义,而是其政治的与伦理的意义,在孔子看来,礼乐不能只是一种形式:

礼云礼云,玉帛云乎哉?乐云乐云,钟鼓云乎哉!(《论语·阳货》)

没有道德内容的礼乐不可能成其为礼乐,而这一道德内容总括起来就是所谓"仁",这是孔子通过礼乐教化所要培养起来的理想人格的最高境界,或者说,孔子的理想道德即"仁"。孔子所谓"仁"即人之所以为人之道:"仁者,人也。"(《礼记·中庸》)其具体体现则是孝、悌、忠、信、爱人,己所不欲,勿施于人,等等,也就是伦理化的礼乐文化的具体内容。"人而不仁,如礼何?人而不仁,如乐何?"(《论语·八佾》)没有"仁"作为内容,礼乐则徒有其"玉帛""钟鼓"的形式,没有教化的意义了。所谓"仁"可以说是孔子礼乐教化论的核心。

"仁"是一种至善的境界,是人道,而非天道或神道。而此一境界,在孔子看来,也并非不可企及的理想,只要"克己复礼",做到"非礼勿视,非礼勿听,非礼勿言,非礼勿动"(《论语·颜渊》),一切依礼而行,就可以"成仁"。而且,"为仁"

也并不是形而上学的哲学思辨，而是一种道德实践。所以，"为仁由己"，所谓"欲仁，斯仁至矣""古之贤人也……求仁而得仁"（《论语·述而》），只要自己躬行道德，言行合礼，就可以达到"仁"的境界，进而也可成为圣贤。而在孔子心目中，尧、舜、禹、汤、文王、周公之所以为天下的圣人，伯夷、叔齐之所以成为万世瞻仰的贤人，也正在于他们是人格模范与道德楷模。

当然，孔子所谓的礼乐依然是等级制度的人伦规范，其所谓"仁者爱人"也是等差之爱。在孔子看来，人类社会是一个存在等差的统一结构，一方面人与人之间有"上智"与"下愚"、"君子"与"小人"、"贤与不肖"、尊卑贵贱等的差别；而另一方面，不同等次的人又共处于一个统一的结构之中，形成所谓的"天下"与"国家"。既有等差，又须共存，否则天下不成其为天下，国家也不成其为国家。其实，这并不是孔子的发明，而是一种现实的存在。人人平等，只是古今理想主义者的乌托邦，没有等差的"博爱"也只是一种幻想或善良的愿望。孔子是"游方之内"的现实主义者，具有与理想主义者相反的"实践理性"，所以他承认并主张等级社会，力求社会各等级和睦相处，下不犯上，上不凌下，君君、臣臣、父父、子子、夫夫、妇妇，等等。而所谓礼正是等级社会赖以存在的人伦规范，是社会的等级秩序，也是道德的形式化。质言之，孔子是在承认等差的前提之下，来求得社会和谐的。所谓"礼之用，和为贵，先王之道斯为美"（《论语·学而》），存异求同，天下归于一统。平心论之，孔子并不是为贵族社会辩护，而是历史地道出了人类社会之所以存在的前提。等级并非只是阶级，我们试想，如果人类没有等差,还存在所谓社会吗?人人平等的"大同世界"永远只可能是理想的"空中楼阁",绝不可能成为人间的现实存在。

而且,孔子所谓"仁"与"礼"虽然是有等差的,但已超出了贵族社会的范围,而具有普遍的社会道德的意义。孔子说:"君子笃于亲,则民兴于仁"(《论语·泰伯》),也就是说,民也可以"为仁""成仁"。又说:"道之以德,齐之以礼,(民)有耻且格。"(《论语·为政》)德教礼治不仅施于贵族,也施于民。由此可见,孔子以伦理为本位的礼乐教化论是一种全民的道德教育的思想,这与西周贵族式的礼乐教育是不同的。实际上,孔子是以西周贵族化的礼乐文化为形式,而注入了全民道德的新内容,并试图以这一伦理化的礼乐文化培养起普遍的理想人格,这样由人而家,而国,而天下,建立起一个和谐的等级社会。这当然也还是一种学说、一种理想,但与道家和墨家相比,这一学说或理想显然更具现实主义,也更容易被社会普遍认同。

四

孔子虽罕言天命,不语怪、力、乱、神,"敬鬼神而远之",但他却非常重视祭祀。

《论语·八佾》记载孔子论禘礼:

> 或问禘之说。子曰:"不知也。知其说者之于天下也,其如示诸斯乎!"指其掌。

孔子故意回避了祭祀神的宗教意义，而将其直接与治国平天下联系起来，《礼记·中庸》则对孔子的话加以演绎说：

> 宗庙之礼，所以序昭穆也；序爵，所以辨贵贱也；序事，所以辨贤也；旅酬下为上，所以逮贱也；燕毛，所以序齿也。践其位，行其礼，奏其乐，敬其所尊，爱其所亲，事死如事生，事亡如事存，孝之至也。郊社之礼，所以事上帝也，宗庙之礼，所以祀其先也。明乎郊社之礼，禘尝之义者，治国其如示诸掌乎！

郊庙之礼教民以敬，而这一敬对君而言则为忠，对祖先而言则为孝。事神以敬，事君以忠，事亲以孝。忠君与孝亲就是"家国同构"的大一统社会的最高道德，是"仁"的核心。有若指出"孝弟也者，其为仁之本与"，而且"其为人也孝弟，而好犯上者鲜矣"（《论语·学而》）。《礼记·祭统》对此作了充分发挥：

> 忠君以事其君，孝子以事其亲，其本一也。上则顺于鬼神，外则顺于君长，内则以孝于亲，如此之谓备。……顺以备者，其教之本与？是故君子之教也，外则教之以尊其君长，内则教之以孝于其亲。是故明君在上，则诸臣服从；崇事宗庙、社稷，则子孙顺孝。尽其道，端其义，而教生焉。……是故君子之教也，必由其本，顺之至也，祭其是与？故曰："祭者，教之本也。"

祭礼教以忠孝，所以为礼乐教化之本，也就是治国平天下之本，如《祭统》所说："凡治人之道，莫急于礼；礼有五经，莫重于祭。"孔子及其儒家之所以注重郊庙之祭，不在于敬神的宗教目的，而在于通过它可以培养起人的忠君与孝亲的理想道德，所以它为教之本，也即为政之本。

孔子死后，儒家后学继承了孔子的伦理本位主义与礼乐教化思想，并且发扬光大之。作于战国时代的《礼记·乐记》全面总结了儒家礼乐教化的思想；

穷本知变，乐之情也；著诚去伪，礼之经也。礼乐负天地之情，达神明之德，降兴上下之神，而凝是精粗之体，领父子君臣之事。是故大人举礼乐，天地将为昭焉。

乐者，天地之和也；礼者，天地之序也。和，故百物皆化；序，故群物皆别。乐由天作，礼以地制。过制则乱，过作则暴，明于天地，然后能兴礼乐也。

乐在宗庙之中，君臣上下同听之，则莫不和敬；在族长乡里之中，长幼同听之，则莫不和顺；在闺门之中，父子兄弟同听之，则莫不和亲。故乐者，审一以定和，比物以饰节，节奏合以成文，所以合父子君臣，附亲万民也。是先王立乐之方也。

⋯⋯⋯⋯⋯⋯

先王本之情性，稽之度数，制之礼义，合生气之和，道五常之行，使之阳而不散，阴而不密，刚气不怒，柔气不慑，四畅交于中而发于外，皆安其位而不相夺也。然后立之学等，广其节奏，省其文采，以绳德厚，律小大之称，比终始之序。以象事行，使亲疏、贵贱、长幼、男女之理皆形见于乐。故曰："乐观其深矣。"

出自儒家八派之一子游氏之儒的《礼记·礼运》则对郊庙之礼的宗教意义与伦理意义作了系统阐述：

> 先王患礼之不达于下也，故祭帝于郊，所以定天位也；祀社于国，所以列地利也；祖庙，所以本仁也；山川，所以傧鬼神也；五祀，所以本事也。……礼行于郊，百神受职焉；礼行于社，而百货可极焉；礼行于祖庙，而孝慈服焉；礼行于五祀，而正法则焉。故自郊、社、祖庙、山川、五祀，义之修而礼之藏也。是故夫礼，必本于大一，分而为天地，转而为阴阳，变而为四时，列而为鬼神。其降曰命，其官于天也。……故礼义也者，人之大端也，所以讲信修睦，而固人肌肤之会，筋骸之束也；所以养生送死，事鬼神之大端也；所以达天道顺人情之大窦也。故唯圣人为知礼之不可以已也。……陈其牺牲，备其鼎俎，列其琴瑟，管磬钟鼓之，修其祝嘏，以降上神与其先祖，以正君臣，以笃父子，以睦兄弟，以齐上下，夫妇有所，是谓承天之祜。……是故礼者，君之大柄也。所以别嫌明微，傧鬼神，考制度，别仁义，所以治政安君也。

至战国末期，儒家大师荀子总结了春秋以来的人文主义礼乐

观,对礼乐文化的起源及其功能作了系统的阐释:

> 礼起于何也?曰:人生而有欲,欲而不得,则不能无求,求而无度量分界,则不能不争。争则乱,乱则穷。先王恶其乱也,故制礼义以分之。以养人之欲,给人之求,使欲必不穷乎物,物必不屈于欲。两者相持而长,是礼之所起也。……故礼者,养也,君子既得其养,又好其别。曷谓别?曰:贵贱有等,长幼有差,贫富轻重皆有称者也。

在荀子看来,人之所以别于草木兽禽而为天地之贵者,在于"能群"。而其所以"能群",则在于"分",在于"别"。所谓"分"与"别"即成礼。以礼教之谓之"养",养人以礼,则虽有欲而不乱,虽有求而不争。所谓"礼者,法之大分,类之纲纪也。……夫是之谓道德之极"(《荀子·劝学》)。又阐释乐的起源与功能:

> 夫乐者,乐也,人情之所必不免也。故人不能无乐……乐则不能无形,形而不为道,则不能无乱。先王恶其乱也,故制《雅》《颂》之声以道之,使其声足以乐而不流,使其文足以辨而不諰,使其曲直、繁省、廉肉、节奏足以感动人之善心,使夫邪污之气无由得接焉,是先王立乐之方也……乐行而志清,礼修而行成,耳目聪明,血气和平,移风易俗,天下皆宁,莫善于乐……乐合同,礼别异,礼乐之统,管乎人心矣。穷本极变,乐之情也;著诚去伪,礼之经也。

(《荀子·乐论》)

荀子的礼乐教化论以人性（情与欲）为起点，以伦理为本位，否定了礼乐文化与宗教的联系，他甚至对祀祖祭神的郊庙之礼也作了非宗教化的解释：

> 礼有三本：天地者，生之本也；先祖者，类之本也；君师者，治之本也。无天地恶生？无先祖恶出？无君师恶治？三者偏亡焉，无安人。故礼上事天，下事地，尊先祖而隆君师，是礼之三本也。故王者天太祖，诸侯不敢坏，大夫士有常宗。所以别贵始，得之本也。郊止乎天子，而社至于诸侯，道及士大夫，所以别。尊者事尊，卑者事卑，宜大者巨，宜小者小。故有天下者事十世（杨倞注：十当为七），有一国者事五世，有五乘之地者事三世，持手而食者不得立宗庙，所以别积厚，积厚者流泽广，积薄者流泽狭也。
> (《荀子·礼论》)

天地乃人之所以生，先祖乃人之所由出，郊庙之祭就在于"报本反始，不忘其所由生也"，而与所谓神鬼无涉。荀子是无神论者，他认为"天行有常，不为尧存，不为桀亡"，其所谓天不是上帝，而是自然运行的法则，治乱在人，而与天无涉。他甚至提出了"大天而思之，孰与物畜而制之；从天而颂之，孰与制天命而用之"的人定胜天的思想。既然如此，宗教仪式也失去了神秘的意义：雩而雨，何也？曰：无何也，犹不雩而雨也。日月食而救之，天旱而雩，卜筮然后决大事，非以为得求也，以文之也。故君子以为文，而百姓以为神。以为文则吉，以为神则凶也。困救日月、雩祭、卜筮等"百姓以为神"的宗教仪式并无实际效应，只不过是一种文饰，以神其事。这真是一语中的揭穿了宗教仪式的秘密。荀子本此思想，将祀祖祭神的郊庙礼乐也归结为人情之文：

> 凡礼，事生饰欢也，送死饰哀也，祭祀饰敬也，师旅饰威也，是百王之所同，古今之所一也。……祭者，忠意思慕之情也，忠信爱敬之至也，礼节文貌之盛也。苟非圣人，莫之能知也。圣人明知之，士君子安行之，官人以为守，百姓以成俗。其在君子，以为神道也；其在百姓，以为鬼事也。（《荀子·礼论》）

郊庙礼乐无非是人之忠信爱敬、志意思慕之情的节文，君子以为"神道"，而百姓以为"鬼事"。所谓"节文"即"变异感动之貌"，使之形诸于礼乐的形式，而"情貌之变足以别吉凶，明贵贱亲疏之节"，所谓"合情饰貌，礼乐之事也。礼义立，则贵贱等矣；乐文同，则上下和矣"。礼乐是情与文的统一，"情深而文明，气盛而化神"，"情文俱尽"是礼乐之至备。所以，《礼记·乐记》说："礼者，殊事合敬者也；乐者，异文合爱者也。礼乐之情同，故明王以相沿也。""乐者，所以象德也；礼者，所以缀淫也，"圣人因人之情而文之以礼乐，"所以官序贵贱各得其宜也，所以示后世有尊卑长幼之序也。"此即礼乐之所以为教。

礼乐之起于人之情与欲，其形式则文，其道则伦理之教，与宗教本没有什么关系。然而又文之以上帝鬼神者，盖在以神其道。因为百姓以鬼神为尊，莫之或疑。《礼记·祭义》说："因物之精，制为之极，明命鬼神，以为黔首，则百众以畏，万民以服。圣人以是为未足也，筑为宫室，设为宗祧，以别亲疏远迩，教民反古复始，不忘其所由生也。众之服自此，故听且速也。"又说："致鬼神，以尊上也……合鬼与神，教之至也。"这就是所谓"神道设教"。《易·观卦·象》说："圣人以神道设教，而天下服矣。""神道"非谓真有上帝鬼神之存在，它只不过是下民的迷信，圣人因之而设礼乐教民以伦理之道，其入民心也深，其化天下也速。正如《管子·牧民》篇所谓"牧民之道"："顺民之经，在明鬼神祗山川、敬宗庙、恭祖旧……不明鬼神则陋民不悟，不祗山川则威令不闻，不敬宗庙则民乃上校，不恭祖旧则孝悌不备。四维不张，国乃灭亡。"荀子否定宗教而主张"神道"，其目的正在于"顺民之经"施之以伦理之教。

神道，在于百姓之信仰；设教，在于圣人之治化。"天道至教，圣人至德"（《礼记·礼器》），形之礼乐，所以教民而化天下也。所谓礼，"本于天，殽于地，列于鬼神，达于丧、祭、射、御、冠、昏、朝、聘"（《礼记·礼运》），"礼也者，合于天时，设于地财，顺于鬼神，合于人心，理万物者也"。尊卑贵贱，亲疏远近，君臣、父子、夫妇、兄弟之伦，皆可得而正也。所谓乐，"德之华也"，"天地之命，中和之纪"，"德音之谓乐"，即《大章》《咸池》《韶》《夏》，以及周之《雅》《颂》等古先王之正乐。《礼记·乐记》载子夏答魏文侯古乐与新乐之辨说：

> 今夫古乐，进旅退旅，和正以广，弦、匏、笙、簧，会守拊鼓，始奏以文，复乱以武，治乱以相，迅疾以雅。君子于是语，于是道古，修身及家，平均天下，此古乐之发也。今夫新乐，进俯退俯，奸声以滥，溺而不止，及优、侏儒，獶杂子女，不知父子。乐终，不可以语，不可以道古。此新乐之发也。

所谓古乐，歌功颂德，"殷荐之上帝，以配祖考"，其声庄重典雅，令人肃然起敬，谓之德音；所谓新乐，即郑卫之声、桑间濮上之音，轻佻淫丽，悦人耳目，"淫于色而害于德，是以祭祀弗用"，也不得施于教化。儒家所谓礼乐乃是以伦理教化为其指归的传统礼乐，又"以神道设教"，施及天下万民，如《礼记·乐记》说：

> 大乐与天地同和，大礼与天地同节。和，故百物不失；节，故祀天祭地。明则有礼乐，幽则有鬼神。如此，则四海之内合敬同爱矣。……乐者敦和，率神而从天；礼者别宜，居鬼而从地。故圣人作乐以应天，制礼以配地。礼乐明备，天地官矣。天尊地卑，君臣定矣。卑高已陈，贵贱位矣。动静有常，小大殊矣。方以类聚，物以群分，则性命不同矣。在天成象，在地成形，如此，则礼者，天地之别也。地气上齐，天气下降，阴阳相摩，天地相荡，鼓之以雷霆，奋之以

风雨，动之以四时，暖之以日月，而百化兴焉。如此，则乐者，天地之和也。

总之，孔子以伦理为本位的礼乐教化思想经儒家后学的发扬光大，形成了系统的以神道设教为形式，以伦理教化为内容的理论体系。其所谓教既是宗教之教，又是伦理之教，政治之教，不过前者只是形式，后两者才是实质。正因为如此，儒家礼乐教化的思想才被广泛认同，不但被后代统治者奉为正宗，也被广大人民普遍接受。尤其是礼乐教化思想中的伦理本位主义，更是深入人心，从而形成古代中华民族的一种普遍的文化心理结构。

原载于《四川师范大学学报》1992年第1期

论屈原形象的塑造

一

毫无疑问，屈原是中国文学的一个典范，其在传统文学中的典范地位，也许只有诗圣杜甫才能与之相比。西汉淮南王刘安谓屈原之志"虽与日月争光可也"，千百年来被学者转相称引。而东汉《楚辞》学者王逸则尊《离骚》为"经"，谓自屈原"终没以来，名儒博达之士着造词赋，莫不拟则其仪表，祖式其模范，取其要妙，窃其华藻，所谓金相玉质，百世无匹，名垂罔极，永不刊灭者矣"（《离骚经序》）。后代颇有影响力之《楚辞》学者，如洪兴祖、朱熹等人，皆祖述王逸之义，尊奉《离骚》为"经"。所谓"经"，就是我们所说的典范。楚国诗人屈原以其可"与日月争光"的人格与作品即王逸所谓之"行义"与"文采"，赢得了他在传统文学中作为典范的崇高地位。

屈原是一个怎样的典范呢？当我们一提出这个问题时，立刻就要想起戴着"爱国主义诗人"桂冠的屈原形象。事实上，屈原作为一个典范的形象已与所谓"爱国主义"合而为一了。人们已习惯用"爱国主义"来解释屈原及其作品,用屈原及其作品来说明"爱国主义"。在很多人看来,这就是屈原之所以成为典范的主要原因与屈原之作为典范的现实意义。学者们旁征博引,连篇累牍地来证明历史上的屈原的确就是这样一位"爱国主义"的典范诗人。然而,当我们不带这种先入之见去读战国史与屈原的《离骚》《天问》《九歌》《九章》《远游》等一系列作品时,就会对这一结论产生种种怀疑。如果我们再追溯一下《楚辞》研究的历史,则可以肯定地说,屈原作为一个典范的形象并不是一成不变的,而是经历了千百年的不断塑造而形成的。他之所以成为一个"爱国主义"而不是别的什么主义的典范诗人,是历史选择与塑造的结果。事实上,每个时代都在根据自己的主流价值观念选择并塑造着相应的文学典范,古代有屈原、杜甫等,现代有鲁迅等,而各个时代的屈原、杜甫、鲁迅的形象也不尽相同。所谓典范,无非就是某一时代占统治地位的主流价值观念的具体体现或人格化。所以说,我们今天提到的作为典范的屈原,实质上是某一文化价值观念的人格化,是按照某一文化价值观念塑造的诗人形象,而不是那个两千多年前沉渊而死的诗人本身。

其实,不独屈原为然,每一个历史人物都要遭到这种形象取代本人的命运。死者不可以复生,即使生者,我们也常有"知人知面不知心"之叹,何况千百年前的古人?屈原怀沙自沉之时,究竟想了一些什么,我们能够说得清楚?客观而论,当我们谈到每一个历史人物时,似乎都应该考虑到这样两方面的问题:一方面,这个人实际上是一个怎样的人,我们可以用"他"来表示;另一方面,这个人看起来又是一个怎样的人,即所谓"形象",我们可以用"它"来表示。"他"与"它"有一定联系,但又不可能完全重合。我们不可能离开"他"而凭空虚构出一个"它"来,但也不可能原封不动地再现出一个"他"来。历史上的"他"只有一个,而人们心目中的"它"即"他"的"形象"却可以不止一个。各人所理解的"他"是不可能完全一样的,有时甚至相反,如罗贯中所理解的曹操与郭沫若所理解的曹操,淮南王刘安所理解的屈原与班固、颜之推所理解的屈原。歌德说,一千个读者就有一千个哈姆雷特。《易经》说:"仁者见之谓之仁,智之见之谓之智。"不但审美鉴赏广泛存在着这种相对性,对历史人物的认识也存在着这种相对性。历史上的屈原本来只有一个,人们所理解的屈原、所塑造的屈原形象却不止一个。作为"爱国主义"典范的屈原形象,只是其中的一个而已。因为这一形象不但体现了中国古代正统的文化价值观念如"忠君爱国"等,而且也积淀着我们民族(包括士大夫与平民)的某些文化心理如理想人格等,"它"才取代其他形象而被广泛认同。"它"也许与历史上的屈原有很多相似之处,但绝不是屈原本来面貌的历史再现。

经过了千百年的不断塑造,作为"爱国主义"典范的屈原形象已非常高大完美,"且与日月争光可也"。但不可否认的是,当代一些青年学子对这一形象颇不以为然,甚至有些大不恭敬。这里面固然有一种对待传统文化的逆反心理,但其锋芒所指,主要还是针对屈原形象所体现的正统的文化价值观念。"爱国主义"本来就是一个历史的概念,不同时代有不同的内涵,而且其表现方式也各不相同。在文化价值观念已经开始发生巨变的今天,

"爱国主义"也应该作新的理解。在传统的"爱国主义"内涵中，积淀了不少大一统君主专制时代的道德内容如"忠君死节"等，似乎一个人必须毫无任何条件地生于斯、死于斯，连躲避暴君杀戮或政治迫害以及自然灾害等的权力也不能有，才叫作"爱国"。这是专制社会的逻辑。用"忠君死国"的屈原形象来说明"爱国主义"，并把屈原式的"爱国主义"奉为唯一或最高意义的"爱国主义"，只是体现着某一特定时代的文化价值观念，我们今天已没有必要还用这种"爱国主义"来理解或阐释屈原之作为中国文学的典范的意义。既然作为"爱国主义"典范的屈原形象是历史选择并塑造的结果，我们就应该将它还给历史，汉代的屈原还给汉代，宋代的屈原还给宋代。如果时代需要，现代历史自然也会塑造出一个新的屈原形象来。

二

最早塑造屈原形象的应当是《卜居》与《渔父》的作者。东汉王逸认为这两篇作品是屈原所作，似不可信。郭沫若认为，"可能是深知屈原生活和思想的楚人的作品"（《屈原赋今译》），比较合情理。《卜居》表现屈原身处"溷浊之世"，目睹"黄钟毁弃，瓦釜雷鸣；谗人高张，贤士无名"的黑暗现实，而自己虽"竭知尽忠"，却"蔽障于谗"，横遭流放时所产生的"何去何从"的心理矛盾，同时也流露出一种不被理解的孤独感："吁嗟默默兮，谁知吾之廉贞？"《渔父》则更进一步表现了这种孤独感与孤傲精神，"举世皆浊而我独清，众人皆醉而我独醒"，这正是屈原的精神悲剧之所在。作者塑造的这一悲剧形象并没有多么丰富的道德内涵，但它却感人之至，令人一唱三叹。感叹之余，可以体会到一种真切的人生悲哀，领悟到某种深刻的人生哲理，但又说不出来，眼前却要浮现出"行吟泽畔，颜色憔悴，形容枯槁"的屈原形象来。显然，这不可能是按照大一统时代道德观念所塑造出来的屈原形象，当然还没有戴上"爱国主义"的桂冠。

到了汉代，屈原及其作品开始发生巨大影响。武帝、宣帝等帝王都是《楚辞》的爱好者，而文人模仿《楚辞》的"拟骚文学"蔚为大观，汉代的著名文人如贾谊、东方朔、王褒、刘向、扬雄等都有所作，而号称一代文学的汉赋也受到《楚辞》的直接影响，刘勰所谓"受命于诗人，拓宇于楚辞也"（《文心雕龙·辨骚》）。但是，《楚辞》对汉代文学的影响最开始是在艺术形式上，所以刘勰说："枚、贾追风以入丽，马、杨沿波而得奇，其衣被词人，非一代也。故才高者菀其鸿裁，中巧者猎其艳辞，吟讽者衔其山川，童蒙者拾其香草。"（《文心雕龙·辨骚》）在这种"《楚辞》热"的背景下，阐释其作品的时代意义自然成为必要。自从汉武帝罢黜百家、独尊儒术之后，大一统的文化价值观念与道德规范也逐渐形成。儒家学说中的"忠君"观念被不断改造不断强化，成了两千年帝制时代的最高道德。而屈原作为典范的意义，就必须要体现这种观念。汉代以下两千年，屈原形象的塑造主要就是沿着这一条线索发展下来的。

汉代第一个为文追怀屈原的人是贾谊。他自伤生不遇时，命途多舛，与屈原有同病相怜之感。但生于汉初的贾谊只是借屈原的遭际来感叹自己的不遇与不幸，并没有想到要给屈原戴上一顶"忠君"或"爱国主义"的桂冠，甚至还颇有战国列士纵横、自择其主的遗风："已矣！国其莫吾知兮，子独一郁其谁语？凤缥缥其高逝兮，夫固自引而远去……历九州而相其君兮，何必怀此都也？凤凰翔于千仞兮，览德辉而下之；见细德之险微兮，遥增击而去之。彼寻常之污渎兮，岂容吞舟之鱼？"（《吊屈原赋》）大有"臣之事君，合则留，不合则去"之意，与后代所谓"忠君死国"迥异其趣。贾谊之吊屈原，基本精神是"哀其不遇"。

沿着贾谊这条线下来的是司马迁、扬雄等人。屈贾合传，表明司马迁有感于屈贾异时同悲。悲什么呢？悲其不遇。司马迁的《悲士不遇赋》可以作为最好的注脚。据汤炳正先生考证，今本《史记·屈原列传》中"离骚者，犹离忧也"至"推此志虽与日月争光可也"与"虽放流"至"岂足福哉"两大段议论，皆为刘安《离骚传》中之文字，被后人窜入（见《屈赋新探》中《〈屈原列传〉理惑》一文），并不是司马迁的观点。司马迁在赞语中说："余读《离骚》《天问》《招魂》《哀郢》，悲其志。适长沙，观屈原所自沉渊，未尝不垂涕，想见其为人。及见贾生吊之，又怪屈原以彼其材游诸侯，何国不容，而自令若是。读《鵩鸟赋》，同死生，轻去就，又爽然自失矣。"这与贾谊"哀其不遇"的精神是一致的。司马迁写出了他所理解的屈原，一个正道直行、竭智尽忠却横遭流放的贤大夫形象，而其基本精神与《渔父》中的三闾大夫形象是一脉相承的，所以《屈原列传》录入了《渔父》全文。有趣的是扬雄。其《自序》自谓"怪屈原文过相如，至不容，作《离骚》，自投江而死。悲其文，读之未尝不流涕也。以为君子得时则大行，不得时则龙蛇，遇不遇命也，何必湛身哉！"（《汉书·扬雄传》）扬雄同情屈原的遭遇，只是与其人生态度有所不同，所以他在《反离骚》中一方面赞美屈原，一方面又对其"忿怼沉江"表示批评。宋代晁补之说："非反其纯洁不改此度也，反其不足以死而死也。"（《鸡肋集》卷三十六《变离骚序》）明代胡应麟也说："扬子云《反离骚》盖深悼三闾之沦没，非爱原极切，不至有斯文。长沙（贾谊）、龙门（司马迁）先已并有此意。"（《诗薮》杂编卷一）统而论之，贾谊、司马迁、扬雄等人的遭际与屈原有共通之处，所以他们多是以屈原自况。他们心目中的屈原就是《渔父》中的三闾大夫，而并不是正统的文化价值观念的人格化身。

第一个从正统的文化价值观念塑造屈原的是淮南王刘安。刘安乃汉高祖幼子淮南厉王之子，厉王因谋反被废，绝食而死。孝文帝怜其死，立其子安为淮南王。刘安很好读书，武帝好《楚辞》，曾叫刘安作了一篇《离骚传》。在《离骚传》中，刘安认为："《国风》好色而不淫，《小雅》怨诽而不乱，若《离骚》者，可谓兼之矣。上称帝喾，下道齐桓，中述汤武，以刺世事。明道德之广崇，治乱之条贯，靡不毕见。……濯淖污泥之中，蝉蜕于浊秽，以浮游尘埃之外，不获世之滋垢，皭然泥而不滓者也。推此志也，虽与日月争光可也。"又说："虽放流，眷顾楚国，系心怀王，不忘欲反，冀幸君之一悟，俗之一改也。其存君兴国而欲反复之，一篇之中三致志焉。"已在为后代之"忠君爱国"说张本。具有讽刺意味的是，刘安自己却是一个犯上作乱的人，与他所塑造的屈原相映成趣。也许刘安只是为了某种现实政治的需要，才故意借这些冠冕堂皇的语言来表白自己对武帝的赤诚。但不管怎么说，刘安对屈原及其作品的意义的阐释的确体现了他那个时代开始占统治地位的文化价值观念。他已用《风》《雅》来比附《离骚》，并以"君臣之义"来规范屈原人格。可以认为，以"忠君"说塑造屈原形象自刘安始。

与刘安唱对台戏的是班固。班固是一位正统的史学家，他只是从艺术上肯定屈原："其文弘博丽雅，为辞赋宗，后世莫不斟酌其英华，则象其从容，""虽非明智之器，可谓妙才者也。"而对屈原人格却作了否定性的批评："今若屈原，露才扬己，竞乎危国群小之间，以离谗贼。然责数怀王，怨恶椒兰，愁神苦思，强非其人，忿怼不容，沉江而死，亦贬絜狂狷景行之士。多称昆仑、冥婚、宓妃虚无之语，皆非法度之政，经义所载。谓之兼诗风雅而与日月争光，过矣。"（《离骚序》）其实，班固并不否认屈原是"以忠信见疑"的，他"痛君不明，信用群小，国将危亡，忠诚之情，怀不能自已"（《离骚赞序》）。班固之所以贬低屈原人格的典范意义，是因为他从正统的君臣观念出发，认为屈原虽然出于忠君之心，但其过激的言行如"责数怀王，怨恶椒兰"与"忿怼不容，沉江而死"等等，却不配称之为"与日月争光可也"的典范。《史记·儒林传》载儒家辕固生与道家黄生辩论"汤武革命"，黄生以汤武革命为非，因为桀纣虽为暴君，但毕竟是君；汤武虽然贤明，但毕竟是臣。正如帽子虽破，还要戴在头上；鞋子虽新，还得穿在脚上。班固批评屈原的基本思想即是黄生所阐发的这种正统的君臣观念。在班固看来，屈原不过是一个诗人，其文可以"为辞赋宗"，但其人却不可以为典范。其实班固之贬屈原与刘安之褒屈原的意义都是一样的,他们都是在根据同一的文化价值观念审视评价屈原及其作品,只不过是各有侧重点罢了。南朝颜之推则更为极端:"自古文人,多陷轻薄。屈原露才扬己,显暴君过。"(《颜氏家训·文章篇》)把屈原贬得直同于宋玉、东方朔等一类"轻薄文人"。看来屈原在某些正统士大夫心目中并不是一个可作典范的人物。直到宋代理学家朱熹以"原之为人,其志行虽或过于中庸而不可以为法,然皆出于忠君爱国之诚心"为解,才统一了屈原评价上的两种矛盾的意见,一个普遍认同的屈原形象才得以塑造起来。

东汉王逸是汉代《楚辞》学的集大成者。他著《楚辞章句》,根据已占统治地位的文化价值观念,第一次全面塑造了屈原形象。他说:"人臣之义,以忠正为高,以伏节为贤。故有危言以存国,杀身以成仁。是以伍子胥不恨于浮江,比干不悔于剖心,然后忠立而行成,荣显而名著……今若屈原,膺忠贞之质,体清洁之性,直若砥矢,言若丹青,进不隐其谋,退不顾其命,此诚绝世之行,俊彦之英也。"(《楚辞章句序》)犯颜直谏,忠正伏节,正是汉代所标榜的士大夫风范。而王逸认为,屈原人格正是体现了这一风范,所以他可以作为典范。基于这一认识,王逸批驳了班固的意见,并用《诗经》的"美刺"原则来阐释屈原作品中的过激之辞:"且诗人怨主刺上曰:'呜呼小子,未知臧否,匪面命之,言提其耳!'风谏之语,于斯为切。然仲尼论之,以为大雅。引此比彼,屈原之辞,优游婉顺,宁以其君不智之故,欲提携其耳乎!"(同上)又论述其作品的意义说:"屈原履忠被谮,忧悲愁思,独依诗人之义而作《离骚》,上以讽谏,下以自慰。遭时闇乱，不见省纳，不胜愤懑，遂复作《九歌》以下凡二十五篇。"（同上）"(《离骚》)言已放逐离别，中心愁思，犹依道径以讽谏君也"，"屈原放在草野，复作《九章》，援天引圣，以自证明。"（《离骚经序》）又"作《九歌》之曲，上陈事神之敬，下见已之冤结，托之以讽谏"（《九歌序》）。总而言之，屈原其人是"忠"，其作品是"谏"。甚至连《九歌》那样的祭神乐歌也是"托之以讽谏"，未免大煞风景。《汉书·儒林传》载昌邑王师王式自言其以三百五篇当谏书，其实王逸正是根据这一观念，把一部《楚辞》也当成了"谏书"来读。他所理解的屈原是一个"正言极谏"的"忠臣"，与发愤作三百篇的古代贤圣是一样的人。王逸主要是以"忠"与"谏"二字立说，并未在"爱国主义"上大作文章。如他引春秋时代的伍子胥之死来比附屈原之沉江，就与后代之"爱国"说颇为不类。伍子胥是楚人，助吴攻楚，以报楚王杀父之仇，于吴固为忠臣，于楚则为叛臣，何爱国之有？但这并不是王逸的错误，而是王逸那个时代更需要"忠君"，"爱国"并非当务之急，非后代面临异族入侵之时可同日而语。所谓彼一时也，此一时也。而且他也没有在屈原之死的问题上大作文章，只是说他"不忍以清白久居浊世，遂赴汨渊自沉而死"（《离骚经序》）。并没有后代所谓"殉君死国"的意思。

经过王逸的这一番塑造，屈原作为一个"正言直谏"的"忠臣"的形象基本上定型了。它体现了汉代已开始形成并逐渐占统治地位的文化价值观念。而从汉至宋上下一千年，屈原的这一形象虽然在不断补充、完善，但其基本精神未变。刘勰《文心雕龙》中专立《辨骚》一章,来论述屈原及其作品的地位与意义,实际上只是敷衍王说,他更多的是阐发屈原作品对后代文学在艺术上的影响。唐代魏徵主持编写的《隋书》中说:"《楚辞》者,屈原之所作也。自周室衰乱,诗人寝息,谄佞之道兴,讽刺之辞废。楚有贤臣屈原,被谗放逐,乃著《离骚》八篇,言已离别愁思,申抒其心,自明无罪,因以讽谏,冀君觉悟。卒不省察,遂赴汨罗死焉。"(《经籍志》)与王逸之说还是一脉相承的。唐代修《五经正义》主要是根据汉代经学,并没有划时代的变革,所以对屈原的认识也不可能超越汉代。南宋洪兴祖在王逸《楚辞章句》的基础上作补注,也说明王逸所塑造的屈原形象到南宋之际还是得到士大夫普遍认同的。

三

洪兴祖在为王逸的《楚辞章句》作补注时,尽管还是依照王逸的基本观点阐释屈原及其作品的意义,但在一些地方已开始作某些修正。如在屈原沉江自杀的问题上,王逸并未大作文章,发掘所谓更深刻的意义,因为时代并不需要他去发明出"殉君死国"的"愚忠"说。可是,到了洪兴祖所处的南宋时代,情形已大不相同。金人占据中原,南宋偏安江南,危在旦夕,这与屈原所处的战国时代的局势非常类似。屈原无疑是主战派与死国将士的一面旗帜,于是洪兴祖对屈原之死的意义进行了详细的阐释:"屈原,楚同姓也,为人臣者,三谏不从则去之。同姓无可去之义,有死而已……士见危致命,况同姓,兼恩与义,而可以不死乎!……屈原其不可去乎？有比干以任责，微子去之可也。楚无人焉，原去则国从而亡，故虽身被放逐，犹徘徊而不忍去。生不得力争而强谏，死犹冀其感发而改行，使百世之下闻其风者，虽流放废斥，犹知爱其君，眷眷而不忘，臣子之义尽矣。非死为难，处死为难。屈原虽死，犹不死也。"(《离骚经序》补注）洪兴祖的这一大段议论，无非是想给王逸塑造的屈原形象注入时代所需要的新的意义，其苦心是可以理解的。一个伟大的作家之所以成为某一时代的典范，就在于这一形象能够体现那一个时代的文化价值观念。北宋以来，中国的思想学术界较之前代已开始发生巨大的变化，汉唐经学及相应的文化价值观念受到了新思想、新观念的挑战。专制君权的不断强化，使得君臣关系更加绝对化；而异族的入侵，又把民族问题推到了一个空前的高度，时代已需要塑造一个能够体现这种新的时代精神的屈原形象，完成这一历史使命的是与洪兴祖同一时代的思想家朱熹。

朱熹是继孔子之后中国封建社会影响最大的思想家，是宋代理学的集大成者。理学是宋代形成的新儒学，自以为发现了宇宙万物包括人类社会所以然之理，即"天理"。朱熹指出："宇宙之间，一理而已。天得之而为天，地得之而为地，而凡生于天地之间者，又各得之而为性。其张之为三纲，其纪之为五常，盖皆此理之流行，无所适而不在也。"(《朱文公文集》卷七十《读大纪》）其所谓"天理"具体到人类社会，就是以"三纲五常"为核心内容的道德伦理，而"君为臣纲"为第一纲。朱熹说："君尊于上，臣恭于下，尊卑大小，截然不犯。"(《朱子语类》卷六十八）他曾引用韩愈《拘幽操》"臣罪当诛兮，天王圣明"云云,来说明"臣下决没有说君不是的道理"。他在《诗序辨说》中就批驳了汉儒用"美刺"之说来解释《诗经》的作法,认为这是"厚诬诗人"而有失于"温柔敦厚"之教。①汉儒说《诗》不讳言刺,王逸注《楚辞》也不讳言刺,甚至比之于诗人"耳提面命"。这在朱熹看来,当然是犯上,是不符合"君为臣纲"的道德标准的。臣子只有尽忠死节的份儿,决没有怨刺君王的道理。王应麟曾说,唐代诗人可以写出直接指斥君王的诗篇,如杜甫的《丽人行》,白居易的《长恨歌》《上阳白发人》,元稹的《连昌宫词》等,而本朝没有了。(见《困学纪闻》)朱熹对君臣关系的绝对化,无非是这种现实政治的表现。所以,朱熹必须借用理学思想的君臣观来重新塑造屈原形象,使其具有一种新的人格来体现新的时代精神。

而且,朱熹又是一个主战派,是一个具有强烈现实责任感的思想家。在国家存亡的关键时刻,他义不容辞地要倡导一种舍生取义的爱国精神。当然,在家天下的君主时代,君与国不可分而言之,君国君国,君即国,国即君。在南宋时代,提倡爱国还有其特殊的现实意义,因为那不但是君国而且也是民族存亡的关键时刻,爱国是一种民族精神,已超越了君国的范围。就是在这一时代背景下,朱熹首创"忠君爱国"说来阐释屈原作为典范的意义。"忠君"本来是封建社会的最高道德,现在与"爱国"并提,就具有了一种新的意义,尤其在南宋特定的历史背景下,"忠君爱国"的屈原就是主战派的旗帜与象征。不可否认,朱熹

---

① 参拙文《试论朱熹的"美刺"之辨》,《西南师范大学学报(人文社会科学版)》1987年第1期。

对"忠君"的理解是非常绝对的,与王逸所理解的"忠君"已不大相同。朱熹以其理学思想为标准,广采博取众家之说作《楚辞集注》,以"忠君爱国"作为屈原的基本精神,塑造出了另一个典范形象。我们可以认为,朱熹之所以塑造作为"忠君爱国"典范的屈原形象有两重原因:从道德使命出发,他要赋予屈原以"忠君"的臣节;从现实责任感出发,他又要赋予屈原以"爱国"的精神。朱熹非常自然地把二者统一在了他所塑造的屈原形象上。

首先,朱熹对屈原其人其书作了一分为二的分析。他说:"原之为人,其志行虽或过于中庸,而不可以为法,然皆出于忠君爱国之诚心。原之为书,其辞旨虽或流于跌宕怪神,怨怼激发,而不可以为训,然皆生于缱绻恻怛,不能自已之至意。虽其不知学于北方,以求周公、仲尼之道,而驰骋于变《风》变《雅》之末,以故醇儒庄士或羞称之。然使世之放臣屏子、怨妻去妇抆泪讴吟于下,而所天者幸而听之,则与彼此之间天性民彝之善,岂不足以交有所发,而增夫三纲五典之重?此予之所以每有味于其言,而不敢直以'词人之赋'视之也。"(《楚辞集注序》)他批评了屈原言行中的偏激之处,但对其"忠君爱国"之"诚心"却大加推崇,前者不可以为法,而后者却应发扬而光大之。所以他在注释《楚辞》时,处处以"忠君爱国"立说,甚至连《九歌》也被解释成"因彼事神之心,以寄吾忠君爱国眷恋不忘之意"(《九歌序》),而其沉渊自杀也被解释为"不忍见其宗国将遂危亡,遂赴汨罗之渊自沉而死"(《离骚经序》)。基于这种理解,他批评王逸等人"至其大义,则又皆未尝沉潜反复,嗟叹咏歌，以寻其文词指意之所出。而遽欲取喻立说，旁引曲证，以强附于其事之已然，是以或迂滞而远于情性，或以迫切而害于义理，使原之所为，抑郁而不得伸于当年者，又晦昧而不见于后世"（《楚辞集注序》）。所谓"远于情性""害于义理"都只是根据朱熹的理学标准而言，王逸塑造的屈原形象没有体现出宋代主流的文化价值观念。朱熹对此大为不满："屈原一书，近偶阅之，从头被人错解了，自古至今，讹谬相传，更无一人能破之者，而又为说以增饰之。看来屈原本是一个忠诚恻怛爱君的人，观他所作《离骚》数篇，尽是归依爱慕，不忍舍去怀王之意，所以拳拳反复，不能自已，何尝有一句是骂怀王？亦不见他有偏躁之心，后来没出气处，不奈何，方投河殒命。而今人句句尽解作骂怀王，枉屈说了屈原。"（《语类》卷一百三十九）经过这一番周密的加工修饰，朱熹终于按照他的理解，塑造出了一个"忠君爱国"的理想人格。

显然，朱熹所塑造的"忠君爱国"的屈原形象是时代的产物。他所谓的"忠君"是封建社会臣民对君王的无条件的忠诚，生为君王而生，死也要为君王而死，即所谓"死节"。在君王面前，臣民只有匍匐在地，不敢仰视，更无须说什么独立的人格与尊严。即使君王残酷暴虐或昏庸糊涂，臣民也只有喊"万岁"的份儿；如果受到无辜的打击迫害，也只有"拳拳不已"抒发对君王的"眷念忠诚"，"归依爱慕"。这就是朱熹通过他所塑造的屈原形象所表达的具体的"忠君"内涵。它的时代烙印太明显了。但他所谓"爱国"却是一个内涵比较广泛的概念。"国"可与"君"相连，也可与"祖国""民族"相连。君主制可以消亡，而"国"却永存，至少存在的历史比君主制要长得多，所以"爱国"就有一种超时空的意义。近代以来，由于中国一直处于民族存亡的非常时期，朱熹所塑造的"忠君爱国"的屈原形象仍然具有现实意义。尤其是在抗日战争时期，屈原形象成了民族精神的一种象征。郭沫若的著名历史剧《屈原》之所以在当时产生巨大反响，其原因就在这里。随着君主专制时代的结束，"忠君"不再是一顶光耀的桂冠，自然而然，屈原形象就由"忠君爱国"演变为现代的"爱国主义"。人们不再注重屈原"忠君"的一面，而主要是在"爱国"上大做文章。于是屈原就由一个"忠臣"变而为"爱国主义诗人"或民族英雄。这就是我们现代编写的文学史上所塑造出的屈原形象。但是，由于这一形象是从朱熹所塑造的屈原形象脱胎而来的，它身上就积淀了很多封建社会的道德内容。尽管现代的"爱国主义"与传统观念有所不同，但屈原式的"愚忠"仍然被认为是"爱国主义"的最高典范。屈原式的"爱国主义"与屈原式的"愚忠"早已合二为一，不可能分而言之。很明显，在文化价值观念发生巨大变化的今天，"忠君爱国"的屈原形象早已失去了它的意义，而用"愚忠"式的"爱国主义"也不能为它再增加什么光彩。我们认为，朱熹所塑造的"忠君爱国"的屈原形象以及由此脱胎而来的"爱国主义"的屈原形象或屈原式的"爱国主义"已完成了它的历史使命。

四

当然，历史上所塑造的屈原形象应该是千百个。但由于历史的选择,被广泛认同的作为典范的形象却主要是王逸所塑造的"正言极谏"的"忠臣"屈原与朱熹所塑造的"忠君爱国"的屈原。而我们现代所谓的"爱国主义"诗人屈原无非是从"忠君爱国"的屈原脱胎而来,其基本精神是一脉相承的。这也是历史选择的结果。

那么,历史上的屈原究竟是一个怎样的人呢?前文已经说过,这是一个无法证明的问题。即使他的作品俱在,各个时代的读者都可以有自己的读法与理解,否则就不可能出现不止一个的屈原形象。屈原是多层次、多侧面的人物,受到过战国时代各种思潮如儒、道、法、名等家的影响,这就给后代塑造他的形象留下了巨大的空间。当然,作为历史人物的屈原也不可能是任人随意捏制的泥人,后代之所以这样或那样塑造他,总是有一定根据的。比如他在《离骚》与《九章》中表现出来的对楚怀王的怨刺与批评以及自己虽被放流而不后悔的顽强精神,就给"忠君"说提供了根据。而以上作品表现出的对故国的依依不舍的情绪,则给"爱国"说提供了根据。其实,在屈原所处的战国时代,君臣关系并没有大一统之后那么绝对。孟子说:"君之视臣如手足,则臣之视君如腹心;君之视臣如犬马,则臣之视君如国人;君之视臣如土芥,则臣之视君如寇雠。"(《离娄下》)不但君择臣,臣亦择君,合则留,不合则去,这是战国时代广泛存在的君臣关系。屈原不可能具有未来大一统中央集权时代才出现的那种绝对化的君臣观念。其次,战国时代也不可能有后代所谓的"爱国主义",至少其具体内涵大不相同。战国是一个诸侯力政、列强并争的时代,从而也形成了游士纵横、楚材晋用的局面。我们可以列举出一大批著名的思想家、军事家、政治家的名字,他们并不是显名于他们的"祖国",而是立功于"异邦"。他们似乎并没有规定自己必须"殉君死国"的义务,而是周游列国,合则留,不合则去,"士为知己者死"。所以直到西汉初期,贾谊吊屈原还要说:"历九州而相其君兮,何必怀此故都也?"而历史学家司马迁叙述了屈原的不幸遭际之后,也禁不住要产生疑惑:"又怪以彼其材游诸侯,何国不容?而自令若是。"可见战国时代并没有我们所谓的"殉君死国"式的"爱国主义"。不可否认,在屈原的《离骚》与《九章》中是反反复复地叙说着某种难舍难分的情绪,但这种情绪与所谓"爱国主义"并非一回事。每一个人要离开或已离开他生于斯、长于斯的故土时,都可能产生这种难舍难分的情绪,何况屈原是楚王之同姓,于楚为宗臣,有着血缘上的联系,而不同于所谓的"客卿"。宋代洪兴祖已看出这一点,所以他说:"异姓事君,不行则去;同姓事君,有死而已。"又说:"为人臣者,三谏不从则去之,同姓无可去之义,有死而已。"(《楚辞补注》)所以,我们认为,屈原之所以对楚王与楚国有如此难舍难分的感情,并不是因为所谓"忠君"或"爱国",而主要是由于他与楚王楚国有特定的血缘关系。否则,我们不但无法理解屈原,也无法理解与屈原同一时代的其他伟大人物。

我们说作为"爱国主义"或"忠君爱国"典范的屈原是由历史塑造起来并且似乎已经过时了,并非贬低屈原在中国文学史上的崇高地位,而是要否认王逸、朱熹等人塑造的屈原形象的现实意义。屈原是一个伟大的诗人,一个充满怀疑批判精神的思想者,是一个敏感的先知先觉者,这注定他要成为一个悲剧人物,注定他要去体验人生的大寂寞大悲哀。尤其是他在政治上遭到失败之后,感受了并不是每一个人都可能感受的失望与痛苦,胸中郁积着不可排解的矛盾,躁动着焦虑与不安。这里面不但包含着政治上的执着、追求与悲哀,也包含着对历史、人生、宇宙等的不解与疑问。《天问》就是他对整个宇宙人生的怀疑,是对当时既成的宇宙观、历史观、社会观、人生观的怀疑,屈原同时代的人思想很少达到这样的深度与广度,所以没有人能理解他。"路漫漫其修远兮,吾将上下而求索",而上下求索也不可能了结他胸中的精神矛盾。世界上的先知先觉注定要去超前体验这种人生的痛苦而又不被人理解。我们读《离骚》,读《九章》,读《天问》都可以发现,屈原反反复复再三感叹的就是那种不被人理解的孤独感与痛苦:"荃不察余之中情兮","终不察夫民心","国无人莫我知兮"。问天问神,也不能排遣"举世混浊而我独清,众人皆醉而我独醒"时的孤独与悲哀。所以屈原在他的作品中一再诉说"吾将从彭咸之所居",只有一死,才能最后解脱这些人生的矛盾与痛苦。我们读屈原的作品,总是感到它们的文意重复(如《九章》),结构杂沓(如《离骚》《天问》),因为这都是诗人的呕心沥血之作,是他心理矛盾的真切表现。屈原是伟大的,而这种伟大并不一定要用"忠君爱国"或"爱国主义"等观念来阐释。这正如李白、曹雪芹等天才作家的伟大不必用什么主义来贴标签一样。当然,这也只是我们对屈原的认知与理解。我们没有证明历史上的屈原究竟是怎样的一个人的企图,因为那事实上是不可能的。所以尽管两千年来人们总是力求作出证明,并宣布他们所理解的屈原才是历史上真正的屈原，但后代总是不相信他们的证明，而要一代复一代地重新证明。至于我们这个时代会塑造出一个怎样的被普遍认同的屈原形象来，也是历史选择的结果，并非某一人的意愿所能决定。

原载《四川师范大学学报》1989年第1期

刘向著述与汉代政治之联系考略

刘向是西汉一代屈指可数的大学者。班固曾这样评价："自孔子后，缀文之士众矣，唯孟轲、孙况、董仲舒、司马迁、刘向、扬雄此数公者，皆博物洽闻，通达古今，其言有补于世。传曰'圣人不出，其间必有命世者焉'，岂近是乎？"（《汉书·楚元王传》）从我们今天的学术眼光看来，孔子之后至班固之时的值得高度评价的学者不止以上数人，但此数人却毫无疑问是周秦至东汉的精英人物。刘向的学术成就主要是在整理古代文化典籍方面，如同司马迁著《史记》一样，是通过对历史文献的归类、整理来体现既定时代的文化思想。章学诚曾提出过一个经典命题："六经皆史。"（《文史通义·易教上》）根据这一命题，我们可以这样认为，一切文化典籍都是历史的文献，对文化典籍的整理实际上也就是包含着对历史文献的理解、研究。当然，前者的范围也许更广泛一些。我们如果承认章学诚"六经皆史"的命题，我们也应该承认刘向在学术上的业绩与司马迁之著《史记》在中国古代学术史上，具有同等重大意义。刘向在领校中《五经》秘书时，不但对古代文献的文字篇章进行了系统的校记编辑，而且通过对所校之书"条其篇目撮其旨意，录而奏之"的过程，对中国古代文化的渊源流别进行了系统的总结，如章学诚在其《校雠通义》中所说："校雠之义，盖自刘向父子部次条别，将以辨章学术，考镜源流；非深明于道术精微，群言得失之故者，不足与此。"刘向之学，无论名之曰校雠学还是文献学，其在中国古代学术思想史上都是有开创性意义的。中国有文献整理之学，并不始于刘向，如有学者认为孔子编订《六经》，司马迁之编著《太史公书》等凡属依据典籍史料而进行的排列、归纳、剪裁、纂辑之作都属文献学之范围（参见张舜徽《中国文献学》），但其作为一家专门之学，却成于刘向，所以历史上直呼校雠目录或文献之学为向、歆之学，不是没有道理的。历代治文献学者，大都溯源于刘向，其为文献学之创始人已基本上成为定论。

刘向的学术成就不仅在古代文化典籍的整理方面，自己也有不少著述，涉及的领域相当广泛。作为刘氏宗室的一员，他积极参与了朝廷的政治活动，尤其在元、成之际，以其正言极谏知名于世。他在同宦官（弘恭、石显）、外戚（许、史）的斗争中，编著了《说苑》《新序》《列女传》等书，以古代历史来讽谏今主，指斥时弊。并数上封事，直陈当时政治得失。清代谭献说："《新序》以著述当谏书，皆与封事相发，董生所谓陈古以刺今。"（《复堂日记》卷六）刘向的大部分著述都可作如是观。汉代今文经学的一个特点，经典的阐释要与当朝政治相结合。刘向作为今文经学的著名学者，不是埋头坟典、不问世事的学究，而是一个具有使命感与责任感的学者兼政治家，所以他把著述与现实政治紧密联系起来。总而言之,刘向一生的著述与学术都与汉代政治有着非常直接的联系。本文即拟从其著述的种类、内容、背景等史实的考证角度,具体考察这种联系。

《新序》《说苑》《列女传》三种可视为同一类著述。《汉书·艺文志》称:"刘向所序六十七篇《新序》《说苑》《世说》《列女传颂图》也。"并归入诸子中的儒家。又,《楚元王传》附向本传载:"向睹俗弥奢淫,而赵、卫之属起微贱,逾礼制,向以为王教由内及外,自近者始,故采取《诗》《书》所载,贤妃贞妇,兴国显家可法则,及孽嬖乱亡者,序次为《列女传》凡八篇,以诫天子。及采传记行事,着《新序》《说苑》凡五十篇奏之。"又宋本《说苑》载刘向序说:"所校中书《说苑杂事》,及臣向书民间书诬校雠,其事类众多,章句相混,或上下谬乱,难分次序,除去与《新序》复重者。其余者浅薄不中义理,别集以为百家后,令以类相从,一一条别篇目,更以造新事十万言以上,号曰《新苑》。"(引自严可均辑《全汉文》卷三十七)又刘向《别录》说:"臣向与黄门侍郎歆所校《列女传》,种类相从为七篇,以著祸福荣辱之效,是非得失之分,画之于屏风四堵。"(《初学记》卷二十五引《别录》佚文)由此可知,《新序》《说苑》《列女传》皆借古讽今之作,其著述体例皆为编纂旧籍,王充所谓"因成纪前,无胸中之造"(《论衡·超奇》)是也。正因为如此,此三种书多为后世学者非议。一是认为刘向所记不符史实,如唐代史学家刘知幾曾说:"及自造《洪范五行》及《新序》《说苑》《列女传》《神仙》诸传,而皆广陈虚事,多构伪辞,非其识不周而材不足,盖以世人多可欺故也。"

(《史通·杂说》）刘知幾如此讥评刘向，实为不明刘向著述目的之故。刘向编纂三书的目的并不是考史，而只是借古讽今，完全可视为今人所谓历史故事或小说家言，刘知幾以历史家实事求是的态度读之，当然大不以为然；其次，既为"采传记行事"，当然异说很多，本非一家之言，其与史实出入、抵牾之处，也在所难免。还有人认为刘向所记于经义多有不合，如宋代学者曾巩说："汉兴，六艺皆得于断绝残脱之余，世复无明先王之道以一之者，诸儒苟见传记、百家之言，皆悦而向之，故先王之道为众说之所蔽，暗而不明，郁而不发，而怪奇可喜之论，各师异见，皆自名家者，诞漫于中国，一切不异于周之末世。其弊至于今尚在也。自斯以来，天下学者知折衷于圣人而纯于道德之美者，扬雄氏而止耳。如向之徒皆不免乎为众说之所蔽，而不知有所折衷也者。"（《文献通考·经籍考》引曾巩序）汉宋经学思想原本异路，宋人批评汉人不明义理，固其然也。以此也可窥见汉宋学术思想之变迁。三书的篇卷分合，《汉书》本传统称《新序》《说苑》凡五十篇，《列女传》八篇；《隋志》称《新序》三十卷、录一卷，《说苑》二十卷，而新旧《唐志》皆作三十卷，《列女传》于《旧唐书》中为二卷，于《新唐书》中作十五卷。《新序》《说苑》在北宋末已无完本，马端临《文献通考·经籍考》引《崇文总目》："《新序》十卷，汉刘向撰，成帝时，典校秘书，因采载战国、秦、汉间事为三十卷上之，其二十卷今亡。"又引曾巩《序》："刘向所集次《新序》三十篇，目录一篇，隋、唐之世，尚为全书，今可见者，十篇而已。"又于《说苑》下引《崇文总目》："今存者五卷，余皆亡。"晁公武《郡斋读书志》称"《新序》十卷,世传本多亡,皇朝曾子固在馆中自校正其讹舛,而缀辑其放逸。久之,《新序》始复全"(袁本卷三),而《四库总目提要》说:"巩与欧阳修同时,而所言卷帙悬殊,盖《艺文志》所载据唐时全本言,巩所校录则宋初残阙之本也。"《读书志》又说:"《说苑》二十卷……曾子固校书,自谓得十五篇于士大夫家,与崇文旧书五篇合为二十篇而叙之,然止是析十九卷作《修文》上下篇耳。"(袁本卷三上)《四库总目提要》所录《新序》十卷与《说苑》二十卷俱非原书旧观。唯《列女传》基本上以完书形式流传下来,陈振孙《直斋书录解题》记为九卷(见该书卷七),《四库全书总目》著录为七卷,虽然篇卷分合异,但内容基本相同(见《总目》卷七七)。

《洪范五行传论》十一篇(见《汉书》本传),又称《五行传记》十一卷,《汉志》归入《六艺略·书经》。《汉书》本传:"向见《尚书·洪范》,箕子为武王陈五行阴阳休咎之应,向乃集合上古以来历春秋六国至秦汉符瑞灾异之记,推迹行事,连传祸福,著其占验,比类相从,各有条目,凡十一篇,号曰《洪范五行传论》,奏之。天子心知向忠精,故为凤兄弟起此论也,然终不能夺王氏权。"又,《五行志》说:"汉兴,承秦灭学之后,景武之世,董仲舒治《公羊春秋》,始推阴阳,为儒者宗。宣、元之后,刘向治《穀梁春秋》,数其祸福,传以《洪范》,与仲舒错。至向子歆,治左氏,传其《春秋》,意亦已乖矣;言五行传,颇不同。"此书虽不传,但其主要内容已被班固采入《汉书·五行志》,我们可以非常具体全面地窥知其原书的体例与内容。在刘向之前,今文经学家董仲舒根据"天人感应"的观念,吸取了战国时代邹衍糅合"阴阳五行"而发明的"五德终始"之说，来阐释推衍《春秋》所载四时灾异祥瑞与政治兴衰之间的关系，即所谓"谴告说"。他在其著名的《天人三策》中说："《春秋》之中，视前世已行之事，以观天人相与之际，甚可畏也。国家将有失道之败，而天乃先出灾害以谴告之；不知自省，又出怪异以警惧之，尚不知变，而伤败乃至。"（见《汉书·董仲舒传》）此说在西汉风靡一时，上至朝廷，下至民间，莫不争信。皇帝屡下诏书，询问"灾异何所而起，祥瑞何由而至"。尤其是元、成之世至于西汉末年，愈演愈烈。这不仅仅是由于迷信，而有其复杂的文化背景，此处不作深究。刘向从思想上也接受了这一学说，并将其运用于现实的政治斗争中。元、成之世，弘恭、石显等宦官与许、史等外戚相继干政，刘向正好借灾异之说来数说其祸福，警戒天子。如《春秋》庄公二十年载："夏，齐大灾。"根据刘向的解释，这是因为齐桓公好色，"以妾为妻，嫡庶数更，故致大灾。桓公不悟，及死，嫡庶分争，九月不得葬"（见《汉书·五行志上》）。《洪范五行传论》皆此类也。他在给天子的上书中，也三致其意："(《春秋》)二百四十二年之间，日食三十六，地震五，山陵崩陁一，彗星三见，夜常星不见，夜中星陨如雨一，火灾十四。长狄入三国，五石陨坠，六鹢退飞，多麋，有蜮、蜚、鸲鹆来巢者，皆一见。昼冥晦，雨木冰，李梅冬实，七月霜降，草木不死，八月杀菽……祸乱辄应，弑君三十六，亡国五十二，诸侯奔走，不得保其社稷者，不可胜数也……由此观之，和气致祥，乖气致异；祥多者其国安，异众者其国危，天地之常经，古今之通义也……今以陛下明知，诚深思天地之心，迹察两观之诛，览《否》《泰》之卦，观雨雪之诗，历周、唐之所进以为法，原秦、鲁之所消以为戒，考祥应之福，省灾异之祸，以揆当世之变，放远佞邪之党，坏散险诐之聚，杜闭群枉之门，广开众正之路，决断狐疑，分别犹豫，使是非炳然可知，则百异消灭，而众祥并至，太平之基，万世之利也。"（见《汉书》本传）刘向著《洪范五行传论》推衍灾异祥瑞祸福之说，与其编《新序》《说苑》《列女传》一样，都是有感而发。

《稽疑》一篇，《汉志》著录，并归入《六艺略·书经》。此书久已失传，《隋志》与新旧《唐志》均未著录。顾名思义，其内容不外乎是对《尚书》问题的考释一类。《汉志》载："刘向以中文校欧阳、大小夏侯三家经文，《酒诰》脱简一，《召诰》脱简二。率简二十五字者，脱亦二十五字，简二十二字者，脱亦二十二字，文字异者七百有余，脱字数十。"此书抑或就是今古文《尚书》异文考证，亦未可知。《说老子》四篇，《汉志》著录，并归于《诸子略·道家类》。《隋志》及新旧《唐志》亦未著录。西汉初期，黄老盛行，司马迁"论大道则先黄老而后六经"（见《汉书·司马迁传》），又《汉书·楚元王传》记载刘向之父刘德"修黄老艺，有智略"，又说："德常持《老子》知足之计。"可见其于道家是有家学渊源的。汉代学者视诸子百家也不如后世那么狭隘，刘向《别录》说："昔周之末，孔子既没，后世诸子各著篇章，欲崇广道艺，成一家之说，旨趣不同，故分为九家，有儒家、道家、阴阳家、法家、名家、墨家、纵横家、杂家、农家。"（马国翰《玉函山房辑佚书》引《别录》佚文）又宋本《列子》载刘向《书录》说："其学本于黄老，号曰道家。道家者，秉要执本，清虚无为，及其治身接物，务崇不竞，合于六经。"（引自《全汉文》卷三十七）如果以刘向《说老子》四篇的基本出发点为阐释道家"秉要执本，清虚无为"的精义，似亦言之有据。

刘向赋三十三篇，《汉志》著录。沈钦韩《汉书疏证》："乐家出《琴颂》，应入此。"按今存《楚辞》载有《九叹》九篇，《古文苑》载有《请雨华山赋》一篇，《高帝纪》有《高祖颂》一篇，凡十一篇，又《文选》载《雅琴赋》。《别录》曰："向有《芳松枕赋》，宋末存十八篇。"又，《别录》："向有《合赋》"，"有《麒麟角杖赋》"，"有《行过江上弋雁赋》《行弋赋》《弋雌得雄赋》"（《全汉文》卷三十八）。又《文选·博弈论》李善注引有《围棋赋》数语。总计二十篇，现存者仅《九叹》九篇与《请雨华山赋》一篇。《汉书》本传："既冠，以行修饬擢为谏大夫。是时，宣帝循武帝故事，招选名儒俊材置左右。更生（刘向）以通达能属文辞，与王褒、张子侨等并进对，献赋颂凡数十篇。"刘向的赋体大都作于此时，而且多是为讨宣帝欢心而作，当然不会有传世之作。即使是流传下来的《九叹》，也是因附于《楚辞》而沾了屈原的光。其情志文采都不能与屈赋相提并论。又《汉书》本传："显诬潜猛，令自杀于公车。更生伤之，乃著《疾谗》……凡八篇，依兴古事，悼己及同类也。"此八篇不知其为何种文体，观"依兴古事，悼己同类"数语，抑或是类似《九叹》的作品，因为其题名与命意都与《九叹》颇为近似。

《世说》，《汉志》著录，未记篇卷。《隋志》著录《世本》

二卷，不知是否为异名之同书。《汉书·艺文志》载有《世本》十五篇，班固注："古史官记黄帝以来迄春秋时诸侯大夫。"《史记集解序》索隐引刘向："古史官明于古事者之所记也。录黄帝以来帝王诸侯及卿大夫系谥名号，凡十五篇也。"看来此《世本》即司马迁著《史记》时所据之"《左氏》《国语》《世本》《战国策》"中之《世本》（见《汉书·司马迁传赞》）。《世说》当是类似于《新序》《说苑》那样的书，取名为《世本》不大合宜。《隋志》著录显然有误。

《烈士传》二卷，《隋志》始著录，新《唐志》同。其后不见著录，大约宋时已亡佚，此书当是后人依托。因刘向著有《列女传》，或托名于向，或后人误以为向作，皆未可知。

《列仙传赞》二卷，《隋志》始著录，旧《唐志》同。陈振孙《直斋书录解题》卷十二："《列仙传》二卷，汉刘向撰。凡七十二人，每传有赞，似非向本记，西汉人文章不尔也。馆阁书目三卷六十二人，《崇文总目》作二卷七十二人，与此合。"《四库全书总目》卷一四六："今考《隋志》著录，则出于梁前，又葛洪《神仙传序》亦称此书为向作，则晋时已有其本，……魏晋间方士为之，托名于向耶？"当然，托名于刘向的人也并不是没有理由，据《汉书》本传载："上复兴神仙方术之事。而淮南有枕中《鸿宝苑秘书》，书言神仙使鬼物为金之术，乃邹衍重道延命方，世人莫见，而更生父德武帝时治淮南狱得其书。更生幼而读诵，以为奇，献之，言黄金可成。上令典尚方铸作事，费甚多，方不验。上乃下更生吏，吏劾更生铸伪黄金，系当死。更生兄阳城侯安民上书，入国户半，赎更生罪。上亦奇其材，得逾冬减死论。"刘向笃信神仙方术,虽未著书,后世假其名以行其书,如后世滑稽奇怪之托名于东方朔一样。

《五经杂义》七卷,《五经通义》九卷,《五经要义》五卷,三书今俱不传,唯旧《唐志》所录。此三书显系伪托。《汉志》于《六艺略》著录有"《五经杂义》十八篇",注曰"石渠论",并未著何人所撰。考《汉书》本传:"会初立《穀梁春秋》,征更生受《穀梁》,讲论《五经》于石渠。"又《汉书·宣帝纪》:"诏诸儒讲《五经》同异,太子太傅萧望之等平奏其议,上亲称制临决焉。乃立梁丘《易》,大小夏侯《尚书》,穀梁《春秋》博士。"宣帝召诸儒讲《五经》异同于石渠阁,与东汉章帝于白虎观召诸儒讲《五经》异同,同为汉代经学史上的两件盛事。班固曾撰《白虎通德论》详记白虎观会议的各种意见。也许正是根据这一理由,后人把未题撰人的石渠会议记录《五经杂义》及类似的《五经通义》《五经要义》也归于曾参加石渠会议的刘向名下。当然,也完全有可能出自刘向之手。《汉志》之所以未著录,也许是因为其内容只是诸儒意见的记载,并非刘向自著,因而不题撰人,也是说得过去的,正如刘向校订编辑《荀子》《韩非子》《战国策》等先秦旧籍,《汉志》不题刘向编纂一样。

《刘向集》六卷,《隋志》始著录,新旧《唐志》皆为五卷。《直斋书录解题》卷六:"《刘中垒集》五卷。前四卷封事见《汉书》,《九叹》见《楚辞》,末《请雨华山赋》见《古文苑》。"此集今已不传。明张溥《汉魏六朝百三家集》汇辑刘向文为一卷,清严可均《全汉文》辑为三卷,另二卷为《别录》《新序》佚文。

《七略别录》二十卷，始见于旧《唐志》著录。《汉书·艺文志》："至成帝时，以书颇散亡，使谒者陈农求遗书于天下。诏光禄大夫刘向校经传诸子诗赋，步兵校尉任宏校兵书，太史令尹咸校数术，侍医李柱国校方技。每一书已，向则条其篇目，撮其旨意，录而奏之。会向卒，哀帝使向子侍中奉车都尉歆卒父业。歆于是总群书而奏《七略》，故有《辑略》，有《六艺略》，有《诸子略》，有《诗赋略》，有《兵书略》，有《术数略》，有《方技略》。"《七录》与《七略》今俱不传，严可均《全汉文》、马国翰《玉函山房辑佚书》、张选青《受经堂丛书》、姚振宗《师石山房丛书》等各有辑本。班固《艺文志》即是根据《七略》写成。刘向此书，历来被推为目录校雠学之祖。《别录》与《七略》共辑书六百三十四家，一万三千三百九十七篇，图四十五卷，先秦至汉的学术流派及其重要篇籍，大体均有著录。更重要的是它对各种典籍的部次条别，考镜源流，对先秦以来的各种学术流派及其分合渊源进行了系统的整理归类，这在中国文化学术史上的贡献，是有划时代意义的。现代著名学者侯外庐认为，正是这一著作，体现了刘向思想中的另一个重要方面，即与他的宗教神学观相对立的人文主义思想。[1]经过刘向整理而流传至今的先秦典籍如《楚辞》《战国策》《管子》《荀子》《韩非子》以及《五经》等，更是难以一一列举，可以毫不夸张地说，流传至今的所有先秦至汉的文化典籍，大都曾经过刘向的整理。班固列刘向为孔子以后中国的大学者之一，并非溢美

---

[1] 侯外庐、赵纪彬、杜国庠：《中国思想通史》第二卷，人民出版社，1957，第196—208页。

之词。

通过以上述略，我们可以发现，刘向虽以今文经学知名于世，但其知识是极为广博的，决不囿于孔门一家。举凡当时的各家，除儒学外，如道家、阴阳家、法家等，他都兼收并蓄，对这些思想流派的评价，也比较客观公允，而这正是成就大学问大事业的人的胸怀。至于其迷信神仙灾异之说，无非是当时的科学认识水平所限，以刘向那样的学者胸怀，绝不可能明知其非而崇奉之的。站在我们今天的立场上，古人都有可訾议之处，而"后之视今，亦犹今之视昔也"。

原载《西南民族大学学报》1997年第8期

论朱熹《诗》说与毛郑之学的异同及历史意义

汉代传《诗经》者有齐、鲁、韩、毛四家,至东汉末郑玄笺注《毛诗》,以"毛传郑笺"为形式的毛郑之学,经由孔颖达等人奉敕编纂《毛诗正义》的弘扬,遂成为唐代《诗经》阐释体系中最具影响力的一家。宋代异说蜂起,有"废《序》"与"尊《序》"之争,《序》即《毛诗序》,包括"大序"与"小序",集中体现了毛郑《诗》学的观念及其阐释方法。南宋理学家朱熹是"废《序》"派的代表,所著《诗集传》集宋代《诗经》学之大成,是宋以后《诗经》阐释体系中最有影响力的一家。毛郑与朱熹虽然都以"经学态度"去阐释《诗经》,但两者之间也存在巨大的分歧与差异。清代今文经学家皮锡瑞曾以"汉儒重训诂,宋儒重义理"为说,视汉学为"章句之学",宋学为"义理之学",谓"章句训诂不能尽餍学者之心,于是宋儒起而有义理"(《经学历史:经学昌明时代》)。以此泛泛地概括汉宋学术之异虽然未尝不可,但如径谓此即朱熹《诗》说与毛郑之异,则大不然。

第一,汉儒治《诗》未尝不重"义理"。所谓"义理",是言《诗经》所蕴含的意义道理。三家今文"取《春秋》，采杂说"（《汉书·艺文志》），是言其"义理"，"毛诗"大序小序的宗旨，也为的是使学者"不以文害辞，不以辞害志"，要其所归，"义理"而已。郑玄依《毛诗序》说而立《诗谱》，以明其"源流清浊之所处，风化芳臭气泽之所及"（《诗谱序》），其意也在昭显孔子删诗编诗以"垂教后世"的宗旨，非苟而已矣。宋代理学家程朱等人自命直承孟子的"道统正传"而谓汉儒昧于"义理"，至以讥"毛郑所谓山东老学究"（《朱子语类》卷八十），盖其"义理"各自异趣。近人刘师培曾明确指出宋儒门户之偏："宋儒之讥汉儒不崇义理，则又宋儒忘本之失也。"（《汉宋学术异同论·汉宋义理异同论》）可知谓汉儒"只重训诂"而名其《诗》学为不崇义理的"章句之学"是宋儒的门户之见。

第二，朱熹治《诗》，未尝不重"章句训诂"。所谓"章句训诂"，是言其注经之体制。刘师培释之说："故、传二体，乃疏通经文之字句也；章句之体，乃分析经文之章节者也。"（《国学发微》）朱熹曾自言其当初解《诗》之时，"数十家之说，一一都从头记得"，"这一部《诗》并诸家解，都包在肚里。"（《语类》卷八十）他还下功夫研究过《说文》《玉篇》《广韵》等训诂音韵名著（见陈澧《东塾读书记》卷二十一）。他对前代学者注经的成绩也予以充分肯定："汉魏诸儒正音读、通训诂、考制度、辨名物，其功博矣。"（《朱文公文集》卷七十《论孟集义序》）章太炎说："朱晦庵不尚高论，其治经知重训诂。"（《菿汉微言》）这是符合事实的评价。朱熹谓学《诗》者须"章句以纲之，训诂以纪之"（《诗集传序》），即由章句训诂而明"义理",与毛郑《诗》学的方法"所见略同"。他曾讥笑不读"章句训诂"而空言"义理"者:"曾见有人说《诗》问他《关雎》篇,于其训诂名物全未晓,便说'乐而不淫,哀而不伤',某因与他道,公而今说《诗》只消这八字,更添'思无邪'三字,共成十一字,便是一部《毛诗》了,其他三百篇皆成渣滓矣。"(《语类》卷八十)又说:"今人多以'章句之学'为陋,某看见人多因章句看不成句,却坏了道理。"(同上,卷五十六)朱熹对汉儒注经的形式即"章句之学"大加推崇,说:"汉儒可谓善说经者,不过只说训诂,使人以此训诂玩索经文,训诂经文两不离异,只做一道看了,直是意味深长。"(《文集》卷三十一《答张敬夫》)甚至声称"窃谓须只似汉儒毛孔之流,略释训诂名物及文义理致尤难明者,而其易明处更不须贴句相续,乃为得体"(《文集》卷七十四《记解经》)。朱熹未尝菲薄毛郑的"章句之学",言其注经形式,朱熹的《诗集传》也是"章句之学"。可知名朱熹《诗》说为"义理之学"以求其异于毛郑之处,是不符合历史事实的。

总而言之,朱熹与毛郑一样,都是以"章句之学"的形式来发挥其"义理"的,此正是其同,而非其异。他们之间的差异在于汉宋儒家"义理"的内涵各不相同。汉代今文经学以孔子为政治家,以"六经"为孔子致治之具,所以偏重于"微言大义",其特点为功利的、政治的,皮锡瑞概括为"以《禹贡》治河,以《洪范》察变,以《春秋》决狱,以三百五篇当谏书"(《经学历史》)。古文经学以孔子为历史学家,以"六经"为孔子整理的古代社会史料,以著三代政治盛衰而"足以作后王之鉴"(《诗谱序》),所以偏重于"名物训诂",其特点为历史的、考证的。他们治经的方法虽然不同,但所理解的"圣人之意"即"六经"的"义理"却有着共同之处,两者都体现着汉代的"时代精神",即以"君臣时政"为其经学目的,通经所以致用。而宋代理学家以孔子为道德家,以"六经"为孔子"载道之具",以教人"存天理,灭人欲"。朱熹曾说:"孔子所谓'克己复礼',《中庸》所谓'致中和,尊德性,道问学',《大学》所谓'明明德',《书》曰:'人心惟危,道心惟微,惟精惟一,允执厥中。'圣人千言万语,只是教人'存天理,灭人欲'。"(《语类》卷十二)即以"存天理,灭人欲"为其经学目的。要言之,汉宋"义理"之内涵各不相同,它们各自体现了汉宋之"时代精神",而我们正当以此探求汉宋《诗》学之历史差异。

汉儒之言《诗》,多以"美刺君臣时政"为说,以"温柔敦厚"为"诗教",以"经夫妇、成孝敬、厚人伦、美教化、移风俗"为其经学目的。郑玄说:"论功颂德,所以将顺其美;刺过讥失,所以匡救其恶。各于其党,则为法者彰显,为戒者著明。"(《诗谱序》)此即汉儒所谓《诗》之所以为经的"义理"。宋代理学家之言《诗》,则偏重于"修辞立诚,涵养德性"之道德意义,认为《诗》之所以为经的"义理"即在于孔子以此教人"存天理,灭人欲"而已。程颢说:"学者不可不看《诗》,看《诗》便使人长一格价。"(《近思录》卷三)。程颐也说:"兴于《诗》者,吟咏情性,涵畅道德之中而歆动之,有'吾与点也'气象。"(《程氏外书》卷三)朱熹继承发展了二程的《诗》学观点,更加突出了《诗》之为经的"理学"意义,说："孟子学问之道无他，求其放心而已。谓如学《礼》也，只是求放心；学《乐》也，只是求放心；读《书》读《诗》，致知力行，皆只是求放心也；与《诗》三百一言以蔽之义同，《诗》只是要人'思无邪'。"（朱鉴《诗传遗说》卷三）朱熹对孔子"思无邪"一语也作了全新的解释，谓《诗》之所言"善者可以感发人之善心，恶者可以惩创人之逸志，其用归于使人得其情性之正而已"（《论语集注·为政》），即赋予"思无邪"一语以"存天理，灭人欲"的意义，而且以此为其"诗教"（参见朱自清《诗言志辨·温柔敦厚》）。此即宋代理学家所谓《诗》之为经的"义理"。

简而言之，汉儒言《诗》意主于"君臣时政"，其《诗》学为社会的、政治的；宋代理学家言《诗》意主于"修辞立诚"，其《诗》学为个人的、伦理的。此即汉宋《诗》学之总体差异，而这个差异正体现了汉宋经学体系之不同，也反映了汉宋时代精神即汉宋"义理"具体内涵的变迁与发展。

那么，汉宋《诗》学之间的总体差异是否可以完全概括朱熹《诗》说与毛郑之异同呢？答案是否定的，汉宋《诗》学的对立，实质上是汉宋"义理"的对立。而宋代《诗经》学者反对毛郑之学，实际上也是反对毛郑之"义理"，而毛郑之"义理"又具体表现于《诗序》之中。所以，宋代反对毛郑之学的运动，是围绕着《诗序》问题而开展的。二程、张载、吕祖谦等理学家虽然力求赋予《诗经》以新的"义理"内涵，但是他们对《诗经》的理解，仍然沿袭《诗序》旧说，所谓"借题发挥"，所谓"旧瓶装新酒"，即借《诗序》的旧题，去发挥理学家的新"义理"罢了,严格说来,他们的《诗》学基本上没有超出毛郑之学的范围。与此相反,欧阳修、苏辙、王质、郑樵等非理学家却是《诗》学上的革新派。他们力求"去《序》言《诗》",赋予《诗经》以新的时代意义,于是掀起了一场"疑《序》"乃至"废《序》"的运动。朱熹面临的问题是,"以理言《诗》"者不"去《序》言《诗》",而"去《序》言《诗》"者不"以理言《诗》"。朱熹《诗》说之所以为朱熹《诗》说,正在于破旧立新二者合而为一,"去《序》言《诗》"与"以理言《诗》"有机地统一于他的《诗集传》之中。此不但异于"尊《序》"的理学家,也异于非理学家的"废《序》"派。这也正是汉宋《诗》学差异的具体体现,即朱熹《诗》说与毛郑之学的具体差异。我们且分而言之。

第一方面,破旧说:去《序》言《诗》。

所谓《诗序》又分为《大序》与《小序》,而《小序》即"诗前题解"。序《诗》者从"美刺君臣时政"的角度出发,采取"以史证《诗》"的方法,对《诗》三百篇的本事及其命意一一加以解说。按照现代学者普遍认同的看法,这些解说只不过是后代解经人的意思,多非"诗人之意",所引证的史事也多是出于序《诗》者的穿凿附会。①但其作者为谁,则纷如聚讼,莫衷一是。尊之者以为出自孔子或子夏,攻之者则以为出自汉儒之妄说(详见《四库提要·诗序》)。东汉经学大师郑玄谓"《大序》是子夏作,《小序》是子夏、毛公合作。卜商意有未尽,毛

---

① 参见《古史辨》第三册载郑振铎《读〈毛诗序〉》、顾颉刚《论〈诗序〉附会史事的方法书》等文。

更足成之"（《诗谱》，今佚，引自《经典释文》）。郑玄笺《毛诗》即依《序》说，又据之以立《诗谱》（见《东塾读书记》卷六）。由于郑玄在经学史上的权威地位，于是"读者转相尊信，无敢拟议。至于有所不通，则必为之委曲迁就，穿凿而附会之，宁使经之本文缭戾破碎，不成文理，而终不忍明《小序》为出于汉儒也"（朱熹《诗序辨说》）。吕祖谦等理学家正是由于执迷不悟，才不惜委曲迁就以维护《诗序》的正统地位。朱熹对此曾颇为不满地说："伯恭（吕祖谦）凡百长厚，不肯非毁前辈，要出脱回护，不知只为得个解经人，都不曾为得圣人本意。"（《语类》卷八十）他彻底否定了《诗序》的权威地位。

首先，朱熹以范晔《后汉书·儒林传》所谓"卫宏从谢曼卿受学，因作《毛诗》，善得《风》《雅》之旨"云云为证，认为《小序》出于后汉卫宏等人之手，"不是卫宏一手所作，多是两三手合成一体，愈说愈疏。后来经意不明，都是被他坏了"（《语类》卷八十）。又说："《大序》亦不是子夏作，煞有碍义理误人处。"（《诗传遗说》卷二）

其次，朱熹认为，《诗序》"以史证《诗》"的方法是"附会书史，依托名谥，凿空妄语"（《辨说·邶·柏舟》）。即是依据《左传》《国语》《史记》诸书所载君主事迹及其谥号之美恶以定《诗》之美刺。凡诗有辞之美者系之于贤君美谥；辞之恶者则系之于愚君恶谥，"又拘于时世之先后，其或书传所载，当此一时，偶无贤君美谥，则虽有辞之美者，亦例以为陈古而刺今"（同上引）。

最后，朱熹不但以史为证，而且又从诗文本身入手，即所谓"以《诗》言《诗》"，注重分析古诗的艺术表现特征即"比兴"手法的特点，指出《诗序》与诗意不符的大量事实，证明《诗序》只不过是后代解经人的意思，而并非诗人作诗之意。

我们认为，朱熹关于《诗序》的结论基本上是正确的。虽然《小序》是否出于卫宏之手，尚有争议，须待进一步证明，但序《诗》者为汉儒，可视之为定论。《序》说多不符合诗意也是不可否认的事实，序《诗》者确有附会之嫌。《史记》不载《毛诗》，则《毛诗》的出现及流行当是《史记》成书之后的事。郑樵说："诸风皆有指言当代之某君者，唯《魏》《桧》二风无一篇指言某君者，以此二国《史记》世家、年表列传不见所说，故二风无指言也。"（《诗辨妄》，今佚。引自周孚《非诗辨妄》）崔述也说："《诗序》好取《左传》之事附会之。盖三家之诗，其出也早，《左传》尚未甚行，但本其师所传为说。《毛诗》之出也晚，《左传》已行于世，故得以取而迁合之。"（《读风偶识》卷一）《诗序》既多附会之辞，表现的也是汉代的《诗》学观点，妨碍学者们对《诗经》本身的理解，真可谓"一堆压在《诗经》之上的瓦砾"（郑振铎《读〈毛诗〉》）。朱熹对《诗序》的批判虽然也存在明显的历史局限，但他力倡去《序》言《诗》，从原则上应当予以充分肯定。去《序》言《诗》，是《诗集传》在古代《诗经》阐释研究史上具有划时代意义的贡献之一。

对《诗序》的怀疑不始于朱熹。唐代韩愈即谓"子夏不序《诗》"（《四库提要·诗序》）。北宋欧阳修以《小序》为"太师编《诗》假设之义，而非诗人作诗之本意"（《诗本义》卷一），实启疑《序》之端。苏辙《诗解集传》则以"《毛诗序》

为卫宏作，非孔氏之旧，止存其首一言，余皆删去"（晁公武《郡斋读书志》卷二）。乃去《序》言《诗》之始。南宋王质《诗总闻》全去《诗序》，"其说多出新意，不循旧传"（陈振孙《直斋书录解题》卷二）。郑樵始倡言排击，谓"《诗序》乃村野妄人之所作"（《夹漈遗稿》卷中《寄方礼部书》）。至朱熹集其大成。他特地撰写《诗序辨说》（附《诗集传》之后），全面考辨《诗序》的种种问题，彻底动摇了《诗序》的正统地位。自是之后，《诗》学者遂分为"废《序》"与"尊《序》"两派：一派以郑玄之说为据，谓"《诗序》出于子夏嫡传"，清代的陈启源（《毛诗稽古编》）、陈奂（《诗毛氏传疏》）、胡承珙（《毛诗后笺》）等人，即以尊崇《诗序》著称；另一派则以朱熹所引范晔之说为证，谓"《诗序》出于汉儒之手"，清代的姚际恒（《诗经通论》）、方玉润（《诗经原始》）、崔述（《读风偶识》）等人，则以攻《序》名世。马瑞辰的《毛诗传笺通释》虽主《序》说，间或也舍《序》而从《诗集传》（如《邶·静女,》《邶·雄雉》《齐·东方之日》等），或自立新说（如《陈·宛丘》《陈·东门之枌》等）。戴震的《毛郑诗考证》也多采《诗集传》以补毛郑之失，如以《周南·卷耳》为"怀人之诗"即从朱熹之说。陈澧说："平心论之，《序》说虽古义，而朱说尤通，故戴氏从之也。"（《东塾读书记》卷六）即使如此著名的汉学家，也承认了《诗序》不尽符合诗人之意的事实。可知"去《序》言《诗》"并非出自宋儒之偏见，而是学术发展的必然结果。今天，经学时代已经成为历史，《诗经》也恢复了古代诗歌的本来面目。回顾古代《诗经》研究史，从毛郑之学到《诗集传》，以至清代的汉宋《诗》学之争，《诗》学研究一直在向前发展。而在这个发展史上，去《序》言《诗》无疑是一个重大突破。溯其源，不得不首先归功于朱熹及其《诗集传》。

第二方面，立新说：以"理"言《诗》。

《尚书·尧典》说："诗言志。"《诗大序》也说："诗者，志之所之也，在心为志，发言为诗。"清代学者顾炎武说："诗言志，此诗之本也。"（《日知录》二十一卷）但是，由于年代悠渺，史料湮灭，《诗经》中大量的作品的本事与命意事实上已无从可考；又由于诗多比兴之辞，非同直言，诗人既不明言，后人也难以推测。[①]如何推求诗人本意的命题，早在二千多年之前的战国时代就已提出。孟子与其弟子咸丘蒙讨论《小雅·北山》之时，提出"不以文害辞，不以辞害志，以意逆志"的《诗》学方法，即"以己之意'迎受'诗人之志而加以'钩考'"（朱自清《诗言志辨·比兴》）。但是，所谓"己意"是由不同的时代精神所决定的，以此"迎受"的"诗人之志"也就可能因人因时而异，所以，早在西汉就有"诗无达诂"的说法[②]。不同时代的诗学者都要受到一定时代限制，以各自的时代精神去阐释《诗经》。序《诗》者"以史证《诗》"表现了汉代的经学思想，而朱熹在去《序》言《诗》之后，也赋予《诗经》以新的时代意义，即以"理"言《诗》，使一部《诗经》理学化了。

理学是宋代形成的新儒学，是朱熹借以推求"诗人之志"的时代精神。所谓"理"，又名"天理"，是朱熹哲学体系的最高

---

① 皮锡瑞：《诗经通论·论〈诗〉比他经尤难明其难明者有八》。
② 见董仲舒《春秋繁露·精华》、刘向《说苑·奉使》。

范畴。他的哲学体系虽然以"天理"为其核心,但实际上是继承了程颐的"理"与张载的"气"而形成的"理气二元论"。他说:"天地之间,有理有气。理也者,形而上之道也,生物之本也;气也者,形而下之器也,生物之具也。是以人物之生,必禀此理,然后有性;必禀此气,然后有形。"(《文集》卷五十八《答黄道夫》)即"理"与"气"皆为宇宙万物之根源,二者相结合而生万物包括人类。"理"为物之性,物之心,物之精神;而"气"为物之体,物之形,物之器具。朱熹的"天理"与古希腊哲学家柏拉图的"理念世界"、德国古典哲学家黑格尔的"绝对理念"一样,表现了朱熹力求从哲学高度去认识理解世界本原的企图,其中包含有深邃的智慧与相对合理的因素。但当他以"天理"去解释他所处的人类社会以及人本身时,就出现了明显的局限。他所谓"天理"实际上是以"三纲五常"为核心的封建社会的道德原则。他曾说:"宇宙之间,一理而已,天得之而为天,地得之而为地,而凡生于天地之间者,又各得之而为性,其张之为三纲,其纪之为五常,盖皆此理之流行,无所适而不在也。"(《文集》卷七十《读大纪》)而这个以"三纲五常"为其具体内容的"天理"正是朱熹阐释《诗经》的依据。那么,朱熹又是怎样在以"理"言《诗》呢?

首先,他以"存天理,灭人欲"为宗旨,将《诗经》从"美刺君臣时政"的工具一变为理学家教人"修辞立诚"的道德教科书。他认为"天理"体现于人即是"性",所谓"性即理",是善的体现,所以"孟子遇人便道性善"(《孟子集注序》)。而与之对立的即是"人欲",产生于所谓"形气之私",是恶的表现。衡之以"理","人之一心,合道理底是天理,循情欲底是人欲"(《语类》卷七十八),即不合"三纲五常"之理的"喜怒哀乐之情""男女饮食之欲",皆是"人欲横流",皆当有以制之。《诗》之为经,正在于"劝善惩恶","所以人事浃于下,天道备于上,而无一理之不具也"(《诗集传序》)。诗人之言,虽然由于"其国之治乱不同,人之贤否亦异,其所感而发者,有邪正是非之不齐"(同上引),但其中之"善者可以感发人之善心,恶者可以惩创人之逸志,其用归于使人得其情性之正而已"(《论语集注·为政》)。所谓"情性之正"即符合"天理"的人格标准。朱熹曾谓学者只要"章句以纲之,训诂以纪之,讽诵以倡之,涵濡以体之,察之情性隐微之间,审之言行枢机之始,则修身及家,平均天下之道,其亦不待他求而得之于此矣"(《诗集传序》)。所以他力求以"思无邪"为新的"诗教",以便更好地借《诗经》来宣扬他"存天理,灭人欲"的道德诉求。

其次,朱熹以"理"言《诗》又具体贯穿于《诗序》之辨中。他站在卫道的立场上,力斥《诗序》"失是非之正,害义理之公,以乱圣经之本指,而坏学者之心术"(《辨说·郑·有女同车》)。其所谓"是非之正""义理之公""圣经之本指"云云,却是理学化了的孔孟之道,即以"三纲五常"为核心的道德原则。如《小序》解《周南》诸诗云"后妃之德"(《关雎》),"后妃之本"(《葛覃》),"后妃之志"(《卷耳》),"后妃之化"(《兔罝》),"后妃之美"(《芣苢》),等等,固然失之穿凿。朱熹则一以"文王之化"代之,谓"其辞虽主于后妃,然其实皆所以著明文王修身齐家之效也"(《诗集传》);又辨之说:"序者徒见其辞，而不察其意，遂一以后妃为主，而不复知有文王，是固已失之矣。至于化行国中，三分天下；一亦皆以后妃所致，则是礼乐征伐皆出于妇人之手，而文王者，徒拥虚器，以为寄生之君也，其失甚矣。"（《辨说·周南·关雎》）又说："以为后妃所致，非所以正男女之位。"（同上，《桃夭》）又如他辨《小序》"陈古刺今"之失："是使读者疑于当时之人，绝无善则称君，过则称己之意，而一不得志，则扼腕切齿，嘻笑冷语，以怼其上者，所在而成群，是其轻躁险薄，尤有害于温柔敦厚之教也。"（《辨说·邶·柏舟》）皆是以"纲常名教"立说。辨则辨矣，可谓言之成"理"，然却不是持之有故，与《序》说同归于附会而已。

最后，朱熹以"理"言《诗》，也具体表现于其对众家之说的去取标准之中。他的《诗集传》与其《四书章句集注》一样，广采博取众家之说而自成一家之言。但他自有其去取标准，试举两个非常明显的例证。第一，他对"尊《序》"的理学家的态度：一方面，他对程张诸人"以《序》言《诗》"的方式颇有微辞，谓"程先生《诗传》取义太多，诗人平易，恐不如此"（《诗传遗说》卷一），"二南亦是采民言而被乐章耳，程先生必要说是周公作以教人，不知是如何，某不敢从"（《语类》卷八十）。谓张载"横渠说'置心平易始知《诗》'，然横渠说《诗》并不平易"（同上引）。谓吕祖谦"曲从《序》说，不免穿凿"，又说"东莱《诗记》却编得仔细，只是大本已失了，更说什么"（《诗传遗说》卷二）。但另一方面，他在《诗集传》之中却大量采用了他们以《诗》言"理"的观点，以发挥《诗》

三百篇的理学意义，而且对他们的"义理之学"给予了很高的评价，谓"自是之后，三百五篇之微辞奥义，乃可得而寻绎"（《文集》卷七十六《吕氏试诗记后序》）。第二，他对非理学家的"废《序》派"的态度：朱熹去《序》言《诗》是受了郑樵的直接影响，《诗序辨说》所引证的史料，多取自郑樵的《诗辨妄》（王应麟《困学纪闻》卷三）。即使在"美刺"之辨、"淫诗"之说等一系列问题上，他也主要是受到郑樵的启发。但《诗集传》对郑樵的《诗传》却基本上一无所取，而且论及宋代《诗经》研究现状时，居然对其只字未提，原因就在于郑樵的《诗》说不符合他的理学标准，所谓"理学为本，众说为用"。不可否认，理学作为一种新的思想体系，正如汉代经学以及历史上所有的思想体系一样，是有其时代局限的。所以，朱熹以理言《诗》所失甚多，一方面，他在批判《诗序》旧的穿凿附会，另一方面，他又发明了新的穿凿附会，如他辨《序》说于"二南"之失云云即是其例证之一。

那么，我们应当怎样评价"以理言《诗》"的积极意义呢？论者多以其失而否定了以"理"言《诗》的积极意义。这实际上是一种形而上学，不可能对朱熹《诗》说的是非得失及其以"理"言《诗》的历史意义作出正确的评价。理学作为一个时代的思想体系，其发生、发展、形成，皆有其历史的合理性。理学之于汉代经学，也曾是一种充满批判创新精神的哲学。它对汉代经学的怀疑批判是经学史上的一次"思想解放"。体现于《诗》学研究上就是打破毛郑之学的一统天下，而朱熹也正是以理学为"批判的武器"去批判《诗序》的。虽然以"理"言《诗》与去《序》言《诗》之间并不存在必然的因果关系（程颐、吕祖谦等理学名家即以"尊《序》"著称），但是朱熹之去《序》言《诗》的大胆之举，却是得力于理学的怀疑批判精神。章太炎曾说，朱熹"因少长福建，习闻新学，性好勇敢，故多废先师大义，而以己意行之"（《菿汉微言》）。揭示了朱熹去《序》言《诗》的思想基础。我们不可能离开以"理"言《诗》而去侈谈朱熹去《序》言《诗》在古代《诗经》研究史上的划时代意义。其次，理学本身同汉代经学一样，不是绝对谬误，而也有其相对合理的思想内容。如"天理""人欲"之辨，不仅从哲学上承认了"人欲"的地位，而且认为"饮食男女，天理也"，等等。正因为如此，朱熹去《序》言《诗》之后，才可能对《诗经》中相当一部分作品作出符合实际的解释。我们甚至可以作出以下结论，正是由于去《序》言《诗》与以"理"言《诗》破旧立新两方面的结合，才使得他的《诗集传》不但成为宋代反对毛郑之学的《诗》注中最有代表意义的一部著作，而且也是古代《诗经》研究史上一部具有划时代意义的《诗》著。

总而言之，汉宋《诗》学之异，也就是汉宋"义理"之异，朱熹《诗》说与毛郑之异，正是反映了汉宋"义理"之间的对立，具体体现就在于去《序》言《诗》与以"理"言《诗》两个方面。朱熹《诗》说与毛郑之学的这两大具体差异，标志着一个新的《诗经》阐释体系的形成。但是，这个阐释体系本身也存在着严重的思想矛盾：一方面，朱熹力倡去《序》言《诗》，以求"诗人之意"，他说"只将元诗虚心熟读，徐徐玩味，候仿佛见个诗人本意，却从此推寻将去，方有感发，如人拾得个'无题目诗',再三熟看,亦须辨得出来"(《语类》卷八十),是求"诗人之意"。另一方面。他又以"理"言《诗》,以求"圣人之意",他说:"《诗》之为经,所以人事浃于下,天道备于上,而无一理之不具也。"学者须是"察之情性隐微之间,审之言行枢机之始。则修身及家、平均天下之道,其亦不待他求而得之于此矣"(《诗集传序》),则是求"圣人之意"。"诗人之意"与"圣人之意",或者"作诗之意"与"编诗之意",这是一对自相矛盾的命题。而这一矛盾,始终贯穿朱熹的《诗》学体系之中。例如他认为"孔子不曾删诗"(《语类》卷八十,《诗传遗说》卷二);又认为"孔子曾经删诗"(《诗集传序》)。他认为"二南是采民言而被乐章"(《语类》卷十八),又认为"《关雎》是宫中之人所作,《葛覃》《卷耳》是后妃自作"(《诗集传》)。他认为"十三国风之次序无意义"(《语类》卷八十),又认为"圣人于变风之极,则系以思治之诗。以示循环之理,以言乱之可治,变之可正也"(《诗集传·曹·下泉》),等等。

朱熹《诗》说的这些矛盾是经学时代的产物。他是经学家,以《诗》为经,须求"圣人编《诗》之意";他又是文学家,以《诗》为诗,要见个"诗人作诗之意"。然而,此二者并非常能兼得之,所以他时常陷入自我矛盾之中,而又不能尽圆其说。当然,朱熹毕竟首先是经学家,其次才是文学家,他之所以为《诗》集传,也首先在于他能以此发挥他的理学思想。"圣人之意"高于"诗人之意",或者,"编诗之意"高于"作诗之意",所以朱熹《诗》说的真知灼见时为其妄言谬说所掩盖。我们应当对朱熹其人其说及其思想矛盾加以全面的、具体的考察分析,才可能对其是非得失作出符合历史的评价。

原载《四川师范学院学报》1985年第3期

试论朱熹的"美刺"之辨

我在《论朱熹〈诗〉说与毛郑之学的异同及其历史意义》一文中,较为系统地分析了朱熹与毛郑《诗经》阐释学的异同,认为朱熹是宋代反毛郑之学的集大成者,他以大胆的怀疑批判精神对传统《诗经》阐释体系发起猛烈攻击,其攻击的焦点是《毛诗序》。《毛诗序》是毛郑阐释体系的纲领,其意在"君臣国政",其以史证《诗》的方法贯穿着一个基本精神,即所谓"美刺",赞美或讽刺。朱熹正是以"美刺"之说为突破点,来展开对《毛诗序》的批判的。

《毛诗序》分"大序""小序","小序"类似"诗前题解",多以"美某公也"或"刺某公也"为首句。按照这样的解读模式,一部《诗经》的主旨便被概括为"美刺"二端。郑玄《诗谱序》曾有过具体说明:"论功颂德,所以将顺其美;刺过讥失,所以匡救其恶。各于其党,则为法者彰显,为戒者著明……以为勤民恤功,昭事上帝,其受颂声弘福如彼;若违而弗用,则被劫杀,大祸如此。吉凶之所由,忧愉之萌渐,昭昭在斯,足作后王之鉴,于是止矣。"劝善惩恶,垂鉴后世,此即

"美刺"的意义,也是《诗经》所以为经的意义。这样的解读在多大程度上符合诗人本意,姑且不论,但的确符合汉代通经致用的时代精神。《诗大序》甚至以"美刺"来解释《风》《雅》《颂》之义:"上以风化下,下以风刺上;主文而谲谏;言之者无罪,闻之者足以戒,故曰风";"雅者,正也,言王政之所由废兴也";"颂者,美盛德之形容,以其成功告于神明者也。"郑玄也以"美刺"说阐释"六诗"之义:"风,言贤圣治道之遗化也;赋之言铺,直铺陈今之政教善恶;比,见今之失不敢斥言,取比类以言之;兴,见今之美,嫌于媚谀,取善事以喻劝之;雅,正也,言今之正者以为后世法;颂之言诵也,容也,诵今之德广以美之。"(《周礼·春官·大师》注)将诗歌艺术与政教风化联系起来加以阐释分析,强调其政治功能与社会功能,不能说全无道理,但简单概括为"美刺"两端,太绝对化。首先,《礼记·王制》说:"命大师陈诗以观民风。"所谓"民风"者,风俗、风土、风情、风物、风化,等等。而序《诗》者则将"民风"狭义地概括为"风化政教",于三百篇一以"美刺"为说,朱熹认为:"只用他这一说,便瞎却了一部诗眼。"(朱鉴《诗传遗说》卷三)其次,《诗大序》说:"治世之音安以乐,其政和;乱世之音怨以怒,其政乖;亡国之音哀以思,其民困。"小序以"美刺"系之于某公某王,贤君之世无恶辞,愚君之世无美辞。声音之道与政相通,但并不是如此简单的对应关系。朱熹认为,序《诗》者是"依托名谥,妄生美刺",而"不知其时者,必强以为某公某王之时;不知其人者,必强以为某甲某乙之事"(朱熹《诗序辨说·邶·柏舟》)。第三,正是由于序《诗》者存有凡诗必为"美刺"的先入之见，处处以"美刺"生说，甚至置诗文本意于不顾，穿凿附会曲为之解。朱熹说，诗人之志"本卑也，而亢之使高；本浅也，而凿之使深；本近也，而推之使远；本明也，而必使至于晦"（《朱子语类》卷十一）。

但是，《毛诗序》的"美刺"说却一直为学者转相尊奉，成为理解阐释《诗经》的基本原则。即使宋代的"攻《序》派"苏辙、王质等人也不例外。苏辙《诗解集传》"例存首句"，即"美某也""刺某也"云云，照例以"美刺"言《诗》，没有从根本上突破《毛诗序》建构起来的阐释体系。至于欧阳修《诗本义》，虽然多辨毛郑之失，但也没有正面触及这一根本性的问题。宋代的理学家大多也依从《毛诗序》，不过从"文以载道"的角度去发展"美刺"说新的意义，赋予这一《诗》学原则以理学的内涵。

"文以载道"是中国传统文学的经典命题，宋代理学家尤其强调。周敦颐说，"文所以载道也"（《通书·文辞》）。程颐说，"《诗》《书》，载道之文也"（《二程遗书》卷二）。何者为《诗》之道呢？即"劝善惩恶"，即《诗序》的"美刺"原则。程颢说："《诗》有美刺，歌诵之以知善恶、治乱、兴废。"（《二程遗书》卷十一）程颐说："人之怨怒必形于言，政之善恶，必见于美刺。"又说："得失之迹，刺美之意，则国史明之矣。史氏得诗以载其事，然后其意可知，今《小序》之首是也。"（《伊川经学》卷三《诗解》）张栻说："《诗》三百篇，美恶怨刺虽有不同，而其言之发皆出于恻怛之公心，而非有他也，故'思无邪'一语足以蔽之。"（《论语解》）皆沿袭《毛诗序》旧说，以"美刺"言《诗》。可知《毛诗序》的"美刺"之于理学家的"道",可以"委曲相通",其间似乎没有根本性质的矛盾。直到朱熹才突破《毛诗序》"美刺"说的阐释模式。

朱熹对《毛诗序》"美刺"说详加辨析,彻底否认其权威性,认为:"《诗序》多是后人妄意推想诗人之美刺,非古人之所作也。古人之诗虽存,而意不可得知,序《诗》者妄诞其说,但拟见其人如彼,便以为诗之美刺者必若此也。"(《诗传遗说》卷二)又说:"既是千百年以往之诗,今只见得大意便了,又何必要指实其人姓名,于看《诗》有何益也?"(同上引)而序《诗》者"以史证《诗》"的方法看似持之有故,言之有据,实则是"附会书史,依托名谥,凿空妄语"(《辨说·邶·柏舟》),如郑樵所说:"只是将史传拣去,并看谥,却附会作《小序》美刺。"(《语类》卷八十)朱熹进而大胆提出:"读《诗》且只将作今人做底诗看。"(《语类》卷八十)"大率古人作诗,与今人作诗一般,其间亦自有感物道情,吟咏情性,几时尽是讥刺他人?只缘序者立例,篇篇要作'美刺'说,将诗人意思尽穿凿坏了。且如今人见人才作事,便作一诗歌美之,或讥刺之,是什么道理?如此亦似里巷无知之人,胡乱称颂谀说,把持放雕,何以见先王之泽,何以为情性之正?"(《语类》卷八十)朱熹由此得出"诗人之意不尽在于美刺"的结论。朱熹去《序》言《诗》,实际上也就是"去其美刺,探求古始"(黄震《黄氏日钞》卷四《读毛诗》)。这在古代《诗经》研究史上无疑是意义重大的突破。

朱熹反对《毛诗序》的"美刺"原则,但并不否认《诗》

中有"美刺"。凡诗文明白，直指其事，如《甘棠》《定中》《南山》《株林》之属；或证验的切，见于书史，如《载驰》《硕人》《清人》《黄鸟》之类，他皆一仍《序》说。（见《辨说·邶·柏舟》）考《序》之所谓"刺诗"，十三国风（变风）中八十二篇，二雅（变雅）中四十九篇，合一百三十一篇。朱熹于《诗集传》之中，去其"怨刺"者，凡七十七篇，约占所谓"刺诗"百分之五十八。事实上，朱熹反对的是序《诗》者不顾诗文本意，篇篇要作"美刺"说的方法。清代学者崔述曾说："《诗序》好以诗为刺时刺其君者，无论其辞如何，务委曲而归其故于所刺者。夫诗主于情，情主于境，境有安危亨困之殊，情有喜怨哀乐之异，岂刺时刺君之外，遂无可言之情乎？"（《读风偶识》卷一）是为的论。朱熹不但反对篇篇皆为"讥刺"，也反对篇篇皆为"美颂"，谓二者皆"不切于情性自然"（《辨说·邶·柏舟》）。他于《诗序》所谓"美诗"也多所驳正，如《邶·凯风》注云"此乃七子自责之辞，非美七子作也"；《豳·东山》注云"此周公劳归士之辞，非大夫美之而作也（《辨说》）"；于《大雅》诸"美宣王"之诗，及《鲁颂》诸"美僖公"之篇，一一去其"美颂"之意，但指为"送行""燕饮"之诗；等等（见《诗集传》）。后代学者有误以为朱熹的"美刺"之辨意在"尽去美刺"，而以"诗人自不讳刺"以斥朱熹之偏者，如清代程廷祚（见《清溪集》卷二《诗论》），盖有意为《毛诗序》的"美刺"之说辩护，而不觉其自偏耳。

朱熹突破了以"美刺"言《诗》的局限，虽然仍是以所谓"经学态度"为《诗》集传，但他已注意到从文学角度去解读

《诗经》。他说:"圣人有法度之言,句句皆有理,《书》《礼》是也。若《诗》要句句从理读去,便都碍了。"(《语类》卷八十)《诗》区别于所谓"法度之言"的特点即在于"诗可以兴"。他说"诗可以兴","诗便有感发人的意思,今读之无所感发,正是被诸儒解杀了,死着诗义,兴起人善意不得。"(同上引)甚而至于说:"看《诗》义理外,更好看他文章。"(《诗传遗说》卷一)朱熹注意到了《诗经》的文学特点,认为"读《诗》先要识得'六义'体面"(《语类》卷八十)。关于《诗经》的"六义",即风、雅、颂、赋、比、兴,郑玄皆从"美刺"的角度为之定义的,孔颖达《毛诗正义》已指出此说的错误:"比,云见今之失,取比类以言之,谓刺诗之比也。兴,云见今之美,取善事以劝之,谓美诗之兴也。其实美刺俱有比兴者也。"又说:"《风》《雅》《颂》者,诗篇之异体;赋、比、兴者,诗文之异辞耳","赋、比、兴是诗之所用,《风》《雅》《颂》是诗之成形。用彼三事,成此三事,是故同称为义"。朱熹发展了孔颖达之说,不从"美刺"的经学角度,而是从文学本身的角度,对"六义"作出了精辟的解释:"《风》者,闾巷风土男女情思之词;《雅》者,朝会燕享公卿大人之作;《颂》者,鬼神宗庙祭祀之乐;其所以分者,皆以其篇章节奏之异者。"(《楚辞集注·离骚经第一》)"赋者,敷陈其事而直言之也"(《诗集传·周南·葛覃》);比者,以彼物比此物也"(同上,《螽斯》);"兴者,先言他物以引起所咏之辞也"(同上,《关雎》)。他又具体地阐明"六义"之间的关系:"三经是赋、比、兴,是作诗的骨子,无诗不有,才无则不成诗,盖不是赋,便是比，便是兴。如《风》《雅》《颂》却是里面横申底，都有赋、比、兴，故谓之三纬。"(《语类》卷八十）朱熹可谓"识得了'六义体面'"。王应麟《困学纪闻》卷三引鹤林吴氏说："毛氏自《关雎》而下，总百六十篇，首系之兴，《风》七十，《小雅》四十，《大雅》四，《颂》二，注曰'兴也'，而比、赋不称焉。盖谓赋直而兴微，比显而兴隐也。朱氏又于其间增补十九篇，而摘其不合于兴者四十八条。"且曰："《关雎》兴诗也，而兼于比；《绿衣》，比诗也，而兼于兴；《颏弁》一诗而比、兴、赋兼之。则析义愈精矣。"毛公注《诗经》独标兴体，郑玄释兴，则多混淆比、兴之义。朱熹《诗集传》之中则赋、比、兴一一标明，以便学者识得古诗的艺术特点。正因为他突破了《诗序》形而上学的"美刺"观，注意到《诗经》的文学特点，所以他能够在《诗集传》中纠正传统《诗》说的许多误解。兹举三类，以见其余。

第一类，诗人"感物道情"之作。

"怀人之诗"。《邶·雄雉》，《诗序》："'刺宣公也'，淫乱不恤国事，军旅数起，大夫久役，男女怨旷，国人患之而作是诗。"郑玄则以前两章为"刺宣公淫乱"，后两章为"女怨之辞"，至以"雄雉于飞，泄泄其羽"托物起兴，"喻宣公整其衣服而起，奋讯其形貌，志在妇人"。此"牵经配《序》之病，殊觉支离"（朱鹤龄《毛诗通义》）。朱熹去其"刺宣公"之意，直视为"妇人思其君子久役于外而作"，诗意则豁然贯通。所以马瑞辰谓"此诗当从朱子《集传》"（《毛诗传笺通释》）。俞樾也主此说（见《群经平议》卷七）。胡承珙谓"诗人托为征夫久役，室家思念之辞，因以刺宣公。"(《毛诗后笺》)则后代"编诗之意"①，而非诗人"作诗之意"。他如《卫·伯兮》《王·君子于役》《小雅·采绿》等"怀念征人"之诗，皆当作如是观。

"怨恨之辞"。《邶·谷风》，《序》谓"刺夫妇失道也"；《卫·氓》，《序》亦谓"刺时也"，等等，朱熹皆去其"刺时"之意，但以为"弃妇之辞"。《唐·杕杜》，《序》云："刺时也，君不能亲其宗族，骨肉离散，独居而无兄弟"；《小雅·谷风》，《序》云："刺幽王也。天下俗薄，朋友道绝焉。"朱熹也直视为"怨兄弟朋友之诗"。又如《小雅·黄鸟》《我行其野》，朱熹皆去其刺意，谓"民流离于外，无所归而怨之之辞"(《诗集传》)。后汉何休说："男女有所怨恨，相从而歌，饥者歌其食，劳者歌其事。"(《春秋公羊传》宣公十五年解诂)是怨恨之辞各为其事而发，不必皆为"君臣国政"。而且，诗人未尝有"刺时刺君"之意（见崔述《读风偶识》卷一）。序《诗》者凡见"怨恨之辞"则一概归之为"刺时刺君"，也只是"后代解经人的意思"(《语类》卷十八)。

"燕乐之歌"。《唐·绸缪》，诗云："绸缪束薪，三星在天。今夕何夕，见此良人。子兮子兮，如此良人何！"《序》谓"刺婚姻失时"。何谓"失时"？《郑笺》以仲春嫁娶为正，又谓三星为心星，"三星在天"则三月之末，四月之中，故谓"失时"。而《毛传》以秋冬娶妻为正，谓三星为参星。陈奥申之："参星在天，则自东而南，昏见于隅，故《传》以为东南隅。

---

① 姜炳璋：《诗序补义》，引自《四库提要·诗类二》。

《正义》云'在十月之后,谓十一月、十二月'是也。"又说:"《荀子·大略》云:'霜降逆女,冰泮杀止',冰泮在正月之节,自霜降以至冰泮,皆为嫁娶之正时。"(《诗毛氏传疏》)按《邶·匏有苦叶》"士如归妻,迨冰未泮"亦"古者有九月霜降逆女,至二月冰泮为婚姻之期"之证,是"三星在天"云云为得时。且诗云"如此良人何""如此邂逅何""如此粲者何",欢快之意溢于言表,何刺之有?朱熹以为"婚姻者相得而喜之之词",是为得之。清人姚际恒谓"诗人见人成婚而作,如今贺人作花烛诗"(《诗经通论》)。马瑞辰谓"设为旁观见人嫁娶之辞,见其夫妇相会合也"(《毛诗传笺通释》)。皆本《诗集传》立说。他如《小雅·頍弁》为"燕兄弟亲戚之诗",《小雅·隰桑》为"喜见君子之辞",《小雅·瓠叶》为"燕乐宾客之作",皆无刺时刺君之意,当以朱熹之说为正。

第二类,诗人叙述"国风民俗"之作。

《唐·蟋蟀》及《山有枢》,《诗序》各以"刺晋僖公""刺晋昭公"为说,皆无从考,"乌得凿然从为刺某公乎?"(姚际恒《诗经通论》)崔述驳《序》说:"今观其词,但云'今我不乐,日月其除',俭何在焉?且云'无已大康,职思其居',刺何在焉?"(《读风偶识》卷三)。朱熹本《汉书·地理志》"皆奢俭之中,念死生之虑"云云而申之,谓二诗实叙唐俗勤俭,民间终岁劳苦,诗人劝人及时行乐耳。他说,《蟋蟀》的作者"是个不敢放怀底人",说"今我不乐,日月其除",便又说"无已大康,职思其居","到《山有枢》是答,便谓'子有衣裳,弗曳弗娄,宛其死矣,他人是愉',这是答他不能享些快活,徒恁地苦涩"(《语类》卷八十),深得诗人之意。清代学者或有攻之者说:"若然,不过如后世《将进酒》《箜篌引》《来日大难》之类,此何关于理乱者而夫子录之乎?(朱鹤龄《毛诗通义》),"是相率而入于流荡放旷之域,尚得为陶唐之遗风哉?"(胡承珙《毛诗后笺》)须知"大率古人作诗,也与今人一般",今人既有"对酒当歌,人生几何"之诗,古人为何不可发"及时行乐"之叹?

又如《秦·无衣》,《诗序》谓"秦人刺其君好攻战,亟用兵,而不与民同欲焉"。诗云:"岂曰无衣,与子同袍。王于兴师,修我戈矛,与子同仇。"《序》说显然与诗意不符。此诗实叙"秦俗强悍,乐于战斗"(《诗集传》)。崔述谓:"朱《传》之论《无衣》,深得其旨。"(《读风偶识》卷四)他如《齐·还》与《卢令》叙"齐俗之不美者",《陈·宛丘》与《东门之枌》叙陈俗好乐"(马瑞辰谓叙陈之巫风),《郑》《卫》二风叙所谓"男女淫风",等等,皆当从朱熹之说,以为诗人但叙其"国风民俗",而无与于刺时刺君也。

第三类,《序》所谓"陈古刺今"之诗。

《小雅·楚茨》以下十篇,及《小雅·鱼藻》《采菽》《黍苗》等篇,《序》皆以为"陈古刺今"之诗,"陈古明王之美"以刺今之幽王。试读之,并无讥刺之意,而唯有美辞,例如"祝祭于祊,祀事孔明,先祖是皇,神保是飨。孝孙有庆,报以介福,万寿无疆"(《楚茨》),"祀事孔明,先祖是皇。报以介福,万寿无疆"(《信南山》),"以享以祀,以介景福"(《大田》),"君子至止,福禄如茨"(《瞻彼洛矣》),"君子乐胥,受天之祜"(《桑扈》），"君子万年，福禄宜之"（《鸳鸯》），"王在在镐，岂乐饮酒"（《鱼藻》），"召伯有成，王心则宁"（《黍苗》）。所以，朱熹辨之说，诸诗"词气和平，称述详雅，无风刺之意"（《辨说·小雅·楚茨》），"如《楚茨》《信南山》《甫田》《大田》诸篇，不待看《序》，自见得是祭祀及稼穑田政分明，到《序》说出来，便道是'伤今思古''陈古刺今'，这那里见得？"（《诗传遗说》卷二）他于是一以诗文为正，尽去其"陈古刺今"之意，或以为"公卿有甲禄者力于农事，以奉起宗庙田祖方社之祭"（如《楚茨》《信南山》《甫田》《大田》等），或以为"天子诸侯燕享之诗"（如《瞻彼洛矣》《裳裳者华》《桑扈》《鱼藻》《采菽》等），或以为"美诗"（如《车辖》《黍苗》等）。清代的"攻《序》派"皆从其说，姚际恒于《小雅·黍苗》说："诗中明言美召公，而《诗序》乃以为刺幽王，此类亦何讶晦庵之去《序》耶？"（《诗经通论》）。陈澧说："《楚茨》《信南山》诸诗无忧伤语，故朱子不信为刺诗。"（《东塾读书记》卷六）方玉润也说："诗实无一语伤今，顾安得谓之思古耶？"（《诗经原始》）皆可证朱熹之说。王应麟曾引《国语·晋语》韦昭注"《采菽》，王赐诸侯命服之乐也；《黍苗》道召伯叙职，劳来诸侯也"，因谓"皆非刺诗，韦昭已有是说"（《困学纪闻》卷三），盖源出于《鲁诗》（参见陈乔枞《鲁诗遗说考》卷一十四）。可知朱熹"陈古刺今"之辨于古有据，并非妄立异说。

朱熹纠正《诗序》"美刺"之说的谬误，彻底打破了学者对传统《诗》说的盲目尊信，从而开辟了《诗经》研究的新途径。那么，是什么背景与因素促成朱熹大胆而又系统地提出"美刺"

之辨呢？

第一，理学是促成朱熹"美刺"之辨的思想背景。理学的社会观，即以"三纲五常"为中心的道德原则。"三纲"者，君为臣纲，父为子纲，夫为妇纲；"五常"者，指仁、义、礼、智、信。总而言之，即封建社会上下尊卑的等级秩序及其人格标准。正是根据这些原则，朱熹认为序《诗》者"偏偏要作'美刺'说"，是"失是非之正，害义理之公，以乱圣经之本指"（《诗序辨说·郑·有女同车》），所谓"使读者疑于当时之人，绝无善则称君，过则称己之意，而一不得志，则扼腕切齿，嘻笑冷语，以忿其上者，所在而成群，是其轻躁险薄，尤有害于温柔敦厚之教也"。（同上，《邶·柏舟》）而如此"动辄以言相讥"，或"盲目称颂谀说"，何以见"纲常"之正，何以为"圣人之意"？所以，朱熹曾再三感叹之，"予不得不辨也"（见《诗序辨说·邶·柏舟》《郑·有女同车》《唐·无衣》等）。其次，理学家对人本身的认识，也较以往的经学家更深一层，更多地含有辩证的思想，从哲学上承认人生在世皆有七情六欲。朱熹说："道心是义理上发出来的，人心是人身上发出来的。虽圣人不能无人心，如饮食渴饮之类；虽小人不能无道心，如恻隐之心是。"（《语类》卷七十八）无论圣人、贤人、君子、小人、贱隶皆有"人情之欲"，"诚于中而形于言"，一样有"风土人情"之诗，"男女情思"之辞，"怨诽讥刺"之作，所谓"感物道情，吟咏情性"，不必尽为"君臣国政之事而发"，也不必皆为"美刺"之意而作。序《诗》者"篇篇要作'美刺'说"，"不切于情性之自然"（《诗序辨说·邶·柏舟》）。

第二，文学方面的因素也是促成朱熹"美刺"之辨的重要原因。宋代理学家有"重道轻文"的倾向，程颐曾以"玩文丧志"为说，自谓"某素不作诗，亦非是禁止不作，但不欲为此闲言语"（《二程语录》卷十一）。他们也只是从经学角度去阐发《诗》之为经的"义理"。而朱熹却很注意从文学角度去阐释《诗经》，所以他能够突破传统"美刺"说的局限，多得诗人之意。朱熹称道北宋文学家欧阳修的《诗本义》，说："欧公会文章，故《诗》意得之亦多。"（《语类》卷十八）我们可将此语移赠朱熹本人。他对文学尤其嗜好，平生最喜诵《楚辞》，陶渊明、杜甫之诗，醉辄自吟《归去来》，一派文学之士潇洒的风度（《语类》卷一百七记）。他也颇具文学天赋，仅《文集》就载其诗、词、赋各体文学作品计十卷，千余篇。正因为他自己是诗人，所以他"以己之意"逆"诗人之志"时就能"将心比心"，甚至敢于打破迷信，"看《诗》只作今人做底诗看"，以今况古，以今人作诗不尽主"美刺"而得出古人作诗也不尽主"美刺"的正确结论。同时，他对《诗经》以来的诗歌创作也作过相当广泛深入的研究，除《诗集传》而外，尚有《楚辞集注》，又"尝欲抄取经史诸书所载韵语，下及《文选》汉魏古词，以尽乎郭景纯、陶渊明之作，自为一编而附《三百篇》《楚辞》之后，以为诗之根本准则。又于其下二等之中，择其近于古者，自为一编，以为之羽翼舆卫"（《文集》卷六十四《答巩仲至》）。明人高棅曾言及此事："昔朱晦庵先生尝取汉魏五言以尽乎郭景纯、陶渊明之作，以为古诗之根本准则，又取自晋宋颜谢以下诸人，择其诗之近于古者以为羽翼舆卫。"（《唐诗品汇·五言古诗叙目》）

说明朱熹确曾编纂过一部《汉魏六朝诗钞》之类的诗选（惜今未见）。这已是超乎经学范围的文学工作了。朱熹对古代诗歌有如此广博的知识，非其他理学家可比，更非"白首穷一经"的学究或经生所能望其项背。所以，他发言便不同凡响，解诗也左右逢源，引宋玉《登徒子好色赋》"遵大路兮揽子袪"释《郑·遵大路》，引汉魏乐府"少壮几时""人生几何"释《小雅·頍弁》（《辨说》），引"青青陵上佰""青青河畔草"等诗以说"比兴"之义，引"今之曲子"以喻《凤》诗乐音之异（《语类》卷八十），诸如此类，不一而足。《诗经》本来就是文学作品，而朱熹正是在一定程度上恢复了它的本来面目，纠正了《诗序》的很多曲解，推翻了序《诗》者形而上学的"美刺"理论。所以，我们说，理学思想再加上文学因素，两者合而为一，即产生了在《诗》学方法上具有重大革新意义的"美刺"之辨，而这正标志着《诗序》正统地位的彻底动摇。

不可否认，朱熹首先是理学家，其次才是学者和诗人。所以，他也首先是从经学角度，然后才是从文学角度去研究《诗经》的。他的《诗》说的思想矛盾理所当然要体现在"美刺"之辨中：求诗人之意呢，还是求圣人之意？在理论上，他去《诗序》之"美刺"，以求"见个诗人的本意"。但在注《诗》实践中，却多反其道而行之，多"意外生说"，以发挥圣人之意。朱熹心目中的"圣人之意"是理所当然高于"诗人之意"的，所以，当二者发生矛盾时，他就更偏重于求"圣人之意"，或名之曰"诗人言外之意"。他反对序《诗》者的"意外生说，妄生美刺"，自己也难免蹈其覆辙。我们虽然肯定其"美刺"之辨的历史意义，但又不得不承认他的《诗》说有相当严重的历史局限。

原载《西南师范大学学报》1987年第1期

朱熹"淫诗"之说评议

我在《论朱熹的"美刺"之辨》一文中，较详细地论述了汉宋《诗》学的分歧，充分肯定了朱熹《诗》说的历史意义。但朱熹《诗》说中影响最大也最受人非议者，是所谓"淫诗"之说。朱熹去《诗序》的"美刺"之后，认为孔子言"郑声淫"即"郑诗淫"，《礼记·乐记》所谓"郑卫之音"即"郑卫之诗"，而且推而广之，于十三国风中标出所谓"男女淫奔期会"之诗，凡二十三篇。按马端临《文献通考·经籍五》谓二十四篇，盖误计入郑诗《出其东门》及《东门之墠》，而脱计《陈·泽陂》一篇，而后人多沿袭之。今以《诗集传》及《诗序辨说》为正，录其篇目于下：

《邶》一篇：《静女》；《鄘》一篇：《桑中》；《卫》一篇：《木瓜》；《王》二篇：《采葛》《丘中有麻》；《郑》十三篇：《将仲子》《遵大路》《有女同车》《山有扶苏》《萚兮》《狡童》《褰裳》《丰》《风雨》《子衿》《扬之水》《野有蔓草》《溱洧》；《齐》一篇：

《东方之日》；《陈》四篇：《东门之池》《东门之杨》《月出》《泽陂》。共二十三篇。又，《郑风》中《叔于田》及《大叔于田》两篇，朱熹注：或谓"国人美叔段之诗"，或谓"疑此亦民间男女相悦之词"。两说并存，今不计入，姑录于此。

"淫诗"之说一出，当时就引起巨大反响，"其说颇惊俗"（《黄氏日钞》卷四《读毛诗》），人多非之，朱熹友人陈傅良（《经义考》卷一百七载其《毛诗解话》二十卷，今佚），为永嘉学派之中"最称醇恪者"（《增补宋元学案·止斋学案》），"得其（朱熹）说而病之，谓以千百年女史之彤管与三代之学校以为淫奔之具、偷期之所，窃有所未安"（叶绍翁《四朝见闻录·甲》）。南宋另一理学名家吕祖谦（有《吕氏家塾读诗记》，今存）也曾与朱熹反复辩难所谓"雅郑邪正"的问题[①]。直到淳熙九年，吕祖谦病故之后，朱熹于《吕氏读诗记后序》之中还力申其说（见《文集》卷七十六），而且专门写了《读吕氏读诗记桑中篇》以难吕氏（《文集》卷七十）。"淫诗"之说实在太出《诗》学者的"意外"了，"虽东莱（吕祖谦）不能无疑焉"（《黄氏日钞》卷四《读毛诗》）。元代著名学者马端临辨《诗序》问题，也只就"淫诗之说"反复辩难达数千言，力斥朱熹之谬（见《文献通考·经籍五》）。清代的"尊《序》派"如陈启源、胡承珙等攻之更是不遗余力，斥其"厚诬诗人""亵渎圣经"

---

① 参见《语类》卷八十、《文集》卷三十四《答吕伯恭》等。

（陈启源《毛诗稽古编》）。即使"攻《序》派"，也力辟其说，谓此"是使三百篇为训淫之书，吾夫子为导淫之人，此举世之所切齿而叹恨者也"（姚际恒《诗经通论·自序》），至斥为"名教罪人"（同上）、"说《诗》之魔"（方玉润《诗经原始》），等等。那么，我们今天应当怎样来评价朱熹的"淫诗"之说呢？

我们首先对他所谓"淫诗"加以具体分析，然后考察此说的内容及其依据，以及此说的两重意义，以见其是非得失。我们试按马端临所分，将二十三篇"淫诗"划为两类，举例言之。

第一类，《序》所谓"刺淫"之诗，而朱熹直指为"淫者自作"之辞，凡八篇：《桑中》《溱洧》《东方之日》《东门之池》《东门之杨》《月出》《泽陂》《桑中》。朱熹谓此即《礼记·乐记》所云"桑间濮上之音"，《桑间》即《桑中》诗。诗云："爰采唐矣，沫之乡矣。云谁之思，美孟姜矣。期我乎桑中，要我乎上宫，送我乎淇之上矣。"崔述说："有叹美之意，而无规戒之言。"（《读风偶识》卷二）诗实言男女邀会，洋洋自乐之意溢于其间，不得为刺。

《溱洧》诗云："溱与洧，方涣涣兮。士与女，方秉蕳兮"，又云："惟士与女，伊其相谑，赠之以芍药。"朱熹说："郑国之俗，三月上巳之辰，采蕳水上，祓除不祥。于是士与女相与戏谑，且以芍药相赠而结恩情之厚也"（《诗集传》），盖本《韩诗》之说①。按《周礼·地官·媒氏》："中春之月，令会男女，于是时也，相奔不禁。"上古之民俗如此，诗人形之于言以道

---

① 参见陈乔枞《韩诗遗说考》卷四。

"男女欢会"之乐,亦不得为刺。

《东方之日》诗云:"东方之日兮,彼姝者子,在我室兮。在我室兮,履我即兮。"《毛传》《郑笺》皆以诗中之"日""月"为喻"君""臣",以与《序》所谓"刺君臣失道,男女淫奔,不能以礼化也"云云相应。《毛传》:"履,礼也。"《郑笺》申其意:"在我室者以礼来,我则就之,与之去也,言今者之子不以礼来。"殊觉迂曲。按《毛传》云:"姝者,初昏之貌。"《邶·静女》传云:"姝,美色也。"盖姝为叹美之辞。又《韩诗》以"东方之日"喻"颜色美善"(《韩诗遗说考》卷五)。乃"男女相悦"之辞。《说文·足部》云:"践,履也。"(段注:"履之着于地曰履。")朱熹即释"履,蹑也",言"此女蹑我之迹而相就也"。诗意则豁然贯通,所以马瑞辰谓"此诗当从朱子《集传》"(《毛诗传笺通释》)。

《东门之池》诗云:"东门之池,可以沤麻。彼美淑姬,可以晤歌。"胡承珙说:"'淑姬'非妖丽之称,'晤歌'亦无谑浪笑傲之态,非'淫诗'可知。"(《毛诗后笺》)此说是诗并无刺时之意,《序》谓"刺时",失之。

《东门之杨》诗云:"东门之杨,其叶牂牂,昏以为期,明星煌煌。"此言男女约会之诗。郑玄谓:"杨叶牂牂,三月中也,喻时晚也,失中春之月。"以刺"女留他色,不肯时行"以至于"昏姻失时"。陈澧认为,盖拘于"说礼之病"(《东塾读书记》卷六)。

《月出》诗云:"月出皎兮,佼人僚兮,舒窈纠兮,劳心悄兮。"方玉润说:"此诗虽男女词,而一种幽思牢愁之态,固结莫解，情念虽深，心非淫荡，且从男意虚想，活现出一月下美人，并非实有所遇，盖巫山洛水之滥觞也。"（《诗经原始》）深得诗人之意。此诗既非"淫荡"，也非"刺淫"。《泽陂》仿此，皆为男女情思之辞。

以上七篇皆为男女情诗，《序》以为"刺淫"，朱熹以为"淫者自作"，皆以后代的道德准则去衡量古诗之言男女者，同归于"腐"而已。清人胡承珙曾以"言在于此而意在于彼"，申成序者"刺淫"之说。诗固然重含蓄、暗示，有"言外之意""弦外之音"。但所谓含蓄、暗示等等，必须是从诗文本身能够体味得出来。《鄘·鹑之奔奔》《蝃蝀》之"刺淫"固然显而易见，而《陈·株林》之刺陈灵公淫乱："胡为乎株林？从夏南。匪适株林，从夏南。"其嘲讽之意也不难领悟。如存《序》说的"先入之见"于心中，尽舍诗文而求所谓"言外之意""弦外之音"，恐非正道。朱熹以《诗》言《诗》，谓诗无讥刺之意，不得为"刺淫"之诗，得之。但又以诗多以"我"为言，如《桑中》《东方之日》等等，遂定为"淫者自状其丑"，则失之。方玉润说："赋诗之人，非必诗中之人，则诗中之事亦非赋诗人之事，赋诗人不过代诗中人为之辞耳。"（《诗经原始》）设身处地，借口代言，诗歌常例，《桑中》之作者不必"桑间濮上"之人，《东方之日》也未必作者"自道其事"。男女欢会，各言其情，诗人代而言之，未为不可。朱熹"淫者自作"之说，实则难通。

第二类，《序》以为"君臣之事"或别有所指而诗人托意于男女之辞，而朱熹以为"男女淫奔期会之诗"者，凡十六篇。今以《郑风》中《序》所谓"刺忽"之诗为例。

按《左传》载，齐侯欲以文姜妻郑太子忽，太子忽辞之："人各有耦，齐大，非吾耦也。诗曰：'自求多福。'在我而已，大国何为？"其后，北戎侵齐，郑伯使忽率师救之，击败戎师，齐侯又请妻之。固辞："无事于齐，吾犹不敢，今以君命，奔齐之急，而受室以归，是师昏也，民其谓我何？"（见"桓公六年"）。祭仲说："必取之，君多内宠，子无大援，将不立。三公子皆君也。"仍不从，及即位，遂为祭仲所逐（见"桓公十一年"）。《序》即以此为说，谓《有女同车》"刺忽不昏于齐，卒以无大国之援，至于见逐"，《山有扶苏》"刺忽所美非所美"，《箨兮》"刺忽也，君弱而臣强"，《狡童》"刺不能与贤人图事，而权臣擅命也"《褰裳》"刺狂童恣行，国人思大国之正己也"，《扬之水》"闵忽无忠臣良士，终以死亡"。这种阐释是否符合诗人之意，试读诗文：

山有扶苏，隰有荷华。不见子都，乃见狂且。（《山有扶苏》）

彼狡童兮，不与我言兮。维子之故，使我不能餐兮。（《狡童》）

子惠思我，褰裳涉溱。子不我思，岂无他人？（《褰裳》）

皆"男女戏谑之辞"，诗即其证。朱熹指出序《诗》者之失："多不虚心以求经之本意，而务极意以求之本文之外，幸而渺茫疑似之间，略有缝隙，如可钩索，略有形影，如可执搏，则遂极笔模写以附于经，而谓经之为说本如是也，其亦误矣。"（《文集》卷五十一《答万正淳》）盖《序》者以"美刺"立说，凡诗言男女之事者，不归之于"刺淫"，则归之于言"君臣"，言"时政"等等，"且如《狡童》诗，是《序》之妄，安得当时人民敢指其君为'狡童'？况忽之所为可谓之愚，何狡之有？当是男女相怨之诗"。"如《褰裳》自是男女相咎之辞，却干忽与突争国甚事？"（《语类》卷八十）朱熹尊本文而不外骛，"男女"之说正合诗意。清人崔述说："至于《同车》《扶苏》《狡童》《褰裳》《蔓草》《溱洧》之属，明明男女媒洽之词，岂得别为之说以曲解之？若不问其辞，而但横一必无淫诗之念于其心中，其于说诗岂有当哉。"（《读风偶识》卷三）现代学者钱锺书于《狡童》篇指出，序者"刺忽"之说，"读者虽具离娄察毫之明，能为仓公洞垣之视，爬梳字隙，抉剔句缝，亦断不可得此意，而有待于经师指授，传疑传信者也"，谓"尽舍诗中所言而别求诗外之物，不屑于眉睫之间而上穷碧落、下及黄泉，以冀弋获，此可以考史，可以说教，然而非谈艺之当务也"①，序者于《有女同车》以下诸诗之失，皆可作如是观。

当然，我们并不否认《诗经》中确有借"男女之辞"言"君臣之事"的作品，序者之"寄托"说也并非皆无稽之谈。诗多比兴之辞，崔述认为："其中虽有男女相悦而以诗赠遗者，又或君臣朋友之间有所感触而托意于男女之际，盖亦有之。"（《读风偶

---

① 《管锥编》第一册，第109—110页。

识》卷三）如《卫·木瓜》《王·采葛》《郑·将仲子》《秦·蒹葭》等篇，当初未必没有诸如此类的"寄托"之意。后代诗歌更是不乏其例。屈原《离骚》借"美人香草"以喻"君臣"，李商隐"无题诗"也用"男女情思"影射"时政"，等等，所谓"寄托"者，乃古今诗歌之中常见的艺术手法。但是，"凡诗之所谓'风'者，多出于里巷歌谣之作，所谓男女相与咏歌，各言其情者也"（朱熹《诗集传序》），《风》诗既然多来自民间，男女咏歌，各言其情，乃不可否认的客观事实。古人置心平易，正不必皆穿凿而附会以"君臣时政"之事。后人慑于《诗经》之名，务委曲以求其"微言大义"，所以序者之"寄托"说得以行之。朱熹论其友陈傅良解《诗》："凡《诗》中所说男女之事，不是说男女，皆是说君臣，未可如此一律。今人解经，先执偏见如此。"（《诗传遗说》卷一）最为明通之论。

朱熹"淫诗"之说的合理性，在于他看出了《诗经》中的"男女情思之辞"，这是《诗经》研究史上的一个重大突破。但作为理学家，他又必须对这些古代情诗作一定的道德评价。"男女之诗"，言其内容；"淫诗"，即道德评价。这就是"淫诗"之说的两重意义。朱熹《诗》说的思想矛盾也具体表现于此。言其内容，求"诗人之意"也；言其道德评价，求"圣人之意"也。从文学的角度，他看出了《诗经》中的"男女之诗"；从理学的角度，凡"男女之诗"一概归之为"淫"，且谓《卫》犹为男悦女之辞，而《郑》皆为女惑男之语，是郑声之淫，有甚于卫（《诗集传·郑》）"。正由于如此，朱熹已流露出"重《雅》轻《风》"的偏见，他说："《小雅》以后极好，盖是王公大人好生做底,都是识道理人言语,故他里面说得尽有道理,好仔细看,非如《国风》或出于妇人小夫之口,但可观其大概也。"(《诗传遗说》卷五)至理学后裔王柏则走向极端,力主大删《郑》《卫》之诗,以维护"圣经"之尊严。他说:"愚尝疑今日三百五篇者,岂圣人之三百五篇乎?秦法严密,《诗》无独全之理。窃意夫子已删去之诗,容有存于闾巷浮薄者之口,盖雅奥难识,淫俚易传。汉儒病其亡遗,妄取而撺杂以足三百篇之数,愚不能保其必无也。"又标列出《召南·野有死麕》《卫·氓》《卫·有狐》《郑·东门之墠》《王·大车》《秦·晨风》《唐·绸缪》《唐·葛生》《陈·东门之枌》《陈·防有鹊巢》《陈·株林》等十一篇,以与朱熹所谓"淫诗",共成三十四篇之数,"以俟有力者请于朝而放黜之,一洗千古之芜秽云"(《诗疑》卷一)。走火入魔如此,不值一哂。

诚然,我们不应当离开具体的历史条件去简单地批判朱熹对《诗经》的"男女情诗"所作的"道德评价"。任何一个时代的学者,不可能不对他所研究的对象(文学作品等)的内容给予一定的道德评价。这种道德评价的具体内容,是由"时代精神"所决定的,没有超时代、超社会的道德评价。所谓"男女防范"是中国古代传统的道德规范,即使今天也存在着这种道德规范,只是具体内容与尺度有所不同而已。朱熹对《诗经》中"男女情诗"的道德评价,也必然要受到时代与社会的限制,正如同古人之论《花间集》为"靡靡之音",柳永词为"鄙俚之曲"一样,皆是历史的道德评价。时代在发展,道德内涵也随之有所改变。我们今天固然不必执古人之见去评价《诗经》中的"男女情诗",但大可不必违背历史去苛求古人。

但是,"淫诗"之说出自《诗集传》似乎难以理解。朱熹既然以《诗》为经,而且又是力主"存天理,灭人欲",为什么居然敢于大胆承认《诗经》也有"男女相与咏歌"的"情诗"即"淫诗"呢?我们对此加以全面考察,认为"美刺"之辨与"天理人欲"之辨是产生"淫诗"之说的直接原因与思想基础。或者说,两者之间存在必然的因果关系。

第一,序《诗》者以"美刺"原则立说,凡诗言男女之事者,不得其解,则归之为"刺淫"或言"君臣时政"。朱熹提出"美刺"之辨,认为《诗经》除"美刺"而外,"其间自有感物道情,吟咏情性"之作。所以,他说:"凡诗之所谓'风'者,多出于里巷歌谣之作,所谓男女相与咏歌,各言其情者也。"(《诗集传序》)同时,他又以诗文本身为据,考其辞,辨其意,发现"男女之诗"多有"雅人庄士难言之者"(《文集》卷七十《读吕氏读诗记桑中篇》),其"辞意儇薄、轻佻狎昵","今但去读,便自有那轻薄的意思在了"(《语类》卷八十)。正是去序《诗》者之"美刺",他才断定这些是男女之诗。所以我们说,"美刺"之辨是"淫诗"之说的直接原因之一,或谓之"淫诗"之说的文学因素。

第二,朱熹在哲学上主张"天理人欲"之辨,承认了"人皆有欲"这一命题。朱熹曾引程颐之语"人虽不能无欲,然当有以制之"(《诗集传·鄘·蝃蝀》),即以"存天理,灭人欲"为其经学目的,诗人"心之所感有邪正,故言之所形有是非"(《诗集传》序》),"圣人所以兼存,盖欲见当时风俗厚薄"(《诗传遗说》卷三)。而孔子言"思无邪"是"要人思无邪,非以作诗之人皆无邪也"(《文集》卷七十《读吕氏读诗记桑中篇》)。正因为朱熹承认了"饮食男女,人之大欲存焉","固晓得伤个春,而知人欲之险",又以"思无邪"为"诗教",以教人知"人欲横流"之险而知"存天理,灭人欲"之道,所以他不讳言"淫诗"。所以我们说,"天理人欲"之辨也是"淫诗"说的直接原因之一,或谓之"淫诗"之说的哲学因素。

正是由于以上两方面的原因,即文学的与理学的因素,促使朱熹大胆地提出了"淫诗"之说,虽然此说有"道学先生"的迂腐之气,但平心论之,却比序《诗》者的"美刺"之说更为通达,也更符合实际。清代学者如姚际恒、方玉润、崔述等人正是在这个基础上继续突破,既否认序《诗》者的"美刺"之说,也抛弃理学家陈腐的道德评价,而对《诗经》中的"男女情诗"作出了正确的解释。

但是"淫诗"之说并非始于朱熹,早在汉代已有是说。班固说:"郑国土狭而险,山居谷汲,男女亟欢会,故其俗淫。《郑诗》曰:'出其东门,有女如云',又曰:'溱与洧,方灌灌兮,士与女,方秉营兮','询盱且乐,维士与女,伊其相谑',此其风也。"(《汉书·地理志》)许慎也说:"今《论语》说郑国之为俗有溱洧之水,男女聚会,讴歌相感,故云'郑声淫'。左氏说,烦手淫声谓之郑声者,言烦手踯躅之声使淫过也。谨案《郑诗》二十一篇,说妇人者十九,故郑声淫也。"(《五经异义》,今佚,引自陈寿祺《五经异义疏证》)是班、许二人皆因"郑国之俗"而谓"郑诗淫"。魏晋时代,韦昭于《野有蔓草》说:"时野草始生，而云蔓者，女情急欲以促时也。"（《毛诗答问》今佚，引自朱彝尊《经义考》卷一百一）杜预于《左传》成公二年"夫子有三军之惧，又有《桑中》之喜"云云注："《桑中》，《卫风》淫奔之诗。"此汉、晋人旧说，实为"淫诗"说之滥觞。至宋代，欧阳修于《邶·静女》说："此乃是述卫风俗男女淫奔之诗"（《诗本义》卷三），于《齐·东方之日》说："相邀奔之辞也。此述男女淫风，但知其美色以相夸荣，而不顾礼义也。"（同上，卷四）又重启其端。郑樵《诗辨妄》始大其说。朱熹因之，而"酌以人情天理之自然而折衷之"（《黄氏日钞》卷八十九《读诗私记序》），即赋予此说以理学意义，以合于"思无邪"之"诗教"而已。"男女防范"并不只是理学家的道德原则，而是中国传统的道德规范。所以，大凡古代承认《诗经》中"男女之诗"的学者，同时也就要名其曰"淫诗"。大多数经学家是不敢接受此说的，因为"淫诗"之说与《诗》之为经，两者实难相通。朱熹站在理学家的立场上，沟通了两者之间的联系，使"淫诗"之说能够在经学范围内"自圆其说"。严格说来，朱熹不是发现了《诗经》中有"淫诗"，而是从理学角度完整地阐述了"淫诗"为教的经学意义。

而且，我们如果从广义的角度加以探本求源，则"淫诗之说"可谓源远流长。孔子即说："放郑声，远佞人。郑声淫，佞人殆。"（《论语·卫灵公》）《礼记·乐记》也说："郑卫之音，乱世之音也，比于慢矣。桑间濮上之音，亡国之音也"，"郑音好滥淫志，宋音燕女溺志，卫音趋数烦志，齐音敖辟乔志，此四者皆淫于色而害于德，是以祭祀弗用也。"虽然皆论"声乐"

之淫,实则言其诗亦淫。上古时代,诗皆乐歌,《诗经》三百篇未有不入乐者。《墨子·公孟》篇即有"儒者诵诗三百,弦诗三百,歌诗三百,舞诗三百"之说。诗而不入乐,何以弦之、歌之、舞之?《左传》襄公二十九年载吴公子季札聘于鲁国,请观周乐,于是鲁公"使工为之歌《周南》《召南》",歌《邶》而下直到《小雅》《大雅》及《颂》,三百篇未有不可歌者。①既然如此,所谓"声",所谓"音",所谓"乐",即是言入乐可歌之诗也。其次,诗与乐理应配合,所谓"文辞与音调一致",古今皆然。《尚书·尧典》说:"诗言志,歌永言,声依永,律和声",是言"诗乐一致"。《礼记·乐记》申之说:"诗言其志也,歌咏其声也,舞动其容也,三者本于心,然后乐器从之,是故情深而文明,气盛而化神,和顺积中而英华发外。"《吕氏春秋·音初》篇论东南西北之音说:"闻其声而知其风,察其风而知其志。"所谓"声"与"风"与"志",皆是说"诗乐一致"。今人钱锺书论"诗乐理宜配合":"夫洋洋雄杰之词,不宜称以靡靡涤滥之音,而度以桑濮之音者,其诗必情词佚荡,方相得而益彰。不然,合之两伤,如武夫上阵而施粉黛,新妇入厨而披甲胄,物乖攸宜,用违其器。"②由于"诗乐一致",其声"淫"者,其辞亦必"淫"。所以,孔子之论"郑声淫",《礼记·乐记》之论郑、卫、宋、齐之音者,不仅仅论其"声乐",也当是论其歌词。

朱熹正是主张"诗乐一致"者,他说:"诗者,古之乐也"

---

① 参见马瑞辰《毛诗传笺通释》卷一《诗入乐说》。
② 钱锺书:《管锥编》第一册,中华书局,第60页。

(《语类》卷八一），"古人作诗，自道一事，他人歌之，其声之长短清浊，各依其诗之语言"（《语类》卷七十八），言其"声乐"者，即是言其诗词，所以"郑卫之音"即"郑卫之诗"，"不应又于《郑风》外，别求郑声也"（《文集》卷三十四《答吕伯恭》）。朱熹从孔子那里找到了"淫诗"之说的根据："许多《郑风》，只是孔子一言断了：'郑声淫'。"（《语类》卷八十）清代学者也多从诗乐关系的角度为力辟"淫诗"之说。陈启源说："夫子言'郑声淫'耳，何尝言'郑诗淫'乎？声者，乐也，非诗词也。"（《毛诗稽古编》）姚际恒说："《集传》纰缪不少，其大者尤在误读夫子'郑声淫'一语，妄以《郑诗》为淫，且及于卫，致及于他国。"（《诗经通论》）戴震也说："凡所谓声，所谓音，非言其诗也。如靡靡之音，涤滥之音，其始作也，实自郑卫桑间濮上耳，然则郑卫之音非郑诗，桑间濮上之音非《桑中》诗，其意甚明。"（《东原集》卷一《书郑风后》）皆欲维护《诗经》之尊严，而否认上古时代诗乐一致的客观事实。孔子论诗，偏重其乐，故曰'郑声淫'；朱熹论诗，偏重其辞，故曰"郑诗淫"。其实，"郑声淫"即"郑诗淫"，"郑诗淫"也即"郑声淫"，二者可以相通。但何者为"淫"？陈乔枞说："服虔注《左传》：'烦手淫声，为郑重其手而声淫过'，是知郑声之淫，非但谓其淫于色而害于德也，亦谓声之过中耳。"（《鲁诗遗说考》卷四）马瑞辰也说："淫之言过，凡事之过节者为淫，声之过中者为淫，不必皆淫于色也。"（《毛诗传笺通释》卷八《郑风总论》）所谓"声之过中""事之过节"等等，包含着一定的道德意义。与朱熹谓"郑诗淫"一样，孔子之谓"郑声淫"云云，也只是一种道德评价而已。

总而言之，朱熹是从哲学上（"天理人欲"之辨），从《诗》之本源（"美刺"之辨、风诗多来自民间），从《诗》的内容及其表现手法，从诗乐关系诸方面广泛论证了所谓"雅郑邪正"等问题，使孔子对当时新乐的道德评价与汉魏旧说系统化、理学化。但是，他最有意义的贡献却在于，承认了《诗经》中男女情思之辞，从而在一定程度上恢复了这些诗歌的本来面目。

原载《四川师范大学学报》1987年第2期

关于朱熹《诗》说的两条考辨

一

"以《诗》为经"是从汉至清上下两千多年共有的历史现象，其间说《诗》者虽然众多，然就其阐释体系而言，则大致可以归之为汉宋两家。汉代传《诗》者原分齐、鲁、韩、毛四家，毛为古文，余三家为今文。今文三家是汉代的官方《诗》学，至东汉今古文经学大师郑玄"注《诗》宗毛为主"（郑玄《六艺论》，今佚。引文见陆德明《经典释文》），于是三家遂废，毛诗古学大行于世。唐代贞观年间，孔颖达等人奉敕编纂《毛诗正义》，以《序》《传》《笺》《疏》四位一体的《正义》，即所谓"毛郑之学"，成为官方《诗》学，"终唐之世，人无异辞"（《四库全书总目提要·毛诗正义》）。至于宋代，疑古之风盛行，异说蜂起，著述林立，《诗》学者们力求打破毛郑之学的一统天下，而赋予《诗经》以新的时代意义。而在所有这些反对毛郑《诗》学的著作之中，南宋理学家朱熹的《诗集传》（附《诗序辨说》）是最有代表意义的一部。众所周知，宋代所谓反对毛郑之学的运动，实际上是围绕《诗序》问题而展开的，而朱熹正是站在理学家的立场上，力倡"去《序》言《诗》"，并在所谓"美刺"之辨、"淫诗"之说等一系列问题上，博取众家之说，提出了与毛郑之学大异其趣的《诗》说，形成了与汉代《诗》学体系对峙的新的《诗》学体系。以《诗集传》《诗序辨说》为其代表的朱熹《诗》说，不但包含了宋代学者们对《诗经》本身的探索与认识，而且也反映了宋代的文学思想、道德观念、学术方法、经学体系等意识形态的变迁与发展，在古代《诗经》研究史上具有划时代的意义。

朱熹是宋代理学的集大成者，也是一位博大精深的学者。于学无所不窥，一生所著甚丰，然其用力最勤者，首推《四书章句集注》，其次就当是《诗集传》。宋代著名学者王应麟说，"朱文公《集传》闳意眇指，卓然千载之上"，而"一洗末师专己守残之陋"（《诗考序》），宋代思想家黄震谓《诗集传》"所以开示后学者已明且要"（《黄氏日钞》卷八十九《读诗私记序》），清代学者崔述对其"去《序》言《诗》"也有相当高的评价（见《读风偶识》卷一）。朱熹曾自谓"于《诗集传》无复遗恨，后世如有扬子云，必好之矣"（《诗传遗说》卷一）。元明清三代，朱熹《诗》说产生了巨大而深远的历史影响。但是，正如历史上所有影响巨大的学说一样，朱熹《诗集传》《诗序辨说》的撰著及其《诗》说的自成体系，也经历了一个相当漫长而又曲折的历史过程。《语类》卷八十吴必大记朱熹说："某向作《诗解》文字，初用《小序》，至解不行处，亦曲为之说。后来觉得不安，第二次解者,虽存《小序》,间为辨破,然终是不见诗人本意,后来方知尽去《小序》,使可自通,于是尽涤旧说,诗意方活。"可见朱熹《诗》说有"早年"与"晚年"之异。朱熹序《吕氏家塾读诗记》说:"此书中所谓朱氏云者,实熹少时浅陋之说,伯恭误有取焉。其后历时既久,自觉其说有所未安,如雅郑邪正云者,或不免有所更定,则伯恭父反不能不置疑于其间,熹窃惑之。"(《朱文公文集》卷七十六)《吕氏家塾读诗记》为朱熹好友吕祖谦所著,其书今存。我们从中可窥知朱熹"少时浅陋之说"的概貌。朱熹早年说《诗》虽亦间有异于《序》说者,如以《邶·雄雉》为"皆女怨之辞",《卫·木瓜》为"寻常施报之辞",《小雅·宾之初筵》为"武公自警之诗"等,但基本上是遵从《序》说的,即与传统《诗》学大同小异。朱熹曾与吕祖谦一同探讨关于《诗经》的一系列问题,后来才发生重大分歧,两人在《诗序》真伪、"美刺"之辨、"淫诗"之说等一系列问题上反复辩难。尽管他们有共同的思想基础,曾共同编著理学名作《近思录》,又是终生挚友,但在《诗》学问题上却由观点一致发展而为势不两立。朱熹曾一针见血地指出:"伯恭(吕祖谦)凡百长厚,不肯非毁前辈,要出脱回护。不知道只为得个解经人,都不曾为得圣人本意。"(《语类》卷八十)可见朱熹对自己的晚年《诗》说是非常自信的。那么,朱熹从早年遵从《序》说一变而为坚强的"去《序》言《诗》"派始于何时?在这一历史转变过程中,是否有过一个重要契机,即是否曾受到过其他《诗》学者的启发甚至直接影响?笔者试对这两个问题加以探讨,以见朱熹《诗》说的发展变化之迹及其渊源所自,以便对朱熹《诗》说有更深刻、更具体的了解。

二

第一个问题：朱熹"去《序》言《诗》"始于何时？《语类》卷八十李辉记朱熹说："某自二十岁读《诗》便觉《小序》无意义，及去了《小序》，只玩味诗词，却又觉得道理贯彻，当初亦曾质问诸乡先生，皆云《序》不可废，而某之疑终不能释。后到三十岁，断然知《小序》出于汉儒所作，甚为缭戾，有不可胜言。"而朱鉴所辑《诗传遗说》卷二载，此语为周谟记，且无"后到三十岁"五字，只作"其后"二字，则前记之三十岁未必正确。又，朱鉴于《诗集传序》之下注云："此乃先生丁酉岁用《小序》解诗时所作，后乃尽去《小序》。"（《诗传遗说》卷二）丁酉岁即淳熙四年，其时朱熹已四十八岁。三十岁去《序》与四十八岁尚用《小序》，二说互相抵牾，但一出自朱熹弟子，一出自朱熹之孙，何者为是呢？

考《文集》卷三十三《答吕伯恭》："窃承读《诗》终篇，想多所发明，恨未得从容以请。熹所集解，当时亦甚详备，后以意定，所余才此耳，然为旧说牵制，不满意处极多，比欲修正，又苦别无稽援，此事终累人也。"同信又有"《近思录》刻版甚善"之语，据吕祖谦《近思录后引》此书刻于淳熙三年，则此信也当作于此年。王懋竑《朱子年谱》卷二上系之于"乙未"（淳熙二年），乃据朱熹《近思录前引》"淳熙乙未之夏"而言，盖误以朱吕合编《近思录》之时与该书刊刻之日混为一谈。

今试正之。按此信说"熹所集解,当时亦甚详备",似为第一次解《诗》也;又说"后以意定,所余才此耳",第二次修正也。此时朱熹解《诗》已两易其稿,当即《吕氏读诗记》所引《诗》说。"然为旧说牵制,不满意处极多",虽然已有致疑之意,尚未明言去《序》,可以推知此时即朱熹四十七岁之时可为其去《序》言《诗》之上限。

又考《文集》卷三十四《答吕伯恭》:"《诗说》所欲修改处是何等类,因书告略及之,比亦得间刊定。大抵《小序》尽出后人臆度,若不脱此窠臼,终无缘得正当也。去年略修旧说,订正为多,向恨未能尽去,得失参半,不成完书耳。"同信有"《文海》条例甚当,今想已有次第"之语,按吕祖谦奉敕编纂《文海》即《宋文鉴》一书始于淳熙四年(见《东莱集》卷一《进编次〈文海〉札子》),他于是"奉命不辞,即关秘书集库所藏,及因昔所记忆,访求于外,所得文集凡八十家,搜检编集,手不停批,至次年十月书乃成"[①]。既然《文海》淳熙五年已经编定告成,而此信尚谈及"《文海》条例"云云,则其当作于淳熙五年之前无疑,虽然此时《诗集传》"得失参半,不成完书",但已明言"《小序》尽出后人臆度"云云,则知此时即朱熹去《序》言《诗》之下限。

再举一证,吕祖谦《与朱侍讲》说:"《诗说》只为诸弟辈看,编得训诂甚详,其他多以《集传》为据,只是写出诸家姓名,令后生知出处,唯太不信《小序》一说,终思量未通也。"

---

① 吕乔年:《太史公编〈皇朝文鉴〉始末》,见于该书卷首。

(《东莱集》卷四）同信又说："旱势甚广，不知封内近得雨否？荒政措画次第，无所不用其极。寻常小郡患于叫唤不应，如南康今日事体则不然。"按《宋史·道学三》朱熹本传说"（淳熙）五年，史浩再相，除知南康郡，降旨便道之官。熹再辞，不许。至郡，兴利除害，值岁不雨，讲求荒政，多所全活"，与吕信正好相证。可知吕祖谦此信当作于淳熙五年，他已责朱熹"太不信《小序》"，是可证淳熙四年即朱熹去《序》言《诗》之下限。

总之，朱熹去《序》言《诗》始于淳熙三年至四年之间。前引《语类》载李辉"后到三十岁"显系误记，朱鉴《诗传遗说》所云"丁酉岁之后"差近，但观《诗集传序》说："诗者，人心之感物而形于言之余也，心之所感有邪正，故言之所形有是非。"又说"自《邶》而下，则其国之治乱不同，人之贤否亦异，其所感而发者，有邪正是非之不齐"等等，已于《诗序》"美刺时君国政"之说大异其趣，而有以"思无邪"为"诗教"之意。又据所引诸证，不得谓"丁酉岁（淳熙四年）之后"朱熹始去《序》言《诗》。但今本《诗集传》的完书尚又经多次修改[①]。至绍熙元年即朱熹六十一岁之时始刊刻于临漳[②]，上距淳熙四年即朱熹去《序》言《诗》之始已有十三年之久，此时，朱熹已是名闻天下的理学大师了。

---

① 《文集》卷五十《答潘文叔》、卷四十七《答吕子约》、卷二十九《答吕公晦》等均言及修改之事。
② 《文集》卷七十六《书临漳所刊四经后》，卷八十六《刊四经成告先圣文》。

三

第二个问题：朱熹去《序》言《诗》及其晚年《诗》说的形成是否受到别人的启发与直接影响？我们的回答是肯定的，此人就是宋代著名学者郑樵。

郑樵先朱熹二十七年而生，卒于绍兴三十一年，其时朱熹三十二岁。《宋史·儒林六》说他："好著书，不为文章，自负不下刘向、扬雄，居夹漈山，谢绝人事。久之，乃游名山大川，搜奇访古，遇藏书家，必借留读尽乃去。初为经旨、礼乐、文字、天文、地理、虫鱼、草木、方书之学，皆有论篇。绍兴十九年上之，诏藏秘府。"郑樵《上皇帝书》自云"十年为经旨之学，以其所得者作《书考》《书辨讹》，作《诗传》《诗辨妄》，作《春秋传》《春秋考》，作诸经《序》，作《刊谬正俗跋》"（《夹漈存稿》卷中），可知绍兴十九年即朱熹二十岁时，郑樵已著成《诗辨妄》及《诗传》等。

又，郑樵《寄方礼部书》说："以学者所以不识《诗》者，以大小《序》与毛郑之蔽障也，作《原切广论》三百二十篇，以辨《诗序》之妄"，"观《原切广论》，虽三尺童子亦知大小《序》之妄说"（《夹漈存稿》卷中）。《通志·艺文一》载其《自序》说："臣为《诗辨妄》六卷，可以见其得失。"是《诗辨妄》又名《原切广论》，六卷，三百二十篇，此书亡佚已久①，仅宋人周孚《非诗辨妄》中存有五十一条。所著《诗传》二十卷，"专指毛郑之妄，谓《小序》非子夏作，尽削去之，而以己意为之序"②。今亦佚③，此外，郑樵《六经奥论》中有《诗经》一卷，可窥其《诗》说之一斑（今存《通志堂经解》中）。但正是那部亡佚已久的《诗辨妄》启发了朱熹"去《序》言《诗》"的思想，而且对其"美刺"之辨、"淫诗"之说等所谓的"晚年《诗》说"产生了最直接的影响。

朱熹说："《诗序》实不足信，向见郑渔仲有《诗辨妄》，力诋《诗序》，其间言语太甚，以为皆是村野妄人所作，始亦疑之。后来仔细看一两篇，因质之《史记》《国语》，然后知《诗序》实不足信。"（《语类》卷八十）又说："旧曾有一老儒郑渔仲，兴化人，更不信《小序》，只依古本与叠在后面，熹今亦如此，令人虚心看正文。"（同上）郑樵作《诗辨妄》力诋《小序》之妄，朱熹也作《诗序辨说》力辨《小序》之失。王应麟说"朱子《诗序辨说》多取郑樵《诗辨妄》"（《困学纪闻》卷三）；马端临也说"夹漈专诋《诗序》，晦庵从其说"（《文献通考·经籍五》）。皆可以证郑樵的《诗辨妄》启发了朱熹去《序》言《诗》，并给予其《诗》说以巨大的直接影响。

那么，我们是不是否认其他《诗》学者的影响呢？我们也并不否认。朱熹的《诗集传》本来就是广采众说而自成一家之言的。我们且看他对宋代《诗》学的评价：

---

① 朱彝尊《经义考》卷一百六云"未见"。
② 《直斋书录解题》卷二。
③ 见《经义考》，同上。

理义大本复明于世，固自周、程，然先此诸儒亦多助。旧来诸儒，不越注疏而已，至永叔、原父、孙明复诸公，始自出议论，如李泰伯文字亦自好，此是运数将开，理义渐欲复明于世故也。（《语类》卷八十）

至于本朝，刘侍读、欧阳公、王丞相、苏黄门、河南程氏、横渠张氏始用己意有所发明，虽其浅深得失有不能同，然自是以后，三百五篇之微词奥义乃可得而寻绎。（《文集》卷七十六《吕氏读诗记后序》）

但是，这不过是对宋代《诗》学的宏观描述，显示出宋代《诗》学者们以他们的时代精神去重新阐释《诗经》之"义理"的历史事实。程颐、张载是朱熹的理学前辈，朱熹正是继承了他们"以理言《诗》"的传统而将一部《诗经》理学化了。但他们同时又是"尊《序》派"，朱熹对此曾有微词，他们不可能启发朱熹去《序》言诗的思想。刘敞、王安石是北宋著名的经学革新派，王应麟曾说："国初至于庆历间，谈经者守训故而不凿。《七经小传》出，而稍尚新奇矣，至《三经义》行，视汉儒之学若土梗。"（《困学纪闻》卷八）是宋代经学疑古之风始于刘敞《七经小传》，而成于王安石《三经新义》。但他们也皆未言及"去《序》言《诗》"，而王安石甚至认为"《小序》是诗人自制"（《四库提要·诗序》）。朱熹说："《易》是荆公旧作，却自好；《三经义》是后来作的，却不好。"（《语类》卷七十八）是对《诗经新义》的贬词。其他"尊《序》派"中人更不足论。

欧阳修、苏辙是宋代"去《序》言《诗》"的先驱，朱熹对他们的评语也不错，谓"子由《诗解》好处多"(《语类》卷八十)。但对苏辙"例取首句，而去其下文"的方法已非之。(见《辨说·周南·汉广》)又谓欧阳修"多辨毛郑之失，文辞舒缓，而其说直到底，不可移易"(《语类》卷八十)。如于《邶·静女》《齐·东方之日》，欧阳修就一反《小序》，直指为"叙男女淫奔"之诗（见《诗本义》卷三、卷四）。但是朱熹已于"去《序》言《诗》"之前采其《诗》说（见《吕氏家塾读诗记》所载朱熹"早年《诗》说"）。也就是说，他们虽然在一定程度上启发过朱熹"去《序》言《诗》"的思想，但并没有直接导致他力倡"去《序》言《诗》"的大胆之举，而"去《序》言《诗》"正是朱熹"早年《诗》说"与其"晚年《诗》说"最主要的区别。郑樵是第一个从历史考证的角度，比较全面地研究了《诗序》问题的学者，朱熹彻底信服其说，成为宋代"攻《序》派"的集大成者。我们试比较郑、朱二人的《诗》说，以见郑樵之影响所在。

1."诗乐关系"说

郑樵："诗者，声诗也，出于情性，古者三百篇皆可歌，则各从其国之声，邶鄘卫之诗同出于卫而分为三国之声。盖采诗之时，得之周南者系之《周南》，得之召南者系之《召南》，得之王城与豳者系之王城与豳，得之邶、鄘、卫者，系之《邶》《鄘》《卫》，盖歌则从其国之声。"(《六经奥论》卷三《诗经·国风辨》)又:"《小雅》《大雅》者,特随其意而写之律耳,律有小吕大吕,则歌《小雅》《大雅》。"(同上,《雅非有正变辨》)。

朱熹:"《诗》,古之乐也。亦如今之歌曲,音各不同,卫有卫音,鄘有鄘音,邶有邶音,故诗有鄘音者系之《鄘》,有邶音者系之《邶》。若《大雅》《小雅》则如今之商调、宫调,作歌曲者,亦按其腔调而作耳。不必说《雅》之降为《风》","'变雅'亦是变他腔调耳"。(《语类》卷八十)可见他们的"诗乐关系"说是相同的,即皆主张"诗乐一致",所谓"风、雅、颂皆其腔调"(《诗传遗说》卷三),其"所以分者,皆以其篇章节奏之异者"(《楚辞集注·离骚经第一》)。我们虽然不能断言其间必有因承关系,但这种相同至少有两层意义:其一,不从"美刺"的角度释"六义",势必导致"美刺"之辨;其二,"诗乐一致"的理论势必引向"郑卫之音"即"郑卫之诗","郑声淫"即"郑诗淫"的具体结论。事实也正是如此。

2.《诗》之本原

郑樵:"风土之音曰《风》,朝廷之音曰《雅》,宗庙之音曰《颂》。"(《通志·总序》)又:"《风》者,出于风土,大概小夫贱隶妇人女子之言,其意虽远,其言浅近重复,故谓之《风》。《雅》者,出于朝廷士大夫,其言纯厚典则,其体抑扬顿挫,非复小夫贱隶妇人女子能道者,故曰《雅》。《颂》者,初无讽颂,惟铺张勋德而已,其辞严,其声有节,以示有所尊，故曰《颂》。"(《六经奥论》卷三《诗经·风雅颂辨》)是从诗之本原言《风》《雅》《颂》。朱熹之说盖出于此。《语类》卷八十载："器之问《风》《雅》与无天子之《风》之义，先生举郑渔仲之说，言出于朝廷者为《雅》，出于民俗者为《风》。文武之时，周召之民作者谓之周召之《风》。东迁之后，王畿之民作者，谓之《王风》。似乎大约是如此。"是朱熹承郑樵说之证。

3. "美刺"之辨

周孚《非诗辨妄》引郑樵说：

> 诸风皆有指言当代某君者，唯《魏》《桧》二风无一言指当代某君者，以此二国《史记》世家、年表、列传不见所说，故二风无指言也。
>
> 《宛丘》《东门之枌》'刺幽公'，《衡门》'刺僖公'，幽僖之迹无可据见，作《序》者本谥法而言之。
>
> 彼以《候人》为刺共公。共公之前，则昭公也，故以《蜉蝣》刺昭公，昭公之前实无其迹，但不幸代次迫于共公，故为卫宏所置。

按此即朱熹斥《小序》"以史证《诗》"是"附会书史，依托名谥，凿空妄语"之所本。而这又是朱熹揭穿《诗序》之谜的最有力的证据，也是他据以驳《诗序》"妄生美刺"的主要论据。朱熹说:"郑渔仲谓《诗小序》只是将史传拣去,并看谥,却附会作《小序》美刺。"(《语类》卷八十)黄震也说:"晦庵先生因郑公之流,尽去其美刺,探求古始。"(《黄氏日钞》卷四《读毛诗》)皆是朱熹"美刺"之辨承郑樵《诗辨妄》之证。

4."淫诗"之说

"淫诗"之说不始于宋代。郑樵之前,已有六篇被明确指为"淫诗":《鄘·桑中》(杜预)、《邶·静女》(欧阳修)、《郑·溱洧》《出其东门》(班固)、《野有蔓草》(韦昭)、《齐·东方之日》(欧阳修)。但朱熹前已采入《诗集传》(见《吕氏读诗记》所引),并未引出朱熹的"雅郑邪正"的问题。清人马瑞辰说:"郑夹漈于《诗序》刺庄、刺忽、刺时、闵乱之诗悉改为'淫奔之诗'。"(《毛诗传笺通释》)按《郑风》中此类刺诗凡十八篇,除去前人所指的三篇《出其东门》《野有蔓草》《溱洧》,尚有十五篇,即郑樵所指。而朱熹于《郑》之中所指"男女淫诗"也除去《溱洧》等三篇,尚有十一篇,当是承郑樵之说而来。郑樵"去《序》言《诗》",去"美刺"之意,"诗乐一致",《国风》出于民俗,等等,朱熹皆承之,而以上诸说也正是"淫诗"之说的根据,所以他势所必然也会采其"淫诗"之说。朱熹于《郑·将仲子》说"莆田郑氏谓'此实淫奔之诗,无与庄公、叔段事,《序》盖失之,而说者又巧为之说以实其事,误益甚矣'。今从其说"(《辨说》)即其证。《郑风》其他诗及其他《风》皆可以类推之。

从以上比较考察之中,我们可以得出结论,郑樵不但启发了朱熹"去《序》言《诗》"的思想,而且在"美刺"之辨、"淫诗"之说等一系列主要问题上,对朱熹产生了最直接的影响。但事情又是非常微妙的,朱熹对郑樵其人其说的评价并不高,甚而可以说没有一句评价,他不过引证了郑樵的一段话而已(虽然这段话非同小可),而且还是出于其弟子们的追记。《诗集传》只在《郑·将仲子》注中引用过一次,而在总论宋代众多的《诗》学者时(见上引《吕氏读诗记后序》及《语类》卷八十语),对郑樵其人其说却只字未提。是出于"同行相嫉""文人相轻"或诸如此类的心理因素,还是另有原因?"文献不足征",我们只好付之阙如。但试比较两人的"经学态度"我们也许可以悟出此中之秘来。

郑樵说:"三百篇之诗尽在歌。自置诗博士以来,学者不闻一篇之诗","乐以诗为本,诗以声为用……汉立齐、鲁、韩、毛四家博士,各以义言诗,遂使声歌之道日微","义理之说既胜,则声歌之学日微"。(《通志·总序》)

朱熹说:"《诗》分之为经,所以人事浃于下,天道备于上,而无一理之不具也","于是乎章句以纲之,训诂以纪之,讽诵以昌之,涵濡以体。察之情性隐微之间,审之言行枢机之始;则修身及家、平均天下之道,其亦不待他求而得之矣"。(《诗集传序》)

郑樵意主于"以声为用",即以《诗经》为古代的乐歌而已；朱熹意主于"以义为用",即以《诗经》为理学教科书,他们之间的"经学态度"大相径庭。所以,虽然郑樵已著《诗辩妄》攻之于前,朱熹仍要著《诗序辩说》难之于后,宋代学者黄震已看出此中之秘,他说:"王雪山、郑夹漈始各舍《序》言《诗》,朱晦庵因夹漈而酌以人情天理之自然而折衷之。"(《黄氏日钞》卷八十九《读诗私纪序》)去《序》言《诗》,朱出于郑;以理言《诗》,朱又异于郑。而郑樵之"以声为用"的《诗》学,不但朱熹不可能接受,而且整个"经学时代"也不可能接受,所以朱熹虽用其说却评价不高,甚至力求避而不提。而朱熹的"义理"之学却代表着经学时代新的"时代精神",于是乎郑隐朱显,《诗辨妄》亡而不存,《诗集传》却取代毛郑之学而巍然为一代大宗。

原载《四川师范大学学报》1986年第5期

论北宋的通俗滑稽词

词在宋代为流行歌曲，既有流行于文人雅士中者，也有流行于市井闾巷者。前者多为雅词，后者多为俗曲。明人张綖《诗余图谱》首创词分婉约与豪放二体之说，主要是基于文人雅词而言。但即使是文人雅词，事实上也很难以豪放或婉约二端来概括。例如文人与民间的戏谑滑稽之词，论其风格，就既非豪放也非婉约。但这类滑稽之词大多出自谑浪游戏，而且语言俚俗，故历来为庄人雅士所不屑道。士君子即或偶作滑稽谐谑语，也唯"雅趣"是尚，以避"鄙俗"之恶谥。而历代选家，也多以雅为宗，如南宋曾慥编选宋词即云："涉谐谑则去之，名曰《乐府雅词》。"（《乐府雅词引》）后之选本，如黄昇之《花庵词选》、赵闻礼之《阳春白雪》、鲖阳居士之《复雅歌词》、周密之《绝妙好词》等，率皆以"风雅"为归，而两宋词人以"雅词"及类似词语名其集者，也比比皆是。词本通俗流行歌曲，不避俚俗，戏谑调笑，是极为自然之事。但自南宋以后，词以雅为宗，却逐渐成为一种主流观念，到清代浙西、常州词派，更是凸显文人雅词的传统，滑稽戏谑的通俗词遂不为学者所重。但事实上，"雅"

与"俗"乃相对而言,有所谓"雅词",必有所谓"俗词",而"俗词"并非婉约与豪放二体所能囊括,其风格情趣当与雅词大不相同。这就是本文所要论及的北宋通俗滑稽词派。据南宋王灼《碧鸡漫志》卷二云:

> 长短句中作滑稽无赖语,起于至和。嘉祐之前,犹未盛也。熙、丰、元祐间,兖州张山人以诙谐独步京师,时出一两解;泽州孔三传者,首创诸宫调古传,士大夫皆能诵之。元祐间王齐叟彦龄,政和间曹组元宠,皆能文,每出长短句,脍炙人口。彦龄以滑稽语噪河朔。组潦倒无成,作《红窗迥》及杂曲数百解,闻者绝倒,滑稽无赖之魁也。夤缘遭遇,官至防御使。同时有张衮臣者,组之流,亦供奉禁中,号"曲子张观察"。其后祖述者益众,嫚戏污贱,古所未有。

这是一段非常重要的文字,可惜历来不为学者所重视。尽管王灼本人是"宗雅派",不可能为俗词推波助澜,但他却记录了北宋词坛的另一个侧面:通俗滑稽词派的兴起及其影响。根据王灼以上的批评,我们可以发现,这个后来几乎完全被人忽略的风格流派,在当日流传之广,影响之巨,仿效者之众,似乎还在所谓"豪放派"之上。我们完全有理由将其名为"通俗滑稽派"。但由于其多出于游戏,且语言俚俗,格调不高,难入选家的法眼,甚至连作者自己也羞于将其收入集中,故后世多湮没无闻。张山人、孔三传、张衮臣辈仅留下姓名而已,王齐叟事迹则散见于宋元笔记，如《碧鸡漫志》卷二：

> 王齐叟彦龄，元祐副枢岩叟之弟，任俊得声。初官太原，作《望江南》数十曲，嘲府县同僚，遂并及帅。帅怒甚，因众人入谒，面责彦龄："何敢尔！岂恃兄贵，谓吾不能劾治耶？"彦龄执手板顿首帅曰："居下位，只恐被人谗。昨日只吟《青玉案》，几时曾做《望江南》，试问马都监。"帅不觉失笑。众亦匿笑去。

南宋洪迈《夷坚志》壬卷七、元陆居仁《轩渠录》亦载此事，不过增益其文，更富滑稽意味。业师启功先生曾著文辨析其事："隋有侯白，明有徐文长，皆趣话所丛，未必果有其事，有其事亦未必果属其人。近世戏剧、小说，以至江南弹词中，每见王延龄其人，延亦或作彦。其事迹多属排难解纷，平世之不平。且措置滑稽，俱符所谓任俊者。然其人流传于委巷口耳，盖已久矣。如以俚言中人物，一一核其身世、年代、官职、里贯，以辨人之有无，事之虚实，则非知民间文学者。"（《启功丛稿题跋卷》）王齐叟其人其事被传说化，真伪莫辨，而其《望江南》数十曲今皆不传，唯此事流传甚广，杨慎《词品》、冯金伯《词苑萃编》、徐釚《词苑丛谈》等书均有记载，不过供词家谈助而已。

词中作滑稽语，当以徽宗朝曹组的影响最大。按黄昇《花庵词选》卷八："曹元宠，名组，工谑词，有宠于徽宗，任睿思殿待制。"又据厉鹗《宋诗纪事》卷四十："曹组字符宠，颍昌人，纬弟。宣和三年进士，召试中书，换武阶，兼合门宣赞舍人，仍给事殿中，官止副使。有《箕颍集》。"可知曹组虽则被王灼讥为"滑稽无赖之魁"，但并非混迹市井的民间艺人或仕途坎坷的才子词人如柳永辈，而是有宠于皇帝的宫廷词人。《宋史·曹勋传》谓勋父曹组"以进对开敏得幸"，勋亦以父荫补承信郎。《大宋宣和遗事》前集记宣和六年东京元宵观灯，百姓不问富贵贫贱老少尊卑，尽到端门下赐御酒一杯，有教坊大使曹元宠口号一词，唤作《脱银袍》：

济楚风光，升平时世。端门支散，碗遂逐旋温来，吃得过、那堪更使金器？分明是，与穷汉、消灾灭罪。又没支分，犹然递滞，打笃磨槎来根底。换头巾，便上弄交番厮替。告官里，驼逗高阳饿鬼。

虽为颂圣之词，然不避俚语俗语，下阕竟作滑稽调笑语，与雅词别为一种风格。可以想象，曹组一类的宫廷词人，日常随侍皇帝左右，所作词当是取悦人主，既非言志，也非缘情，不过插科打诨，以博人主一笑。但曹组之滑稽戏谑，乃其天性，非专为取悦人主，王灼谓其"潦倒无成，作《红窗迥》及杂曲数百解，闻者绝倒"云云，当是指其供奉禁中之前。曹组的滑稽词风，在两宋之际颇有影响，仿效者甚众，至南宋初年尚余波未息。王灼《碧鸡漫志》卷二云：

今少年妄谓东坡移诗律作长短句，十有八九不学柳耆卿则学曹元宠,虽可笑,亦毋用笑也。

今之士大夫,学曹组诸人鄙秽歌词。

王灼是两宋之际人,而《碧鸡漫志》成书于南宋绍兴年间。其所谓"今",盖指南宋高宗时代。此时已经历靖康之变,朝廷南迁,但词坛风气仍沿东京余绪,柳永、曹组辈的浅斟低唱、滑稽戏谑的词风还大有市场,不仅市井少年,而且士大夫流,都有学柳学曹者,而非清一色"金戈铁马"式或"壮怀激烈"式。这是很令人玩味的文学现象。我们在论述这一段词史或文学史时,往往凸显抗金与故国之思的主题,以弘扬民族精神,这当然很有意义也很有必要。但我们在考察历史现象时,应该看到,即使在宋金对峙的非常时期,也是多种声音并存,而作为流行歌曲的词,依然是人们游戏娱乐的方式之一。

曹组滑稽词,以《红窗迥》最为流行。胡仔《苕溪渔隐丛话》卷三十九云:

曹元宠本善作词,特以《红窗迥》戏词盛行于世,遂掩其名。

至南宋也仍为人口实。据洪迈《夷坚支志》乙卷六:

绍兴中,曹勋功显使金国,好事者戏作小词,其后阕云:"单于若问君家世,说与教知,便是《红窗迥》底儿。"盖功显之父元宠,昔以此曲著名也。

按曹组之子勋，字公显（也作功显），以父恩补承信郎，特命赴进士廷试，赐甲科，官至武义大夫，从徽宗北迁，衔命南归，后数度使金，为宋金交往之重要官员。《宋史》有传。而竟因其父的一曲《红窗迥》被人调侃，可见此曲流行之广。但今传曹组《箕颍集》（赵万里辑）中却未见《红窗迥》，所收词三十六首，风格大都柔丽雅致，绝无滑稽无赖意味。这是不难理解的。文人词集，无论是自编还是他人所编，都不可能毫无选择地保留全豹，尤其是那些不登大雅之堂的滑稽俳谐之词，本来就出于一时游戏，被保留的可能性更小。据王灼《碧鸡漫志》卷二，万俟咏曾自编词集，分两体，曰"雅词"，曰"侧艳"，后召试入官，"以侧艳体无赖太甚，削去之"。田为亦为徽宗朝宫廷词人，田为"极能写人意中事，杂以鄙俚，曲尽要妙，当在万俟雅言之右，然庄语辄不佳"。而其传世之词却是另一种面貌，原因很简单，无赖鄙俚之词已自行删去。又据王灼《碧鸡漫志》卷二，曹组集曾由其子曹勋编刻：

> 组之子知合门事勋，字公显，亦能文，尝以家集刻板，欲盖父之恶。近有旨下扬州毁其版云。

曹勋在编刻父集过程中，"欲盖父之恶"，不收《红窗迥》之类，是情理中事。而后代选本如黄昇《花庵词选》，朱彝尊《词综》、龙榆生《唐宋名家词选》等所录曹组词，率皆柔丽雅致之作，这位在北宋词坛以滑稽戏谑著称的词人，遂失去其庐山真面目。尽管如此，《红窗迥》一词的失传，还是令人难以理解：它毕竟是传唱一时、令人绝倒的名作，居然未留下吉光片羽。

又，元人盛如梓《庶斋老学丛谈》中之下云：

曹东亩赴省，陆行良苦，以词自慰其足云："春闱期近也，望帝乡迢迢，犹在天际。懊恨这一双脚底，一日厮赶上五六十里。争气。转得官归，恁时赏你。穿对朝靴，安排你在轿儿里。更选个、弓样鞋，夜间伴你。"

清人冯金伯《词苑萃编》卷二十二引《词品》云：

曹东亩赴试步行，戏作《红窗迥》慰其足云："春闱期近也……。"（下略）

名此词曰《红窗迥》，又引裴按："东亩名豳，后改元宠，嘉熙时人也。"而且，此词之滑稽戏谑也令人绝倒。这很容易让人产生误会，将曹豳此词误以为曹组的《红窗迥》。但嘉熙为宋理宗年号，可知此曹元宠非彼曹元宠。冯梦龙编《警世通言》卷六《俞仲举题诗遇上皇》叙孝宗时成都秀才俞良字仲举者赴临安考试，曾口占《瑞鹤仙》一词：

春闱期近也，望帝京迢递，犹在天际。懊恨这双脚底，不惯行程，如今怎免得，拖泥带水。痛难禁，芒鞋五耳。倦行时、着意温存，笑语甜言安慰。争气。扶持我去，选得官来，那时赏你。穿对朝靴，安排在轿儿里。抬来抬去，饱餐羊肉滋味。重教细腻。更寻对,小小脚儿,夜间伴你。

这自然是出自小说家伪托,很明显是从曹幽《红窗迥》脱胎而来。

与曹组同时又有邢俊臣者,亦宫廷词人。据沈作哲《寓简》卷十:

> 汴京时,有戚里子邢俊臣者,涉猎文史,诵唐律五言数千首。多俚俗语,性滑稽,喜嘲咏,尝出入禁中,善作《临江仙》词。末章必用唐律两句为谑,以调时人之一笑。徽皇朝,置花石纲,取江淮奇卉石竹,虽远必致。石之大者曰神运石,大舟排联数十尾,仅能胜载。既至,上皇大喜,置之艮岳万岁山下,命俊臣为《临江仙》词,意高字为韵。再拜词已成,末句云:"巍峨万丈与天高。物轻人意重,千里送鹅毛。"又令赋陈朝桧,以陈字为韵,桧亦高五六丈,围九尺余,枝柯覆地几百步。词末云:"远来犹自忆梁陈。江南无好物,聊赠一枝春。"其规讽似可喜,上皇容之不怒也。内侍梁师成,位两府,甚尊严用事,以文学自命,尤自矜为诗。因进诗,上皇称善,顾谓俊臣曰:"汝可为好词,以咏师成诗句之美。"且命押诗字韵。俊臣口占,末云:"用心勤苦是新诗。吟安一个字,捻断数茎髭。"上皇大笑,师成愠见,谮俊臣漏泄禁中语,谪为越州铃辖。太守王巏闻其名,置酒待之。醉归,灯火萧疏。明日,携词见帅,叙其寥落之状,末云:"扣窗摸户入房来。笙歌归院落,灯火下楼

台。"席间有妓秀美,而肌白如玉雪,颇有腋气难近。丰甫令乞词,末云:"酥胸露出白皑皑。遥知不是雪,为有暗香来。"又有善歌舞而体肥者,词云:"只愁歌舞罢,化作彩云飞。"俊臣亦颇有才者,惜其用功只如此耳。

戏谑嘲讽,而又蕴含机智,故清人沈雄誉其为宋词中的"滑稽之雄"(《古今词话》卷下)。但邢俊臣似乎并非肆力于词者,不过凭敏捷之才,出口成章。宋徽宗宫中有曹组、张衮臣、邢俊臣辈,当时风气可以想见。而在民间,滑稽戏谑之风也特盛:

徽宗即位,下诏求直言。及上书与廷试,直言者俱得罪。京师有谑词云:"当初亲下求贤诏,引得都来胡道。人人招是骆宾王,并洛阳年少。自讼监宫及岳庙,都一时闲了。误人多是误人多,误了人多少。"(《中吴纪闻》卷五)

朱冲微时,以常卖为业,后其家稍温,易为药肆。……其子勔,因赂中贵人以花石得幸,时时进奉不绝,谓之"花纲"。……勔死,又窜其家于海岛,前日之受诟身者尽褫之。当时有谑词云:"做园子,得数载,栽培得、那花木,就中堪爱。特将一个、保义酬劳,反做了、今日殃害。诏书下来索金带,这官诰、看看毁坏。放牙笏、便担屎担,却依旧种菜。"又云:"叠假山、得保义,幞头上、带着百般村气。做模样、偏得人憎,又识甚条例。今日伏惟安置。官诰又来索气。不如更叠个盆山,卖八文十二。"(《中吴纪

闻》卷六）

宣和初，予在庠，俄有旨令士人结带巾，否则以违制论。士人甚苦之，当时有谑词云："头带巾，谁理会？三千贯赏钱，新行条例。不得向后长垂，与胡服相类。法甚严，人尽畏，便缝阔大带，向前面系。和我太学先辈，被人呼保义。"（《中吴纪闻》卷六）

政和改僧为"德士"，以皂帛裹头，项冠于上。无名子作两词，《夜游宫》云："因被吾皇手诏，把天下、寺来改了。大觉金仙也不小。德士道，却我甚头脑。道袍须索要。冠儿戴、恁且休笑。最是一种祥瑞好。古来少，葫芦上面生芝草。"《西江月》云："早岁轻衫短帽，中间圆顶方袍。忽然天赐降宸毫，接引私心入道。可谓一身三教，如今且得逍遥。擎拳稽首拜云霄，受分长生不老。"（《夷坚三志》己卷七）

政和元年，尚书蔡薿为知贡举，尤严挟书。是时又街市词《侍香金童》，方盛行，举人因其词，加改十五字，作《怀挟词》云："喜叶叶地，手把怀儿摸，甚恰恨出题厮撞着。内臣过得不住脚，忙里只是看得斑驳。骇这一身冷汗，都如云雾薄。比似年时头势恶。待检又还猛想度，只恐根底，有人寻着。"（《上庠录》）

这种嘲讽时事的滑稽词风，流行到南宋，野史笔记中尚多记载。据洪迈《夷坚三志》己卷七记载，南宋陈晔（字日华）曾将北宋至南宋初的滑稽词编集成书。但此集并名今皆失传，我们只能从洪迈选录的篇什中窥见一二：

> 妙手庵人，搓得细如麻线。面儿白、心下黑，身长行短。蓦地下来后，吓出一身冷汗。这一场欢会，早危如累卵。便作羊肉臊子，勃推钉碗，终不似、引盘美满。舞万遍，无心看，愁听弦管。收盘盏，寸肠暗断。（《夷坚三志》己卷七）

> 水饭恶冤家，些小姜瓜。尊前正欲饮流霞。却被伊来刚打住，好闷人那。不免着匙爬，一似吞沙。主人若也要人夸，莫惜更揙三五盏，锦上添花。（同上）

以上二词咏日常生活中之趣事。前者咏馋客食粉，后者咏人吃水饭，不但与"言志""缘情"之词异趣，也与嘲讽时事之词有别。这种滑稽俳谐的俚俗风格，令人很容易就联想到元人散曲。宋词元曲皆当日之流行歌曲，而宋代通俗滑稽词可能就已开元代散曲之先声。近人赵万里《箕颍词记》云："谑词见于小说平话者居多，当时与雅词相对称。宋世诸帝如徽宗、高宗均喜其体，《宣和遗事》《岁时广记》载之。此外尚有俳词，亦两宋词体之一，与当时戏剧实相互为用。"[①]宋代通俗滑稽词与当时其他俗文学的关系，是今日研究宋元文学发展演变史者应该注意的。

原载《中国俗文化研究所集刊》

---

① 金启华、张惠民、王恒展等编《唐宋词集序跋汇编》，江苏教育出版社，1990，第96页。

论宋代文人词的俚俗化

诗在古代中国是一种雅文学，讲究格调与境界，即使抒写男女思慕之情，也很注意分寸，有所节制，点到即止，美其名曰"风流蕴藉"。而且常常还别有隐情即所谓"寄兴"或"寄托"，让后代读者如坠五里云雾，莫测高深，弄不清这些遮遮掩掩充满隐喻的男女之词究竟是情诗呢还是政治诗。但无论作何理解，这种典雅含蓄的抒情方式却非常符合传统士大夫的审美情趣，所谓"发乎情止乎礼义"也。而中唐以后开始流行的曲子词，却发展出一种坦率的抒情方式，写男女之情就是男女之情：

千万恨，恨极在天涯。山月不知心里事，水风空落眼前花，摇曳碧云斜。（温庭筠《梦江南》）

玉炉香，红蜡泪，偏照画堂秋思。眉翠薄，鬓云残，夜长衾枕寒。梧桐树，三更雨，不道离情正苦。一叶叶，一声声，空阶滴到明。（温庭筠《更漏子》）

夜夜相思更漏残，伤心明月泪阑干，想君思我锦衾寒。咫尺画堂深似海，忆来唯把旧书看，几时携手入长安？（韦

庄《浣溪沙》）

四月七日，正是去年今日，别君时。忍泪佯低面，含羞半敛眉。不知魂已断，空有梦相随。除却天边月，没人知。（韦庄《女冠子》）

槛菊愁烟兰泣露。罗幕轻寒，燕子双飞去。明月不谙离恨苦，斜光到晓穿朱户。昨夜西风凋碧树。独上高楼，望尽天涯路。欲寄彩笺无尺素，山长水阔知何处？（晏殊《蝶恋花》）

庭院深深深几许？杨柳堆烟，帘幕无重数。玉勒雕鞍游冶处，楼高不见章台路。雨横风狂三月暮，门掩黄昏，无计留春住。泪眼问花花不语，乱红飞过秋千去。（欧阳修《蝶恋花》）

去年元夜时，花市灯如昼。月上柳梢头，人约黄昏后。今年元夜时，月与灯依旧。不见去年人，泪湿春衫透。（欧阳修《生查子》）

温、韦、晏、欧都是士林中人，而且晏、欧还是朝廷重臣，在诗中也许不免矜持，但在词中却儿女情长一往情深。尽管近代常州词派张惠言等人为"尊词体"，谓"其缘情造端兴于微言，以相感动，极命风谣里巷男女哀乐，以道贤人君子幽约怨悱不能自言之情，低徊要眇，以喻其致。盖诗人之比兴，变风之义，骚人之歌"（张惠言《词选序》）云云，并"以《国风》《离骚》之旨趣，铸温、韦、周、辛之面目"（周济《味隽斋词序》），将温、韦等人的男女艳词说成是别有寄托，那不过是经学家探求微言大义的积习，或文人标新立异借题发挥的惯技，不足为训。唐五代以至北宋词，之所以被视为"艳科"，与词中这种坦露的抒情方式盖有莫大关系。尽管如此，温、韦、晏、欧诸人还是在努力营造着一种文人情调，一种诗意化的柔美情调。这与诗人代言体的"闺情诗"实在有异曲同工之妙。"碧云""玉炉""红蜡""画堂""朱户""彩笺""帘幕""秋千"等意象的采用，就烘托出这种情调。而且抒写男女思慕之情，虽然坦露但并不滥情，点到即止，所谓"好色而不淫"，犹不失风雅，符合"发乎情止乎礼义"的古训。而真正颠覆中国正统文学观念而别开生面的，应该是另一类词：

见羞容敛翠，嫩脸匀红，素腰裹娜。红药阑边，恼不教伊过。半掩娇羞，语声低颤，问道有人知么。强整罗裙，偷回波眼，伴行伴坐。更问假如，事还成后，乱了云鬟，被娘猜破。我且归家，你而今休呵。更为娘行，有些针线，诮未曾收啰。却待更阑，庭花影下，重来则个。（《醉蓬莱》）

为伊家，终日闷。受尽恓惶谁问。不知不觉上心头，悄一霎身心顿也没处顿。恼愁肠，成寸寸。已恁莫把人萦损。奈每每人前道着伊，空把相思泪眼和衣揾。（《怨春郎》）

眼细眉长，宫样梳妆。靸鞋儿走向花下立着。一身绣出，两同心字，浅浅金黄。早是肌肤轻渺，抱住了、暖仍香。姿姿媚媚端正好，怎教人别后，从头仔细，断得思量。（《好女儿令》）

好个人人，深点唇儿淡抹腮。花下相逢、忙走怕人猜。

遗下弓弓小绣鞋。划袜重来。半軃乌云金凤钗。行笑行行连抱得，相挨。一向娇痴不下怀。（《南乡子》）

……潜身走向伊行坐。孜孜地、告他梳裹。……丁香嚼碎偎人睡，犹记恨、夜来些个。（《惜芳时》）

以上诸词引自欧阳修《醉翁琴趣外篇》。值得注意的是，词中不仅大量采用口语俚语，而且动态描写非常直露，如"事还成后，乱了云鬓，被娘猜破""早是肌肤轻渺，抱住了、暖仍香""行笑行行连抱得，相挨"等词句，岂止文人艳词可比，说它是市井色情语，亦不为过。须知北宋中期弥漫歌坛的是"花间"式的柔美婉丽词风，是歌儿舞女在宫廷或文人雅会上的轻歌曼舞，即使青楼柳巷之中，也多是十七八女孩儿，执红牙板，歌"杨柳岸，晓风残月……"上引欧词，无疑是一种不谐和音，一种与文人柔美词风不谐和的世俗之音。我们很难想象，这类俚俗之词会出自被人称为"一代儒宗"的欧阳修之手。南宋陈振孙即谓，欧阳修词集中，"多有与《花间》《阳春》相混者，亦有鄙亵之语一二厕其中，当是仇人无名子所为也。"（《直斋书录解题》卷二十一）曾慥《乐府雅词序》也称："欧公一代儒宗，风流自命，词章窈眇，世所矜式。当时小人或作艳曲，谬为公词。"罗泌跋欧阳修《近体乐府》谓："甚浅近者，前辈多谓刘辉伪作……而柳三变词亦杂《平山集》中，则词三卷或甚浮艳者，殆非公之少作，疑以传疑可也。"他们的看法不无道理。但谓其系仇家子所为以污欧公清誉，显然有些夸张。这些托名欧公的词，与文人雅词风格殊不类，纯乎其为市井间巷之曲。我想也许是勾栏瓦子之艺人虚张声势，假托欧公之名以广招徕，亦未可知。但无论其作者为谁，这些词都展示出一种与传统文学观念迥异的价值取向：以世俗之语写世俗之情。即使南北朝的民间情歌与敦煌曲子词，也没有达到这等世俗化的程度。

词在宋代为配合流行音乐的歌曲，即所谓"曲子词"。而我们今天读到的多是文人雅词，是一种可以与唐诗并称的"长短不葺之新体格律诗"（龙榆生语）。但北宋的都市经济已非常繁荣，都市生活也变得更加丰富。而勾栏瓦子中的说书、杂耍、歌舞等民间娱乐形式，事实上已成为市井的一大行业。即使朝廷南迁，也并未改变中国社会的这种格局。这可以从孟元老《东京梦华录》、吴自牧《梦粱录》、西湖老人《西湖老人繁胜录》、周密《武林旧事》等宋人的野史笔记中得到印证。词既然是流行歌曲，就不止有一种声音，例如托名欧公的俚俗之词，无疑就是市井间巷之歌勾栏瓦子之曲。尽管这类俗歌俚词作者多为民间无名艺人，但在文人中也有不避俚俗而为市井男女写心者，柳永即其人焉。近代夏敬观曾言："以市井语入词，始于柳耆卿。"（《手评乐章集》，转引自龙榆生编《唐宋名家词选》）这个看法大抵是不错的。

柳永是中国文人中的一个另类。现代学者都说他怀才不遇，其实柳永在千百万士子中还算是幸运者。尽管科场连连失意，甚至被皇帝点名黜落，但最后还是如愿以偿，获得进士头衔。这一令传统社会普遍看重的荣誉绝非徒有之虚名，而是跻身上流社会的入门资格。拥有此资格者，在宋代也毕竟是少数。柳永既然有幸拥有了这个资格，就有可能摇身一变而成为传统型的文人雅士。即使专力于写词，以他的才情，也完全可以博取儒雅风流的美名。事实上，柳永曾写过不少气象开阔、情调柔美的词作，如《八声甘州》（对潇潇暮雨洒江天）、《雨霖铃》（寒蝉凄切）、《满江红》（暮雨初收）等。连苏轼也赞道："世言柳耆卿曲俗，非也。如《八声甘州》云'渐霜风凄紧，关河冷落，残照当楼'，此语于诗句，不减唐人高处。"（见赵令畤《侯鲭录》卷七）但他却浪得"鄙俗""浅俗"之恶名，为文人雅士所不齿。据说，柳永为举子时好为狭邪游，偎红倚翠风流放纵，以至成为元明小说戏曲中的风月领袖浪子班头。柳永曾有《传花枝》一词自叙其平生风流：

平生自负，风流才调。口儿里、道知张陈赵。唱新词，改难令，总知颠倒。能刷扮，能唵嗽，表里都峭。每遇着、饮席歌筵，人人尽道，可惜许老了。阎罗大伯曾教来，道人生、但不须烦恼。遇良辰，当美景，追欢买笑。剩活取百十年，只恁厮好。若限满、鬼使来追，待倩个、掩通着到。

这可是柳永晚年的词作。与其早年的《鹤冲天》（黄金榜上，偶失龙头望）比较，似乎变得更加玩世不恭。"才子词人，自是白衣卿相""忍把浮名，换了浅斟低唱"云云，还可以说是科场失意后的自嘲自解，而这首《传花枝》词简直就是一位市井艺人的自我写照，而且不以为耻反以为荣。这使我们想起元代关汉卿那曲调寄《仙吕·一枝花》的《不伏老》："我是个普天下郎君领袖，盖世界浪子班头……"事实上，柳永就是关汉卿式的

"书会才人",他创作流行歌曲,主要的不是自遣或自娱,如传统文人落魄失意之际赋诗言志自我宣泄,而是为娱悦市井民间的普通听众,甚至有可能是应勾栏瓦子的艺人之约而写。所以他不避俚俗,以世俗语言与世俗眼光来表现世俗趣味与世俗情调:

意中有个人,芳颜二八。天然俏,自来奸黠。最奇绝,是笑时、媚靥深深,百态千娇,再三偎着,再三香滑。(《小镇西》)

有个人人真堪羡。问着洋洋回却面。你若无意向他人,为甚梦中频相见。不如闻早还却愿。免使牵人虚魂乱。风流肠肚不坚牢,只恐被伊牵引断。(《木兰花令》)

自古及今,佳人才子,少得当年双美。且恁相偎倚。未消得、怜我多才多艺。愿奶奶、兰心蕙性,枕前言下,表余深意。为盟誓,今生断不孤鸳被。(《玉女摇仙佩》)

争奈心性,未曾先怜佳婿。长是夜深,不肯便入鸳被。与解罗裳,盈盈背立银釭,却道你但先睡。(《斗百草》)

早知恁么,悔当初不把雕鞍锁。向鸡窗,只与蛮笺象管,拘束教吟课。镇相随,莫抛躲,针线闲拈伴伊坐,和我。莫使年少光阴虚过。(《定风波》)

不仅语言风格,而且格调情趣,皆与文人雅士的侧艳之词迥然有别,因而殊难为文人雅士所赏。据张舜民《画墁录》,柳永举进士后,久不得调,因谒宰相晏殊。晏问:"贤俊作曲子么?"柳曰:"只如相公亦作曲子。"晏曰:"殊虽作曲子,不曾道'针线闲拈伴伊坐'。"其实,"针线闲拈伴伊坐"一类的词句虽则境界不高,以致为晏殊反唇相讥,但这恰恰是平常儿女家的情话。试比较文人雅词中的情语,就不难发现柳永是在与"风雅"之声唱着反调。事实上,柳词之所以在市井民间广为流行,正因其不附庸风雅唱文人高调,而是以世俗之心抒写世俗之情。黄昇《花庵词选》评柳词:"长于纤丽之词,然多近俚俗,故市井小人悦之。"徐度《却扫编》卷五说:"耆卿以歌词显于仁宗朝……其词虽极工致,然多杂以鄙语,故流俗人尤喜道之。"《四库全书总目》说:"词本管弦冶荡之音,而永所作,旖旎近情,故使人易入,虽颇以俗为病,然好之者终不绝也。"可见柳永写青楼男女之情,写才子佳人之恋,最大的特点就是世俗化,虽不称于文人雅士之口,却谐于市井间巷之耳。可以说,柳永是北宋民间最走红的词人,叶梦得《避暑录话》卷三即引一西夏归朝官说:"凡有井水饮处即能歌柳词。"这也许有些夸张,但其词好之者甚众,流传甚广,北宋词人无出其右者,却不容置疑。其影响甚至到南宋初年还余波未息。据王灼《碧鸡漫志》卷二:

今少年妄谓东坡移诗律作长短句,十有八九不学柳耆卿则学曹元宠。

曹元宠名组,为徽宗朝宫廷词人,以滑稽著名于世,所作《红窗迥》词,闻者无不绝倒。而柳永则多以市井语抒写世俗男女之情,宜其广为少年追随模仿。甚至像秦观、黄庭坚这样的文人雅士,也曾受其影响。据曾慥《高斋诗话》:

少游自会稽入都,见东坡。东坡曰:"不意别后,公却学柳七作词。"少游曰:"某虽无学,亦不如是。"东坡曰:"'销魂当此际',非柳七语乎?"(转引自郭绍虞《宋诗话辑佚》)

苏轼所举,盖秦观名词《满庭芳》:

山抹微云,天粘衰草,画角声断谯门。暂停征棹,聊共引离尊。多少蓬莱旧事,空回首、烟霭纷纷。斜阳外,寒鸦数点,流水绕孤村。销魂。当此际,香囊暗解,罗带轻分,谩赢得青楼,薄幸名存。此去何时见也?襟袖上、空惹啼痕。伤情处,高城望断,灯火已黄昏。

此词固是写艳情,但清丽婉约,不失文人雅士之风流蕴藉。但秦观词还有另一种风格:

幸自得。一分索强,教人难吃。好好地恶了十来日。恰而今,较些不。须管啜持教笑,又也何须胳织。衠倚赖脸儿得人惜。放软顽、道不得。(《品令》)

掉又惧。天然个品格。于中压一。帘儿下时把鞋踢。语低低,笑咭咭。每每秦楼相见,见了无限怜惜。人前强不欲相沾识。把不定,脸儿赤。(同上)

以上两首《品令》词,倒是柳永式的俚俗。再如黄庭坚:

对景还销瘦。被个人、把人调戏,我也心儿有。忆我又唤我,见我嗔我,天甚教人怎生受。看承幸厮勾。又是樽前眉峰皱。是人惊怪,冤我忒撋就。拼了又舍了,定是这回休了,及至相逢又依旧。(《归田乐引》)

引调得、甚今日心肠不恋家。宁宁地、思量他,思量他。两情各自肯,甚忙咱。意思里,莫是赚人吵。噷奴真个噁,真个噁。(《归田乐令》)

见来两个宁宁地。眼厮打、过如拳踢。恰得尝些香甜底。苦煞人、遭谁调戏。腊月望州坡上地。冻着你、影鞡村鬼。你但那些一处睡。烧砂糖、管好滋味。(《鼓笛令》)

见来便觉情于我。厮守著、新来好过。人道他家有婆婆。与一口、管教屡磨。副靖传语木大。鼓儿里、且打一和。更有些儿得处啰。烧砂糖、香药添和。(《鼓笛令》)

心里人人,暂不见、霎时难过。天生你要憔悴我。把心头从前鬼,着手摩挲。抖撒了、百病销磨。见说那厮脾鳖热。大不成我便与拆破。待来时、高上与厮嗽则个。温存着、且教推磨。(《少年心》)

把我身心,为伊烦恼,算天便知。恨一回相见,百方做计,未能偎倚,早觅东西。镜里拈花,水中捉月,觑着无由得近伊。添憔悴,镇花销翠减,玉瘦香肌。　奴儿,又有行期。你去即无妨我共谁。向眼前常见,心犹未足,怎生禁得,真个分离。地角天涯,我随君去。掘井为盟无改移。君须是,做些儿相度,莫待临时。(《沁园春》)

尽管黄庭坚论诗有"以俗为雅，以故为新"的主张，追求生新奇特的风格，但毕竟是以雅为归。而这些纯以口语俚语写成而几乎字字索解的男女之词，几有"以俗为病"之嫌。《四库全书总目》便指出：

> 今观其词，如《沁园春》、《望远行》、《千秋岁》第二首、《江城子》第二首、《两同心》第二首、第三首，《少年心》第一首、第二首、《丑奴儿》第二首、《鼓笛令》第四首、《好事近》第三首，皆亵诨不可名状，至于《鼓笛令》第三首之"䯻"字，第四首之"屪"字，皆字书所不载，尤不可解。

黄庭坚是可以将情词写得深约柔美的，这有他的雅词为证。他的俚俗风格与世俗情调，完全是有意为之。黄庭坚虽然仕途坎坷，但又并非柳永那样浪迹市井的才子词人，史载苏轼为侍从时，曾举庭坚自代，其词有"瑰玮之文，妙绝当世；孝友之行，追配古人"之语。（见《宋史·文苑传》）但黄庭坚的这一类俚俗之词，却表现出他的另一种面目。由此可见，柳永开创的俚俗词风，以世俗之语抒写世俗之情，即使在文人雅士中也不乏同调。清人冯煦说："后山以秦七、黄九并称，其实黄非秦匹也。若以比柳，差为得之。盖其得也，则柳词明媚，黄词疏宕，而亵诨之作，所失亦均。"（《宋六十一家词选例言》）刘熙载说："黄山谷词，用意至深，自非小才所能办。惟故以生字、俚语侮弄世俗，若为金元曲家滥觞。"（《艺概》卷四）元曲以俚俗为当行本色，世所共知；但其由来有自，并非横空出世。观柳永、黄庭坚之俚语俗词，可知这一逐渐演变的过程肇始于北宋。

柳永之旗下，尚有沈公述、李景元、孔夷、孔榘、晁次膺、万俟咏、田为诸人，王灼谓其"源流皆从柳氏来，病于无韵"（《碧鸡漫志》卷二）。"无韵"也者，俚俗不雅之谓也。尽管他们的"无韵"之词未能流传后世，但我们从王灼的评论中依然可以窥见一个消息：文人以俚语俗语入词在当日曾蔚成风气，而且至南宋也未消歇。

好恨这风儿，催俺分离。船儿吹得去如飞，因甚眉儿吹不展，巨耐风儿。不是这船儿，载起相思。船儿若念我孤恓，载取人人篷底睡，感谢风儿。（《浪淘沙》）

我已多情，更撞着、多情底你。把一心、十分向你。尽他们，劣心肠、偏有你。共你。　风了人、只为个你。没前程、阿谁似你。坏却才名，到如今、都因你。是你。我也没、星儿恨你。（《惜奴娇》）

合下相逢，算鬼病、须沾惹。闲深里、做场话霸。负我看承，枉驼我、许多时价。冤家。你教我、如何割舍。苦苦孜孜，独自个、空嗟呀。使心肠、捉他不下。你试思量，亮从前、说风话。冤家。休直待，教人咒骂。（同上）

有件伴遮，算好事、大家都知。被新冤家曑索后，没别底，似别底也难为。识尽千千并万万，那得恁、海底猴儿。这百十钱，一个泼性命，不分付、待分付与谁？（《亭

前柳》)

　　幸自得人情，只是有些脾鳖。引杀俺时直甚，损我儿阴德。情知守定没乾休，乾休冤俺急。今夜这回除是，有翅儿飞得。(《好事近》)

　　昨日特承传诲。欲相见、奈何无计。这场烦恼捻着嚎，晓夜价、求天祝地。教俺两下不存济。你莫却、信人调戏。若还真个肯收心，厮守着、快活一世。(《夜行船》)

　　拽尽风流露布，筑成烦恼根基。早知恁地浅情时，枉了教人恁地。惜你十分搁就，把人一味禁持。这回断了更相思，比似人间没你。(《西江月》)

　　词作者石孝友，字次仲，据唐圭璋《全宋词》小传，系南昌人，为南宋孝宗乾道二年进士，以词名，有《金谷遗音》传世。其词的俚俗化比之柳永，似有过之而无不及。这一类词固然不大可能在文人雅士中传唱，但在市井间巷勾栏瓦子中却自有市场。事实上，两宋都市经济的繁荣，已培育出人数众多的市民听众，以市井语入词，以世俗之语写世俗之情，也在两宋文人中蔚成一种风气。后代论词者多注意文人雅词，尽可能凸显词的风雅传统，尤其是清代以朱彝尊为代表的浙西词派与以张惠言为代表的常州词派，更是力图将宋词净化为一种醇雅典丽的诗体，两宋文人以俚语俗语入词的试验，也就式微了。

　　　　　　　　原载《四川大学学报》2003年第5期

欧阳修艳词绯闻辨疑

欧阳修词集名目不一，有《近体乐府》《平山集》《六一词》《醉翁琴趣外篇》等，而雅俗相间，真伪淆杂，实为北宋词人之最。①今人唐圭璋编《全宋词》所辑欧词，多有别作冯延巳、晏殊、梅尧臣、柳永、张先、黄庭坚、朱淑真词而不能确定谁何者，至于《近体乐府》等宋元旧本明系误收而业经辨明者，尚不在此列。宋人词集中这种张冠李戴的现象，虽然并非欧词所独有，但因此而引起的牵涉个人隐私的暧昧传闻，却不多见。其中最著者莫过于《醉翁琴趣外篇》中的两首：

见羞容敛翠，嫩脸匀红，素腰袅娜。红药阑边，恼不教伊过。半掩娇羞，语声低颤，问道有人知么。强整罗裙，偷回波眼，佯行佯坐。更问假如，事还成后，乱了云鬟，被娘猜破。我且归家，你而今休呵。更为娘行，有些针线，诮未曾收啰。却待更阑，庭花影下，重来则个。（《醉蓬莱》）

---

① 参见罗弘基《欧阳修词集斠疑》，《求是学刊》1990年第4期。

江南柳，叶小未成荫。人为丝轻那忍折，莺嫌枝嫩不胜吟。留着待春深。十四五，闲抱琵琶寻。阶上簸钱阶下走，恁时相见早留心。何况到如今。（《望江南》）

依字面解读，这是北宋很常见的艳词。但按照文人雅士的标准，第一首轻薄浮艳，流于淫媟，无异市井里巷之曲。第二首词意虽不那么轻浮，所咏是一位自幼相识的青春少女，但语带挑逗，可能涉及一段暧昧的情感纠葛。如果出现在柳永这样的才子词人集中，读者绝不会大惊小怪，但竟然托名欧阳修这样的一代儒宗、诗文巨擘，就令人难以置信。虽然，文人风流在欧阳修时代乃韵事，而非今日所谓不道德行为，甚至也不排斥欧阳修年轻时也曾有狭邪之游的浪漫，宋人笔记就有这方面的记载，如洪迈《容斋随笔》卷十五引《孔氏野史》："欧阳永叔、谢希深、田元均、尹师鲁在河南，携官妓游龙门，半月不返，留守钱思公作简招之，亦不答。"我们不必曲为之讳。《欧阳文忠公文集》所辑《近体乐府》，也有男女艳词，虽然不一定是自叙其事自写其情，而是"谑浪游戏"以遣兴，然却没有如上引《醉蓬莱》之轻浮、《望江南》之暧昧者。宋人多谓此类轻薄浮艳之词为他人伪托欧公之名而作。四库馆臣引宋人云：

曾慥《乐府雅词序》有云："欧公一代儒宗，风流自命，词章窈眇，世所矜式。当时小人或作艳曲，谬为公词。"蔡绦《西清诗话》云："欧阳词之浅近者，谓是刘辉伪作。"《名臣录》亦谓修知贡举，为下第举子刘辉等所

忌，以《醉蓬莱》《望江南》词诬之。（《四库全书总目》卷一百九十八）

欧阳修词集中混有他人之作，这不容置疑，但坐实为下第举子刘辉伪托，且指明为上引《醉蓬莱》《望江南》等，却系捕风捉影的附会。关键问题是，四库馆臣所引《西清诗话》云云，其作者蔡绦乃北宋末年人，蔡京季子，徽宗宣和年间官至龙图阁学士兼侍读，著有《铁围山丛谈》等。按照一般观念，蔡氏去欧阳修未远，所记当有依据。但古人诗话笔记多道听途说，以资谈助，传信传疑，不一而足。即如此条，实难采信。前人已有辨正，今人夏承焘亦有申论。（见《四库全书词籍提要校议》，载《唐宋词论丛》）但令人感到意外的是，蔡绦《西清诗话》根本就没有这样的记载，四库馆臣显系误记。今据张伯伟编校《稀见本宋人诗话四种》所收《明钞本西清诗话》，其中记欧阳修事有若干条，如云"欧阳文忠公文章道术为学者师，始变杨、刘体，不泥古陈"（卷中，四十），"世传欧阳文忠公掌贡闱，时举子问尧舜定是几种事……"（卷下，三十七）均无语涉及刘辉伪造艳词以诬欧公事。尽管如此，宋代确有这样的传闻，如陈振孙《直斋书录解题》谓："世传辉既见黜于欧阳公，怨愤造谤，为猥亵之词。"罗泌《近体乐府跋》谓："其甚浅近者，前辈多谓刘辉伪作。"陈、罗皆南宋人，得闻北宋刘辉作伪之事，可见其流传之广。陈氏虽然怀疑其真实性，但产生这样的传闻，不能不说是事出有因。今据《宋史》本传，嘉祐二年，欧阳修权知贡举：

时士子尚为险怪奇涩之文，号"太学体"。修痛排抑之，凡如是者辄黜。毕事，向之嚣薄者伺修出，聚噪于马首，街逻不能制。然场屋之习从是遂变。

据李焘《续资治通鉴长编》卷一八五："及试榜出，时之所推誉皆不在选。嚣薄之士候修晨朝，群聚诋斥之，至街司逻吏不能止。或为祭欧阳修文，投其家，卒不能求其主名置于法。然文体自是亦少变。"这就是后来为古文家所盛称的"欧变文体"事件。是科，苏轼、苏辙、曾巩等青年才俊脱颖而出。南宋末年姚勉《癸丑廷对》尚称："仁宗朝用欧阳修典贡举事，一脱西昆之体，丕变嘉祐之文，用能革险怪之刘几，得名世之苏轼。"（《雪坡集》卷七）据沈括《梦溪笔谈》卷九，"险怪之刘几"即刘辉，嘉祐四年状元：

嘉祐中士人刘几累为国学第一人，骤为怪险之语，学者翕然效之，遂成风俗。欧阳公深恶之。会公主文，决意痛惩。凡为新文者一切弃黜，时体为之一变，欧阳之功也。有一举人论曰："天地轧，万物茁，圣人发。"公曰："此必刘几也。"戏续之曰："秀才剌，试官刷。"乃以大朱笔横抹之，自首至尾，谓之"红勒帛"，判"大纰缪"字。榜之，既而果几也。复数年，公为御试考官，而几在庭，公曰："除恶务本，今必痛斥轻薄子，以除文章之害。"有一士人论曰："主上收精藏明于冕旒之下。"公曰："吾已得刘几矣，"既黜，乃吴人萧稷也。是时试《尧舜性仁赋》，有曰："故得静而延年，独高五帝之寿；功而有勇，形为四罪之诛。"公大称赏，擢为第一。及唱名，乃刘辉。人有识之者，曰："此刘几也，易名矣。"公愕然久之。因欲成就其名，小赋有"内积安行之德，盖禀于天"，公以谓"积"近于学，改为蕴，人莫不以公为知言。

根据这段记载，刘几改名辉而中状元，似非欧阳修本意，而是出于误判。但我认为这里还是有些疑点。欧阳修是否因刘几"骤为怪险之语"便耿耿于怀，不惜一再封杀之，至以"除恶务本"为言，大不类欧阳修平生之为人。欧阳修于其政敌吕夷简等尚能不计旧恶，以德报怨，何况一年轻后生，至于如此穷追猛打必置之于死地而后快吗？这不是欧阳修的性格。但沈括乃嘉祐八年进士，为欧阳修同时晚辈，他的记载可信度应该很高，所以被后人转相征引。南宋刘克庄有诗叹曰："贾董奇才无地立，欧苏精鉴与人同。安知李廌麾门外，不觉刘几入彀中。"①李廌字方叔，少孤贫，勤奋力学，谒苏轼于黄州，轼激赏之，谓其才"万人敌"。后试礼部，适苏轼典贡举，有意拔之，结果竟落选。苏轼赋诗自责，事见《宋史·李廌传》。王称《东都事略》卷一百十六、陆游《老学庵笔记》卷十等也曾详载其事。刘几之高中与李廌之落选，皆因考官误判而事与愿违。这很有些戏剧性，至后来演为离奇之言。明彭大翼《山堂肆考》引述沈括记载

---

① 《题永嘉黄仲炎文卷二首》，《后邨集》卷十三。

后云:"其年主司梦火山军作状元,今得刘辉,果验之矣。"(卷八十三,"痛惩刘几")徐应秋《玉芝堂谈荟》引《东齐记事》:"有堂吏梦火山军姓刘人作状元,明年辉及第。"(卷二,"历代状元")这种怪力乱神的传言显系事后附会,不足为凭。但是,既然刘辉高中并非主考官欧阳修本意,他不仅无知遇奖携之恩,而且还怀有极深的成见,刘辉如果知道前后内幕,难免不心存芥蒂,甚至造作蜚语,以泄私愤。这是人情之常。当时可能就有某些飞短流长的传言,而且流传很广,所以陈氏谓"世传"云云。但这也仅是一种传闻而已。南宋孙奕《示儿编》所记,两人似未交恶:

> 尝记前辈说欧公柄文衡,出《尧舜性仁赋》,取刘辉天下第一,首联句曰:"世陶极治之风,虽稽于古;内积安行之德,盖禀于天。"刘来谒谢,颇自矜,公虽喜之,而嫌其"积"字不是性,为改作"蕴",刘顿骇服。(卷八,"赋以一字见功夫")

当然,这也是一种传闻,但也很符合情理。刘辉由"自矜"而"骇服",这也是人情之常。他有何理由去报复欧阳修呢?而以欧阳修之雍容大度,又怎可能与年轻后生一般见识?值得一提的是,刘辉虽为状元,但后来却没有多少建树。原因是他英年早逝,据载,卒年仅三十六岁。但其解官为祖母承重服、为族人置义田等事却很为时人称道。王辟之《渑水燕谈录》云:

铅山刘辉，俊美有辞学，嘉祐中，连冠国庠及天府进士。四年，崇政殿试，又为天下第一，得大理评事，签书建康军判官。丧其祖母，乞解官以嫡孙承重服。国朝有诸叔而嫡孙承重服者，自辉始。辉哀族人之不能为生者，买田数百亩以养之。四方之人从辉学者甚众，乃择山溪胜处之。县大夫易其里曰"义荣社"，名其馆曰"义荣斋"。未终丧而卒，士大夫惜之。初，范文正公、吴文肃公皆有志置义田，及后登二府，禄赐丰厚，方能成其志，而辉于初仕，家无余资，能力为之，今士君子尤以为难。（卷四，"忠孝"条）

陈振孙《直斋书录解题》亦载其事，并力辩流言之诬：

辉嘉祐四年进士第一人，《尧舜性仁赋》至今人所传诵。始在场屋有声，文体奇涩，欧公恶之，下第。及是在殿庐得其赋，大喜。既唱名，乃辉也，公为之愕然。盖与前所试文如出二人手，可谓速化矣。仕止于郡幕，年三十六以卒。世传辉既见黜于欧阳公，怨愤造谤，为猥亵之词。今观杨杰志辉墓，称其祖母死，虽有诸叔，援古谊以嫡孙解官承重，又尝买田数百亩，以聚其族而饷给之。盖笃厚之士也，肯以一试之淹，而为此险薄之事哉。（卷十七，《东归集》）

以刘辉之为人，绝不可能下作到伪造淫词以泄私愤的地步。

这样看来,"世传"云云,或想当然的猜测,或妄人"以小人之心度君子之腹"编造出来的流言蜚语。而四库馆臣乃以讹传讹,至于其引《名臣录》云云,指实为《醉蓬莱》《望江南》词,更系无根之谈。按《名臣录》应即朱熹所编《宋历代名臣言行录》。然我遍翻此书,也找不到四库馆臣所引文字,而且根本不见刘几刘辉的踪影。四库馆臣为何如此不负责任地信口开河,一误再误,不得而知,但肯定谬误,却可成定论。

《六一词》中的鄙亵之词,陈氏认为"当是仇人无名子所为也"(《直斋书录解题》卷二十一,《六一词》)。王灼《碧鸡漫志》亦谓:"欧阳永叔所集歌词,自作者三之一耳,其间他人数章,群小因指为永叔,起暧昧之谤。"(卷二)皆为欧公洗刷污名。但是,也有非常不利于欧阳修的证据。《钱氏私志》云:

> 欧文忠任河南推官,亲一妓。时先文僖罢政,为西京留守。梅圣俞、谢希深、尹师鲁同在幕下,惜欧有才无行,共白于公,屡微讽,而不之恤。一日宴于后圃,客集,而欧与妓俱不至。移时方来,在坐相视以目。公责妓云:"末至,何也?"妓云:"中暑。往凉堂睡着,觉而失金钗,犹未见。"公曰:"若得欧阳推官一词,当为赏汝。"欧即席云:"柳外轻雷池上雨,雨声滴碎荷声。小楼西阁断虹明,阑干倚处,待得月华生。燕子飞来栖画栋,玉钩垂下帘旌。凉波不动簟纹平,水晶双枕,旁有堕钗横。"坐皆称善。遂命妓满酌赏欧,而令公库偿其失钗。咸谓欧当少戢,不惟不恤,翻以为怨。后修《五代史·十国世家》,痛毁吴越,又

于《归田录》中说先文僖数事，皆非美谈。从祖希白尝戒子孙毋得劝人阴事，贤者为恩，不贤者为怨。欧后为人言其甥盗表云"丧厥夫而无托，携孤女以来归"，张氏此时年方七岁，内翰伯见而笑云："年方七岁，正是学簸钱时也。"欧词云："江南柳，叶小未成荫……"

此书撰者或曰钱彦远，或曰钱愐，或曰钱世昭。按钱彦远为钱易（字希白）之子，而云"从祖希白"，则此书撰者不可能为钱彦远。钱愐为两宋间人，仁宗外甥，南宋绍兴年间官至太尉。钱世昭乃其侄辈，其序云："叔父太尉昭陵之甥，亲见宣政太平文物之懿。逮事太上，备膺眷遇。其在帝左右，衔命出疆。凡耳目之所接，事出一时，语流千载者，皆广记而备言之。世昭敬请其说，得数万言，叙而集之。"故四库馆臣谓此书"盖愐尝记所闻见，而世昭序而集之尔。"且云："惟其以《五代史·吴越世家》《归田录》贬斥钱氏之嫌，诋欧阳修甚力，是非公论。"（《四库全书总目》卷一百四十）据《年谱》，仁宗天圣八年，欧阳修中进士，辟西京留守推官，颇受西京留守钱惟演器重。这一年，欧阳修二十四岁，未婚。他不可能像后来为朝廷重臣时那样稳重老成，偶有男女间风流事，乃人情之常。钱氏所引欧词，即传为刘辉伪作的《望江南》。仅以字面解之，这首词并非淫媟鄙俗之作，而是抒写对一位自幼相识的青春少女的恋情。关键在于，欧词云："阶上簸钱阶下走，恁时相见早留心。"簸钱乃掷钱为赌的游戏，《钱氏私志》引翰林学士钱勰诮语："年方七岁，正是学簸钱时也。"暗示乃欧阳修为其甥女张氏而作，乃用心险恶。这里涉及北宋党争的一大公案。据李焘《续资治通鉴长编》卷一百五十七，仁宗庆历五年，河北都转运按察使欧阳修贬知滁州，乃受其孤甥张氏牵连：

> 修既上疏论韩琦等不当罢，为党论者益忌之。初，修有妹适张龟正，卒而无子，有女，实前妻所生，甫四岁。以无所归，其母携养于外氏。及笄，修以嫁族兄之子晟。会张氏在晟所与奴奸，事下开封府，权知府事杨日严前守益州，修尝论其贪恣，因使狱吏附致其言以及修。谏官钱明逸遂劾修私于张氏，且欺其财。诏安世及昭明杂治，卒无状，乃坐用张氏奁中物买田立欧氏券，安世等坐直牒三司取录问吏人不先以闻，故皆及于责。

王铚《默记》卷下记此事更详：

> 公在河北，职事甚振，无可中伤。会公甥张氏妹婿龟正之女，非欧生也。幼孤鞠育于家，嫁侄晟。晟自虔州司户罢，以仆陈谏同行，而张与谏通。事鞫于开封府右军巡院，张惧罪，且图自解免，其语皆引公未嫁时事，词多丑鄙。军巡判官著作佐郎孙揆止劾张与谏通事，不复枝蔓。宰相闻之怒，再命太常博士三司户部判官苏安世勘之。遂尽用张前后语成案。俄又差王昭明者监勘，盖以公前事，欲令释恨也。昭明至狱，见安世所勘案牍，视之骇曰："昭明在官家左右，无三日不说欧阳修。今省判所勘，乃迎合宰相意，加以

大恶。翌日昭明吃剑不得！"安世闻之大惧，竟不敢易揆所勘，但劾欧公用张氏资买田产立户事奏之，宰相大怒。公既降知制诰知滁州，而安世坐牒三司取录问吏人不闻奏，降殿中丞泰州监税，昭明降寿州监税。

张氏乃欧阳修妹夫前妻所生女，后嫁其族侄欧阳晟，于欧阳修既为甥女，又为侄媳。因与家仆私通事发，欲自解免，而牵扯欧阳修，谓其未嫁时与欧阳修有私。欧阳修与张氏虽然没有血缘关系，但毕竟有舅甥名分。舅甥之间私通，古今伦理皆不能容。这种乱伦的家丑如果属实，无疑将陷欧阳修于死地。所以政敌包括宰相吕夷简在内，皆欲坐成其罪，往复再三而不果，遂以欧阳修用张氏嫁资买田产立户事罪之。这明显是政敌巧为罗织以打压欧阳修的阴谋。欧阳修至滁州，有谢表自辩：

> 伏念臣生而孤苦，少则贱贫，同母之亲，惟存一妹。丧厥夫而无托，携孤女以来归。张氏此时，生才七岁。臣愧无蓍龟前知之识，不能逆料其长大所为。在人情难弃于路隅，缘臣妹遂养于私室。方今公私嫁娶，皆行姑舅婚姻。况晟于臣宗，已隔再从；而张非己出，因谓无嫌。乃未及笄，遂令出适。然其既嫁五六年后，相去数千里间，不幸其人自为丑秽，臣之耳目不能接，思虑不能知。而言者及臣，诚为非意，以致究穷于资产，固已吹析于毫毛。若以攻臣之人，恶臣之甚，苟罗纤过，奚遁深文。（《滁州谢上表》，《表奏书启四六集》卷一）

张氏诬词虽未能坐实，但对欧阳修的名声不能没有影响。而且传信传疑，完全取决于各人的好恶。更为严重的事件还在后头。神宗即位之初，欧阳修年过六旬，且为朝廷辅命大臣。前此，因濮王追崇典礼事，欧阳修主张英宗应以生父之礼尊濮安懿王为"皇考"，而与司马光、吕海、范纯仁、吕大防等人意见相左。双方引经据典相持不下，是为"濮议之争"。这并非小人君子是非邪正之争，不过是皇位继承中继统继宗孰轻孰重的问题。但欧阳修是少数派，而以称亲为非的是多数派。御史蒋之奇原来赞同欧阳修之议，至是竟上章弹劾欧阳修，而且弹劾的内容又涉及欧阳修帷薄内个人隐私。据李焘《续资治通鉴长编》卷二百九：

> 朝论以濮王追崇事疾修者众，欲击去之，其道无由。有薛良孺者（按《宋史·欧阳修传》作"宗孺"），修妻之从弟也，坐举官被劾。会赦免，而修乃言不可以臣故侥幸，乞特不原。良孺竟坐免官，怨修切齿。修长子发娶盐铁副使吴充女，良孺因谤修帷薄事，连吴氏。集贤校理刘瑾，与修亦仇家，亟腾其谤。思永闻之，间语其僚属之奇。之奇始缘濮议合修意，修特荐为御史，方患众论指目为奸邪，求所以自解。及得此，遂独上殿劾修，乞肆诸市朝。上疑其不然，之奇引思永为证，伏地叩首，坚请必行。

欧阳修竟与其子妇吴氏有染，而揭其丑者乃其妻从弟薛良孺。与庆历年间张氏事相比，这件丑闻更加骇人听闻，流传也更广。据朱熹《宋名臣言行录》引司马光《温公日录》：

> 郎中薛良孺，欧阳之妻族也。囊岁坐举官不当被劾，迁延逾南郊赦，冀以脱罪。欧阳避嫌，上言请不以赦原。良孺由是怨之，扬言于众云："欧阳公有帷薄之丑。"朝士以濮议故多疾欧阳，由是流布遂广。（后集卷二）

也许当时人都蒙了：如果不是薛某丧心病狂，就是欧阳修禽兽不如。据《续资治通鉴长编》，神宗最初竟有"诛欧阳修"意。欧阳修连上八道札子，乞根究辩明蒋之奇言事：

> 臣近为蒋之奇诬，奏臣以阴私事。前日再具札子，乞诘问之奇自何所得，因何踪迹彰败，乞差官据其所指，推究虚实。伏缘之奇所诬臣者，乃是非人所为之大恶，人神共怒必杀无赦之罪，传闻中外，骇听四方。四方之人以为朝廷执政之臣，犯十恶死罪，乃旷世所无之事，皆延首倾耳，听朝廷如何处置。惟至公以服天下之心。若实有之，则必明著事迹，暴扬其恶，显戮都市，以快天下之怒。若其虚妄，使的然明白，亦必明著其事，彰示四方，以示天下之疑。至如臣者，若实有之，则当万死；若实无之，合穷究本末，辨理明白，亦不容苟生。若托以暧昧出于风闻，臣虽前有鼎镬，后有斧钺，必不能中止也。以此言之，系天下之瞻望，系朝廷之得失，系臣命之生死，其可忽乎？其得已乎？（《乞诘问蒋之奇言事札子》）

朝廷审理结果，蒋之奇称闻之于御史中丞彭思永，彭思永却不能指实言者姓名。彭、蒋因而得罪贬官，薛良孺却逃过了惩罚，这里明显有疑点。既然司马光都知道首倡此言者为薛某其人，蒋、彭二人何必隐其名而代其受罪？可能朝廷内外众口藉藉，彭思永也是偶然风闻，认为这种"帷薄之丑"很难证实或证伪，但出于排挤欧阳修的心理，宁信其有，所以加以扩散。据《宋史》本传，彭、蒋二人皆非奸邪小人，政声颇佳。他们之所以攻诬陷欧阳修，完全是出于政治需要。由此可见，北宋党争无所不用其极也。

人多怀有一种心理，就是希望政敌出丑，古今皆然。尤其像欧阳修这样被誉为"一代儒宗"的朝廷重臣，一旦惊曝丑闻，无论真伪，一定会产生强烈的轰动效应，传闻会不胫而走。前有孤甥张氏之累，后有子妇吴氏"帷薄之丑"，皆乱伦之罪。非细行不修，大德有亏，而是匪人之兽行。欧阳修的政敌绝对希望这种丑闻被证实被传播，即使欧阳修反复申辩，朝廷郑重辟谣，其负面影响也难以尽消。时过境迁，不明内幕之人往往被这类"事出有因，查无实据"的传闻所迷惑，传闻可能成为疑案，当事人也可能永远被后人怀疑。历史上遭遇这种不幸的，欧阳修不是第一人，也不是最后一人。

《钱氏私志》提到的"内翰伯"钱勰，字穆父，钱彦远之子，熙宁三年进士，哲宗朝官翰林学士兼侍读。他完全有可能亲闻朝野间广泛传播的欧阳修丑闻，而且信以为真。值得一提的是，庆历年间希宰相旨弹劾欧阳修的谏官钱明逸，也是钱家人，乃钱易之子。也就是说，在以张氏事攻击欧阳修这一点上，非自钱世昭始。钱明逸于钱惟演为从父,受其影响,钱惟演相信传闻属实,而以语相诮,谓《望江南》乃欧阳修为张氏而作。钱惟演亦非妄人,其所言欧阳私事,就很容易令后人相信。但这里却明显带上了钱氏家族对欧阳修的成见。明潘永因《宋稗类钞》谓:"此词载《钱氏私志》,当是钱世昭因公《五代史》中多毁吴越,故假作以污之耳。"(卷十七)孙绪《沙溪集》谓:"欧阳公《五代史·吴越世家》所以述称武肃王之英勇干略亦至矣,而其后裔钱世昭大不惬意,且谓欧有宿怨,故痛毁吴越。蓄恨不止,往往于诗话小说中诬公阴事,至《钱氏私志》内遂肆为十分丑语所不忍言者,以自取快。然则揄扬何似而后惬其心耶?史笔欲不招怨罹谤,难矣。"(卷十二)按欧阳修《新五代史·吴越世家》叙吴越事,确多贬损之词,若云:"钱氏兼有两浙几百年,其人比诸国,号为怯弱,而俗喜淫侈,偷生工巧。自镠世常重敛其民,以事奢僭下。至鸡鱼卵鷇,必家至而日取。每笞一人,以责其负。则诸案吏各持其簿列于廷,凡一簿所负,唱其多少,量为笞数。已,则以次唱而笞之。少者犹积数十,多者至笞百余,人犹不堪其苦。"其赞语云:"考钱氏之始终,非有德泽施其一方,而百年之际,虐用其人,甚矣。其动于气象者,岂非其孽欤?是时四海分裂,不胜其暴,岂皆然欤?"这几乎否定了钱氏祖先之百年勋业,与薛居正《旧五代史·世袭列传》多归美吴越王钱氏,完全是两种史笔。钱氏后裔不可能不反唇相讥以泄其愤。但欧阳修何以如此贬损钱氏,是出自"不虚美,不隐恶"的史家立场,还是出自个人恩怨,这恐怕永远也难以辨明了。

原载《四川大学学报》2006年第4期

游于艺：徐渭的艺术精神

徐渭是明代后期的边缘诗人，他是被袁宏道偶然发现的。那是万历二十六年（1598），即徐渭去世五年之后，袁宏道辞去吴县令，往浙江绍兴拜访同年陶望龄。一夕，于陶的书架上随意抽出一卷诗文集，装帧印刷极差，"恶楮毛书，烟煤败黑，微有字形"。袁宏道后来回忆道："稍就灯前读之，读未数首，不觉惊跃。"急呼陶问之："何人作者，古耶今耶？"于是，"两人跃起，灯影下读复叫，叫复读，僮仆睡者皆惊起"。他感叹说："当诗道荒芜之时，获此秘籍，如魇得醒。"（袁宏道《徐文长传》）袁、陶二人击节赞叹之余，分别为徐渭作传，这位生前寂寞、身后萧条的边缘诗人，才引起世人关注，并开启了晚明"独抒性灵"的诗风与文风。

这也许是徐渭生前未曾想到的。他并非李梦阳、王世贞、袁宏道那样以开风气自许的诗人，终其一生，他都未曾发明出一句时髦前卫的口号，如"文必秦汉，诗必盛唐之上""唐无赋，宋无诗，元无文""独抒性灵，不拘格套"之类，更没有炮制出一部"诗话"或"文论"来建构自己的理论体系。他只是在自得其乐地写着自己的诗文杂剧。我们并不否认徐渭也有他自己的艺术见解，如《叶子肃诗序》中说："人有学为鸟言者，其音则鸟也，而性则人也。鸟有学为人言者，其音则人也，而性则鸟也。此可以定人与鸟之衡哉？今之为诗者，何以异于是？"（《徐文长三集》卷十九）论者也多引此段文字来证明其不同于王世贞等后七子的复古立场，以凸显其不同于主流文坛的价值取向，但却难免有"过度阐释"之嫌。徐渭当日乃无名之辈，"其名不出于越"（袁宏道《徐文长传》），所言不过是为同为无名之辈的朋友唱几句赞歌罢了。这在古今都是人之常情。而且，这一类的见解在中国传统诗学中可以说是老生常谈，即使如李梦阳那样的复古派，也汲汲于寻找失落的"真诗"，甚至说："诗者，天地自然之音也。"（《诗集自序》，《空同集》卷四十五）事实上，徐渭并非有意要特立独行，自外于主流文坛，其所为文章便曾受到唐宋派唐顺之、王慎中等人的盛赞，他在晚年自著《畸谱·纪知》中，还将唐、王两前辈视为文章知己，念念不忘："唐先生顺之之称不容口，无问时古，无不啧啧，甚至有不可举以自鸣者。"他在浙闽军务总督胡宗宪幕中代拟的章表书奏，甚获皇帝嘉悦，不胫而走，"旬月间遍诵人口"。胡宗宪开府杭州，重修钱氏"镇海楼"，徐渭代撰《镇海楼记》，胡览文大悦，赠银二百二十两，他卖书画另筹一半，在家乡绍兴城东南购地十亩屋二十二间，命名曰"酬字堂"。一介书生，能以文章耸动帝听，取悦重臣，这是传统文人引为荣耀的谈资，徐渭岂能例外？即使像宏道那样的前卫人士，似乎也未能免俗。袁氏在所撰《徐文长传》中哀其后半生"牢骚困苦"，但笔锋一转："胡公世间豪杰，永陵英主。幕中礼数异等,是胡公知有先生矣;表上,人主悦,是人主知有先生矣。独身未贵耳。……胡为不遇哉!"徐渭在胡宗宪死后还肆力搜罗自己在胡幕中为胡代拟的文稿,编订成册,虽自嘲为"山鸡爱其羽,孔雀爱其尾"(《抄小集自序》,《徐文长三集》卷十九),但自我欣赏之情溢于言表。当然,这些生前曾给他带来声誉与宠遇的古文词,大都是代人捉笔的应景应酬之文,文笔再妙,也还是官样文章。他在《抄代集小序》中曾自道其甘苦:

> 古人为文章,鲜有代人者,盖能文者非显则隐。显者贵,求之不得,况令其代;隐者高,得之无由,亦安能使之代?渭于文不幸若牛马耕耳,而处于不显不隐之间,故人得而代之,在渭亦不能避其代。又今制用时义,以故业举得官者,类不为古文词,即有为之者,而其所送赠贺启之礼,乃百倍于古,其势不得不取诸代,而代者必士之微而非隐者也。故于代可以观人,可以考世。(《徐文长三集》卷十九)

其实,这也正是传统文人的一种生存方式和参与方式。我等这些象牙塔中的学者,固然可以放言高论故作潇洒,讥笑徐渭这样依附权贵的文人缺乏"独立之精神,自由之思想",但今日之人文学者和文科学生,大多不也正是以这种方式参与社会谋求生存之道?徐渭当日在胡宗宪幕中所为,不过今日之秘书职业耳。徐渭曾道:"文之难,人知之,而应俗之文之难,人其知之哉!"(《胡文公集序》,《徐文长三集》卷十九)这大约也是古今代人捉笔者的同慨。毋庸讳言，作为总督秘书的徐渭，其为君为臣为时为事而作的"应俗之文"，尽管有文采，可以见出其文字功底，但却难以见出其真性情。真正感动震撼袁宏道的，应是那些率性而作随意挥洒的诗文：

> 文长既已不得志于有司，遂乃放浪曲蘖，恣情山水。走齐鲁燕赵之地，穷览朔漠，其所见山奔海立，沙起云行，风鸣树偃，幽谷大都，人物鱼鸟，一切可惊可愕之状，一一皆达之于诗。其胸中又有勃然不可磨灭之气，英雄失路托足无门之悲，故其为诗，如嗔如笑，如水鸣峡，如种出土，如寡妇之夜哭，羁人之寒起。当其放意，平畴千里，偶尔幽峭，鬼语秋坟。（《徐文长传》）

这是袁宏道的感觉。百千年之下，我们阅读徐渭的诗文集，却似乎有一种隔膜感，很难产生袁宏道当年那样的共鸣和震撼。这也许是因为古今语境不同，我们已经没有"现场感"，那一卷卷诗文不过一行行文字符号的排列，偶尔有吉光片羽，唤起我们的一点兴趣，但却难以读出袁宏道的那种感觉。事实上，徐渭的一卷卷诗文早就淹没在明代三百年的诗山文海之中，尽管有袁宏道、陶望龄等人的推崇，古今各种明诗选本也有他的一席之地，但不过寥寥几首，而且由于选家眼光与趣味不同，入选的大多是"格高调古"之作，徐渭不同流俗、不同凡响的艺术精神，早就在后人心中变成了一片模糊。

被人遗忘，这是古今大多数文人难以逃脱的命运。即使那些如雷贯耳的文坛巨擘诗坛领袖,他们的诗文被后世广泛阅读的,又有几何?时代在变,艺术趣味也在变。一代有一代之文学,并非仅指新旧文体的消长,更指艺术趣味的推陈出新。这便是古今文学演变的根本原因。历代诗坛文坛曾出现过无数的流派之争与口号之争,如明代就是这样一个以产生流派和口号著称的时代,今日的文学史家清理这一段陈芝麻旧账,汇集成卷帙浩繁的诗话文论,编写出洋洋大观的明代文学批评史,如果我们不再现当年的文学语境,这些诗话文论大多都是些无谓甚至无聊的争论。我们的文学史家,还要以今日之趣味与尺度,煞费心机去评出甲是乙非,更属无聊。其实,历代的文学争论,大多并无什么是非高下进步落后可言,不过是艺术趣味之争而已。一种趣味或风格流行既久,便成陈言,难以激发读者的新奇感与阅读欲望,一种新趣味或新风格便会出现。这里并没有什么奥妙可言,无非是人皆具有喜新厌旧的本性。清代赵翼诗云:"李杜诗篇万口传,至今已觉不新鲜。江山代有才人出,各领风骚数百年。"(《论诗》,《瓯北集》卷二十八)道出古今文学之争的奥秘。我想徐渭之震撼袁宏道,正是他的诗文中所表现出的那种不同流俗的艺术趣味与不同凡响的艺术精神,令人有耳目一新之感。

明代中期以后正统文学的主流,或者说文坛的主旋律,是复古主义,就是屏弃明代前期以三杨为代表的"台阁体"诗风和文风,回归秦汉或唐宋文学的艺术传统。他们倡导的虽然是一种古典趣味,但在当日,却是一种艺术革新,类似欧洲近代的文艺复兴。①主流文人要发扬光大"言志""载道"的传统，要求诗歌文章抒情言志、感叹时事、反映现实等等，总之，诗歌要"格高调古"，文章要"切于时用"。我们读前后七子、唐宋派的诗文，就能很强烈地感受这种时代精神。这是对"词气安闲、雍容典雅"的"台阁体"的一种反对，而"台阁体"无非又是"太平宰相"的风格和趣味。前后七子、唐宋派的相继崛起，一新天下耳目，诗风文风随之转移。但流行既久，陈陈相因，遂成滥调，于是人心思变。我们自然不能否认前后七子、唐宋派张扬的事功观念及其诗歌文章的现实意义，但关键问题在于，许多作者在诗文中表现的并非真情实感，而是言不由衷的假人假语，是为了作秀，把自己塑造成志存高远的仁人志士或道貌岸然的正人君子，以获取功名利禄，正如袁宏道诗中所讥讽的那样："自从老杜得诗名，忧君爱国成儿戏。"（《显灵宫集诸公以城市山林为韵》）写诗作文不见自我，只是正统观念的演绎。李贽也曾对这种假斯文假道学加以猛烈抨击。徐渭正是在这种语境中横空出世，以其率性的风格遗世独立，难怪袁宏道等人为之震撼不已。

徐渭并非杜甫式的充满忧患意识与社会责任感的诗人，也不是李贽式的充满批判精神和深刻思想的哲人。徐渭之不同流俗，就在他的率性，就在他的诗文中处处有一个"真我"。尽管这个"真我"既不伟大，也不深刻，但却神气活现地是一个人。我在这里并非要故作翻案文章，以证明他比杜甫、李贽更伟大更深刻。徐渭未能达到杜甫、李贽那样的境界，他不过是文坛上的一

---

① 见钱基博《中国文学史》第六编《自序》。

个"玩家",徐渭的价值,就在于他玩出了"本色"。他不像同代的许多人那样故作严肃状故作深刻状,而是率性地表现自己的喜怒哀乐、戏谑滑稽,甚至生活琐事。他的诗文集中,除了那些为时为事而作的"应俗之文",大多都是为自己的愉快而写的纪游、赠答、咏花、题画之作,既非社会生活的反映,也非时代精神的表现,无论是按照"言志""缘情"的传统标准,还是"思想内容""艺术特点"之类的现代批评模式,他似乎都上不了档次,但却别有一种"趣味"。尽管某些研究者也从他的诗文集中寻找出来一些批判或讽刺现实的篇什,但无论从数量上还是从质量上都不能代表他诗文创作的风格和全貌。徐渭的创作动机并非来自一种使命感或道义精神,他不过是将其作为一种人生游戏,作为一种生活的方式,借孔子的话说,叫"游于艺",类似今天所谓"玩文学"的一派。他没有崇高的人生理想与现实的功利目的,诗歌之于他,既非"言志""载道"的工具,也非干预生活的武器,而是一种游戏人生、自得其乐的生存方式。这在明代文学的特定语境中,无疑是一种新的艺术趣味和价值取向。徐渭感动袁氏并引起他强烈共鸣的,正是这种拒绝崇高,拒绝深刻,游戏人生,消解正统的精神。

徐渭之所以拒绝崇高拒绝深刻还我一个"本色",自然与他深受王氏心学影响有关,但我认为,这更与他的个性有关。他生性滑稽喜谑,赞《东方朔窃桃图》云:"窃攘匪污,谐射相角。无所不可,道在戏谑。"(《徐文长三集》卷二十一)可视为他的夫子自道。又跋《头陀趺坐》说:

人世难逢开口笑，此不懂得笑中趣味耳。天下事那一件不可笑者？譬如到极没摆布处，只以一笑付之，就是天地也奈何我不得了。抑闻山中有草，四时常笑，世人学此，觉陆士龙之顾影大笑，犹是勉强做作，及不得这个和尚终日呵呵，才是天下第一笑品。（《徐渭集·补编》）

我们很难想象，这样一位东方朔式的滑稽多智的才子，会摆出一副道貌岸然的样子去思考什么严肃正经的话题。他早年的《四声猿》杂剧，以及后来的《歌代啸》杂剧，人多误读为"愤世之作"，其实是调侃世人、消解正统的"谐剧"。他嘲笑和尚、官场、科举以及男性社会，命意并不在揭露或批判，而是将神圣化为笑谈。观众在一笑之后，悟出宗教、政治、社会的种种荒诞，从而感觉到人生的轻松愉快。而古典诗艺到了这位滑稽多智的才子手中，已经玩得来如同游戏。他的诗写得随意，写得轻松，常常是脱口而出，妙趣横生。如：

开元之唐有张果，乃云生长陶之唐，师汉帝者张子房，子房之后又张苍。张苍之龄百余许，老夫牙齿只吃乳，夜夜枕前罗十女。子房辟谷祈不死，先师黄石公，后约赤松子。张果骑驴驴是纸，明皇药果杯酒里，果齿焦黑如漆米，起取如意敲落之，新牙排玉光如洗。三郎惊倒谓玉环，我欲别尔渡海寻三山，玉环落泪君之前，梨花春雨不得干。繄彼三仙人，是君之祖君是孙，今年己丑腊嘉平，正君七十之生辰。

三祖消息虽寥寥，桃仁传种还生桃。况君作诗句多警，又如尔祖张三影。三影诗翁八十余，此时特娶如花妹，正宜七十张公子，夜夜香枕比目鱼。（《四张歌张六丈七十》，《徐文长三集》卷五）

这是徐渭晚年为老友作的贺寿诗。此时他已贫病缠身，尚能如此幽默诙谐，平生意气可以想见。尽管徐渭诗中也时有不平之气，如袁宏道所感觉到的"英雄失路托足无门之悲"，如：

学剑无功书不成，难将人寿俟河清。风云似海蛟龙困，岁月如流髀肉生。万户千门瞻壮丽，三秋一日见心情。平原食客多云雾，未必于中识姓名。（《寄云彬》，《徐文长三集》卷七）

二百年来一老生，白头落魄到西京。疲驴狭路愁官长，破帽青衫拜孝陵。亭长一抔终马上，桥山万岁始龙迎。当时事业难身遇，凭仗中官说与听。（《恭谒孝陵正韵》，《徐文长三集》卷七）

但更多的还是游戏人生的潇洒：

遵正经易，隙打哄难。非熟非妙非神，着熟着妙着神，而撺掇蹋跐，一交跌下鹊竿。你问我是谁？是打罗的王三。（《大慈赞·变相观音》，《徐文长遗稿》卷十七）

身太长，衣太剩，额太广，而在面之诸根太倩。倘起而立，缠倒脚根，蹭蹬蹭蹬。如不信，吾问诸吴道子，始信。雅俗且无论。呵呵，与居士来，我还有一哑谜，与善男子□。真和假，笑倒了周军闷。你若不知，叫一个打虎的，在元宵问。(《大慈赞·长衣观音》，《徐文长遗稿》卷十七)

客话余，煮茗罢，两三声，秋月下。(《徐文长遗稿》卷十八)

雄读书，春花满；散朱碧，点班管。胤读书，夏风凉；苦无膏，萤聚囊。符读书，秋月随；新凉入，亲灯火。康读书，冬雪厚；就以映，字如昼。(《四时读书乐题壁》，《徐文长遗稿》卷二十四)

父画子不像，子画父不真。自家骨肉尚如此，何况区区陌路人？(《戏题王云山家庆图，王父子俱能写真》，《徐文长遗稿》卷二十四)

仆领赐至矣。晨雪，酒与裘，对症药也。酒无破肚脏，蟹当归瓮。羔半臂，非褐夫所常服，寒退拟晒以归。西兴脚子曰："风在戴老爷家过夏，我家过冬。"一笑。(《答张太史，当大雪晨，惠羔羊半臂及菽酒》，《徐文长遗稿》卷二十一)

吾生而肥，弱冠而羸不胜衣，既立而复渐以肥，乃至于若斯图之痴痴也。盖年以历于知非，然则今日之痴痴，安知其不复羸羸，以庶几于山泽之癯耶？而人又安得执斯图以刻舟而守株？噫，龙耶猪耶？鹤耶凫耶？蝶栩栩耶？周蘧蘧耶？畴知其初耶？(《自书小像》，《徐文长三集》卷

二十一)

如果我们将其与前后七子与唐宋派等主流文学的诗文对读，就不难发现徐渭是明代文学的一个"另类"。清代纪昀说：

> 其诗欲出入李白、李贺之间，而才高识僻，流为魔趣。选言失雅，纤佻居多。譬之急管么弦，凄清幽渺，足以感荡心灵，而揆以中声，终为别调。……其诗遂为公安一派之先鞭，而其文亦为金人瑞等滥觞之始。（《四库全书总目》卷一七八《别集类存目五》）

这类"流为魔趣"的文字，才是徐渭才情之所寄。就是他撰写的灯谜和榜联之类的"游戏之笔"，也别有一种情趣。它们有什么思想意义？没有。就是好玩。我以为，这才是让我们感受到艺术人生、诗意栖居的美文学。读这些有趣好玩的文字，不禁想见其为人：诙谐机智而率性任情。

但徐渭却是一个悲剧人物。这并非指他科场失利、终老秀才而言，而是指他精神分裂而言。徐渭从三十七岁即患精神病，时时发作，"或自持斧击破其头，血流被面，头骨皆折，揉之有声；或槌其囊，或以利锥锥其两耳，深入寸许"。这种"自虐""自残"，绝非论者以为的"佯狂"。他的病既非吓出来的也非装出来的，而是由来已久的真狂。胡宗宪召他入幕时，他曾致信说："渭犬马贱生，夙有心疾，近者内外交攻，势益转剧。心自揣量，理不久长，若欲疗之，又非药石所能遽去。"（《奉答少保公书》，《徐文长三集》卷十六）又："谨奉召命，缘渭前疾稍增，夜中惊悸自语，心系隐痛之外，加以四肢掌热，气常太息。"（同上）又："身热骨痛，重以旧患脑风，不可复支。"（同上）这说明他在胡宗宪入狱之前就已经患病。他晚年自撰《畸谱》中，也提到四十一岁时，"崇渐赫赫，予奔应不暇"。嘉靖四十四年，胡宗宪瘐死狱中，徐渭冤愤不已，也企图自杀，并自撰《墓志铭》：

> 至是，忽自觅死。人谓渭文士，且操洁，可无死。不知古文士以入幕操洁而死者众矣，乃渭则自死，孰与人死之？渭为人度于义无所关时，辄疏纵不为儒缚，一涉义所否，干耻诟，介秽廉，虽断头不可夺。故其死也，亲莫制，友莫解焉。（《徐文长三集》卷二十六《自为墓志铭》）

这岂是贪生惧死之人所能为所敢道？胡宗宪入狱，徐渭肯定受到巨大刺激，病情加剧，因为他是发自内心感戴胡宗宪的，将其视为人生知己。以徐渭的洒落而不失狷介个性，他何以可能惧祸连己而装疯卖傻？这一点，甚至连故友张元忭之子张汝霖也不理解，他在《刻徐文长佚书序》中说："其后少保以缇骑收，文长恐连，遂佯狂，寻乃即真。"后来，袁宏道、陶望龄也沿袭此说。但他四十六岁又杀继妻张氏，当时胡案已平，又怎能以"佯狂避祸"解释？其实，徐渭生前好友梅禹金曾致信袁宏道："文长吾老友，病奇于人，人奇于诗，诗奇于字，字奇于文，文奇于画。"也许，徐渭的率性任情，视人生与艺术为游戏，就在于他看透世间的种种假象而不愿也不能将自己戴上假面具,而古往今来真正面对人生的艺术家,都程度不同地是精神病患者,徐渭即其人焉。

中国古语云:"言不尽意。"徐渭的内心世界究竟是如何充满矛盾?在他滑稽诙谐的背后究竟隐藏着何等的悲凉?他的精神病究竟是遗传基因所定,还是后天的心理压抑所致?这些似乎很难从文本分析中得到答案。我总觉得,古人所采用的文言体诗文形式,并非如现代盛行的语体小说、散文、日记等文体,能够细致入微地表现作者对人生、社会的认识和自己内心世界的种种矛盾。那是一种非常讲究"节制"的表现形式,所谓"诗如其人""文如其人"云云,不过言其风格而已。徐渭的诗文并非其精神世界的全景再现,在他滑稽戏谑玩文学的背后,究竟隐藏着怎样的大悲哀大寂寞或对人生的大彻大悟,以至于后半生为精神病折磨,做出杀妻自残这样惊心动魄的举动来,并未在他的诗文创作中得到表现。这是千古之谜。只有一点是可以肯定的,就是他为了自己的愉悦而率性挥洒的诗文,虽然算不上什么艺术精品,却代表了一种新的艺术趣味与艺术精神,这就是他在明代文学史上的意义。

原载《四川大学学报》2002年第4期

论明末文人阮大铖的堕落

明崇祯二年，阮大铖因党附宦官魏忠贤而名入"逆案"，论赎徒为民。这一年，阮氏四十二岁，正当盛年，自然很不甘心。当时正值满洲铁骑横行关外，关内也是流贼蜂起，阮氏避居南京，"颇招纳游侠为谈兵说剑，觊以边才召"（《明史·阮大铖传》）。这种事局外人也许无所谓，但局内人却很有所谓。于是有顾杲、吴应箕、陈贞慧等复社名士共草《留都防乱揭》，要逐他出南京。签名者竟多达一百四十余人，其中包括后来成为著名思想家的黄宗羲。阮氏也曾试图巴结复社名士，化解恩怨以求谅解，但复社名士不买他的账，穷追猛打落水狗，弄得阮氏一时进退失据无计可施。几十年后，江山易主，复社名士早已作鸟兽散，但诗文中追忆故国旧梦，仍引为生平快事[①]。

可以想象，阮氏彼时心境何等沮丧。清初戏曲家顾彩甚至认为，阮大铖后来在南明弘光朝大搞打击报复泄私愤，闹得朝野乌烟瘴气，是被复社名士的意气所激。顾氏序《桃花扇》谓："清

[①] 见黄宗羲：《陈定生先生墓志铭》，《南雷文定·吾悔集》卷一；朱彝尊：《话山集序》，《曝书亭集》卷三十八。

流诸君子持之过急，绝之过严，使之流芳路塞，遗臭心甘。"读明末遗史，我也有此同感。明末士林多尚意气之争，严君子小人之辨，在野结社，在朝结党，党同伐异，互相攻讦，形同水火。万历后期，就已有齐、浙、楚三党与东林抗衡。各党借京察、外计、会推等考察推选京官外官阁臣之机，排挤异己培植党羽。东林党人指点江山激扬文字，享有"清流"之誉，影响日盛，以至后来成为"阉党"首恶的崔呈秀也曾求入其党，但东林壁垒森严泾渭分明，坚拒其请（见《明史·崔呈秀传》）。各党之间矛盾日深，有些矛盾分歧也许乃君子小人是非邪正之争，但更多的却是意气之争，争的是闲气，无关宏旨。后来，甚至为宫廷内部的家务事，如所谓"梃击""红丸""移宫"三案，也聚讼纷纭，各执一词，纠缠不已。而东林势盛，"与东林忤者，众目之为邪党"（《明史·魏忠贤传》）。天启初年，东林党独大，"觝排东林者多屏废"（《明史·魏大中传》），而所谓"邪党"更被一一排挤出局。阮大铖原来并非"邪党"中人，他与东林党左光斗为同邑，左为都御史，曾推荐其为吏科都给事中，却为执掌铨秉的东林党赵南星、高攀龙所阻，欲用魏大中。魏大中虽为人刚正廉直，但因与高攀龙有师生之谊，难免不让人怀疑高氏有偏心。在明末士林结党成风的具体语境中，产生这种怀疑非常自然。阮大铖是否作如是想象，文献阙如，我们不好妄加推断，但自此以后他与东林分道扬镳，却是史有明文（见《明史·阮大铖传》《明史·左光斗传》）。阮氏后来夤缘宦官如愿以偿，遂投靠魏忠贤门下，与东林为敌。魏氏原来也是局外人，他与士林各党皆无甚利害关系，也不偏袒任何一党。三党为倾东林，结成政治同盟，相率归魏氏,并以"东林将害翁"为口实说动魏氏打击东林党。魏氏正是利用士林各党的矛盾,不仅罗织罪名将东林党一网打尽,也将三党势力控制在自己手中,最后满朝文武皆供其奴仆驱使。所谓"鹬蚌相争,渔翁得利"者也。

今人有一个误区,论及明末士林结社与官场派系,多以"清流"之是非为是非,东林党既有"清流"之誉,则反东林党者非小人即奸臣。这显然是非常幼稚的逻辑。事实上,东林党人固然多君子,如顾宪成、赵南星、邹元标、左光斗等领袖,文章气节,足动一时,但反东林者非皆小人。黄宗羲《汰存录》曾引夏允彝之言曰:"东林中亦多败类,攻东林者,亦间有清操独立之人。"夏乃明末士林党争的局中人,言必有据,非想当然耳。然士林清流大多偏激浮躁,自居君子,而斥异己者为小人奸臣,且好为危言高论走极端,既不给别人留余地,也不给自己留后路,缺乏雍容大雅的气度与和衷共济的精神。邹元标曾试图打破门户之见,《明史》本传谓:"时朋党方盛,元标心恶之,思矫其弊,故其所荐引不专一途。"但不能为同党中人理解,至被讥为首鼠。东林党人之高自标举唯我独尊,精神可嘉,但不能广结善缘,结果是为林驱鸟为渊驱鱼,众多不得志于东林者相率归附宦官魏忠贤。即以阮大铖而论,他阿附魏氏并非有意为恶,不过是出于个人政治利益考虑的机会主义。而且,走宦官路线是明代后期官场司空见惯的现象。万历朝的名相张居正就是与宦官冯保内外联手,击败高拱并取而代之(见《明史·冯保传》)。而东林党排挤三党,也曾借助宦官王安的一臂之力(见《明史·王安传》)。这是众所周知的事实。当然,这是官场上的政治策略,无可厚非，但何以阮氏走宦官路线即成不可原谅之罪恶？而且，阮氏既非魏氏死党，也非"阉党"首恶，最多不过是同流合污的爪牙。事实上，此公深知官场之风云变幻一朝天子一朝臣，所以在魏忠贤时代，表面上俯首帖耳曲意逢迎，心里却有自己的小算盘。据《明史》本传，阮氏每谒魏忠贤，辄厚赂其门人，还其名刺。魏氏不过暂时得势，他不能在一棵树上吊死。而且，他两度请假乞归，在官日前后不足半年。如此首鼠两端，无非是怕陷入太深，更怕蹚"阉党"的浑水，日后被东林党人清算。值得一提的是，崇祯元年，宦官魏忠贤被诛，阉党领袖崔呈秀乞归，时局尚不明朗，阮氏给京中同党杨维垣寄去两封奏疏，其一专劾崔、魏，另一同劾崔、魏与东林，谓："天启四年以后，乱政者魏忠贤，而翼以崔呈秀；四年以前，乱政者王安，而翼以东林。"他传语杨氏，若时局大变，上前疏，如未定，则上后疏（见《明史·阮大铖传》）。这种官场心态，明末文人多有之，非阮氏一人而然。他们逢场作戏随时俯仰曲学阿世，事后又作天真无辜状，谴责奸臣当道一手遮天，而自己则是一时糊涂误上贼船。或谓中国士林愚昧，其实这正是他们的世故。

阮大铖深谙这种逢场作戏的官场世故。所以他在削职为民后创作的戏曲，几乎皆是喜剧，场面热闹妙趣横生，既无徐渭式的骂世主义，也无汤显祖式的悲观主义，而是所谓"错误的喜剧"。剧中充满"误会""巧合"，好像人生的种种矛盾种种冲突，皆由"误会"而生。这是否为阮氏心迹的表白？东林党与他的矛盾冲突乃一场误会？不得而知。孔尚任《桃花扇》第七出写杨文骢为其游说复社名士侯方域曰："圆老当日曾游赵梦白之门,原是吾辈。后来结交魏党,只为救护东林,不料魏党一败,东林反与之水火。近日复社诸生,倡论攻击,大肆殴辱,岂非操同室之戈乎?"这种事后辩解,当然不能服人。阮氏之党附魏忠贤,为其爪牙,虽事出有因,但绝非为东林内援,则毫无疑问。这里有明末士林党争的背景,也有人在官场不得已的苦衷,更有古今士林人皆难免而在明末恶性膨胀的根性。其实,包括有"清流"之誉的东林党在名利场中,也出了不少翻云覆雨的"伪君子",这在阮氏看来,无异于五十步之笑百步。张岱曾谓:"其所编诸剧,骂世十七,解嘲十三,多诋毁东林,辩宥魏党,为士君子所唾弃。"(《陶庵梦忆》卷八)张氏乃当时见证人,所言自有道理。但我们今日读阮氏的《春灯谜》(又名《十错认》)、《牟尼合》(又名《摩尼珠》)、《双金榜》、《燕子笺》等四种曲,字里行间,却看不出他有为魏党辩宥的意思。《牟尼合》第二十八出《伶诇》,写唐代宦官裴寂为萧思远昭雪冤案,也许可能有为魏忠贤歌功颂德之嫌,但另本"裴寂"却作"鄂国公尉迟敬德"。须知当时"逆案"已成定谳,"阉党"为士林民间唾弃,以阮大铖之老于世故,他不可能为这位已被崇祯皇帝钦定的历史罪人歌功颂德。这既不合时宜,也不符合阮大铖的个性。即使他要为自己叫屈,也只可能以"误上贼船"为借口,故作无辜状,来赢得士林民间的同情。阮氏《春灯谜》也许就玩的这种伎俩。明末王思任《春灯谜序》谓:"中有'十错认',自父子、兄弟、夫妇、朋友,以至上下伦物,无不认也,无不错也。"清初顾彩序《桃花扇》曰:"《春灯谜》一剧,尤致意于一错二错,至十错而未已。盖心有所歉,词则因之。乃知此公未尝不知其生平之谬误，而欲改头易面以示悔过。"近人吴梅也谓："《春灯谜》为悔过之书，所谓'十错认'亦圆海平旦清明时为此由衷之言也。"（《中国戏曲概论》）但复社名士不能原谅他。

今人也许难以理解，以阮氏之雄厚家资，即使削职为民，他也完全可以过逍遥自在风流潇洒的生活，而不必摇尾乞怜夤缘求官，自讨没趣自取其辱。以他的才气，他可以选择另一条成功之路，实现自己的价值，传名后世。事实证明，阮大铖在戏曲艺术上的才思，果真非同凡响。崇祯年间，著名小品文作家张岱与阮氏相交，曾应邀前往阮家，观看主人自编自导自演的《春灯谜》《牟尼合》《燕子笺》三剧，赞美备至。他后来在《陶庵梦忆》中还回忆道："阮圆海家优讲关目，讲情理，讲筋节，与他班孟浪不同。然其所打院本，又皆主人自制，笔笔勾勒，苦心尽出，与他班卤莽者又不同。故所搬演，本本出色，脚脚出色，出出出色，句句出色，字字出色。余在其家看《十错认》《摩尼珠》《燕子笺》三剧，其串架斗笋、插科打诨、意色眼目，主人细细与之讲明。知其义味，知其指归，故咬嚼吞吐，寻味不尽。至于《十错认》之龙灯之紫姑，《摩尼珠》之走解之猴戏，《燕子笺》之飞燕之舞象之波斯进宝，纸札装束，无不尽情刻画，故其出色也愈甚。"古典戏剧今日大多已不可能在舞台上搬演，张岱的这种现场感受，我们无由获得，但即使通过文本阅读，也不难发现阮氏在戏剧创作上所展示的独特艺术才华。前人谓其"深得玉茗之神"，是说阮剧之唱词文情并茂神采飞扬，得汤显祖之神韵；但其音律和谐语言本色，又兼得吴江派之精妙。阮氏自诩其略胜汤显祖一筹者："玉茗不能度曲，予薄能之。"而且对舞台表演也别有慧心。阮氏并非某一派的嫡传正宗,他是能博取诸家之长融会贯通而独自一家别开生面的大手笔。

宋元以来的中国古典戏曲,多以抒情表演为当行本色,而疏于戏剧结构,故王国维论元杂剧曰:"元剧关目之拙,固不待言。此由当日未尝重视此事,故往往互相蹈袭,或草草为之。"又曰:"然元剧最佳之处,不在其思想结构,而在其文章。其文章之妙,亦一言以蔽之曰:有意境而已矣。"(《宋元戏曲考》)明清戏曲,何尝又不如此?中国古典戏曲乃抒情的文学,引人入胜之处多在唱词之文情并茂音律和谐,辅之以舞台表演的绘声绘色曲尽其妙,便能博得满场喝彩好评如潮,而戏剧冲突的安排与戏剧结构的布置,非所关注非所长也。于是便有元杂剧在结构上之"四则"套式,明传奇在剧情上之程序化。即使如关汉卿、汤显祖这样的大家,在此方面也未见精彩。而阮氏之戛戛独造不同凡响,正表现在他对戏剧结构与戏剧冲突的高度重视与苦心经营。阮氏传世的四种曲皆才子佳人戏,才子可能困顿一时,但最终总是科场中的成功人士;而佳人也总是豪门闺秀,而且才貌双全。《燕子笺》也许是例外,次女角华行云乃青楼女子,但却是才子霍都梁的风尘知己,但他一剑双花,同时还赢得出身名门的佳人郦飞云的芳心。在一夫一妻多妾制的时代,两位佳人创造了平起平坐不分嫡庶尊卑的奇迹,同为夫人。虽然曾为皇家封诰而斗气,最后也获得圆满解决皆大欢喜。这类故事,在古典戏曲小说中可谓司空见惯之老生常谈,但经阮氏精心编排,却能出奇制胜,化腐朽为神奇。考其能化腐朽为神奇的诀窍,除了他在曲文、宾白、音律、舞台表演等方面本色当行如鱼得水之外,更在于他精于戏剧结构的布置与戏剧冲突上的安排。我读阮剧,常叹其别具慧心机智过人。阮氏不愧是制造悬念的高手,剧中充满误会,险象环生好戏连台,令观者难以释怀。可以说,阮氏不仅是抒情咏景的行家,也是叙述故事的高手。他是真得戏剧艺术之三昧,故能有意识地调动一切艺术手段以增强戏曲的"戏剧性"与观赏性,这在古典作家中可谓凤毛麟角。而且,与古典戏曲多敷演稗官野史者不同,阮剧多出自虚构。他自序《春灯谜》曰:"其事臆也,于稗官野说无取焉,盖稗野亦臆也,则吾宁吾臆之愈。"与其敷演稗官野史的虚构杜撰,不如驰骋自家想象,这大约也是阮剧能独出机杼的奥秘所在。

这样一位富有才气富有创造性的艺术家,却偏偏在官场游戏中丧失独立人格,一误再误,不仅祸害士林,也祸害国家,最后彻底身败名裂,被《明史》定为"奸臣"。"奸臣"恶谥,也许有些夸张,但阮大铖乃堕落文人、士林败类,则毋庸置疑也不能置疑。我所感兴趣的是,阮氏乃一聪明至极之人,何以自甘堕落?更引人深思的是,这种自甘堕落在明末士林乃一种群体现象。即以党附宦官魏忠贤而论,也非三两个势利小人的个人表演,而是士林的群体行为,可谓"集体堕落"。崇祯即位,斥逐魏氏,诏定逆案,曾愤然曰:"忠贤不过一人耳,外臣诸臣附之,遂至于此!"(见《明史·阉党列传》)《明史·阉党列传》序也谓:"明代阉宦之祸酷矣,然非诸党人附丽之,羽翼之,张其势而助之攻,虐焰不若是其烈也。"质言之,明末官场的腐朽黑暗,乃士林群体助纣为虐所促成,不能简单归罪某一宦官或奸臣。宦官专权把持朝政古已有之,巴结宦官也非明人独有的恶习，汉唐盛世皆不能免，但为了剪灭异己，不惜趋附谄媚宦官，形成利益集团狼狈为奸，时人斥曰"阉党"，却是明末士林的创举。故"二十五史"中唯《明史》于《宦官传》之后另立有《阉党传》。检索"二十五史"电子版，甚至"阉党"一词也仅见于《明史》。考明代宦官乱政始于英宗朝之王振，而为祸最烈者为明末魏忠贤，其党羽遍及朝廷内外，有"五虎""五彪""十狗""十孩儿""四十孙"等名号，皆文武大臣，"自内阁、六部至四方总督、巡抚，遍置死党"。所谓"阉党"，循名责实，也非崔、魏集团莫属。鉴于宦官乱政的历史教训，明太祖开国之初曾立法："内臣不得干预政事，预者斩。"并镌铁牌置于宫门。而且还规定：内臣不许读书识字。在家天下的时代，祖宗遗训是不可轻易更改的王法。何况宦官出身低贱，是民间百姓也不齿的废人，他们不过是供皇帝驱使的家奴而已。但明成祖已开宦官预政的先例，遣太监郑和率舟师下西洋，一则寻找建文帝的踪迹，再则炫耀国威。宣宗时则设内书堂，选小内侍入读。后来就有了司礼秉笔太监之设，俨然皇帝的私人秘书。但魏忠贤乃不识一字的泼皮无赖，被赌债所困走投无路，恚而自阉，万历年间入宫，后因谄媚熹宗乳母客氏而于天启朝为司礼秉笔太监。文盲而为秉笔太监，对满朝文武颐指气使发号施令，这本来就是对士林的反讽，但士林的群体反应更让人感到震惊。据《明史·阉党传》，天启六年，浙江巡抚潘汝桢在西湖为魏忠贤建立生祠，其后全国各地官员争相响应，纷纷为魏氏立祠。南北两京也不甘落后，"都城数十里间，祠宇相望"，而"上林一苑，至建四祠"。为宦官建生祠，而且形成全国运动集体献媚，这可是空前绝后匪夷所思的壮举。更有厚颜无耻之士监生陆万龄竟上疏称："孔子作《春秋》，忠贤作《要典》。孔子诛少正卯，忠贤诛东林。宜建祠国学西，与先圣并尊。"这岂止是亵渎圣贤，简直是羞辱士林，斯文扫地廉耻道尽，莫此为甚。读《阉党传》，我曾百思不得其解：中国读书人自古以来便自诩社会精英，居于"四民"之首，而获得国家功名的读书人，更是精英中之精英，何以能被一文盲宦官玩于股掌之间？历代儒家所宣扬而被程朱理学凸显的人格气节，所谓"富贵不能淫，威武不能屈，贫贱不能移"云云，在这里不过成了士林掩饰孱弱的遮羞布。可以说，宦官不过是器官被阉，而明末士林则是精神被阉。当然，也有不甘同流合污者，但大多数人选择了沉默，唯有东林党杨涟、魏大中等二三卒孤军作战。天启四年，左副都御史杨涟抗疏弹劾魏忠贤，历数其"二十四大罪"，其一即"毁人居屋，起建牌坊，镂凤雕龙，干云插汉"，但这是鉴于魏氏"将罗织诸人"的被动反击背水一战，而且顷刻间便被魏氏势力置于死地，"阉党"遂横行朝野，士林集体演出了空前绝后的滑稽丑剧。

我因此有感于明末士林之集体堕落。窃以为，此非一时一地之人心败坏，而是明代士林被"体制化"的必然结果。这里所谓"体制"，即以八股文取士的科举制度。据《明史·选举二》："科目者，沿唐宋之旧，而稍变其试士之法，专取四子书及《易》《书》《诗》《春秋》《礼记》五经命题试士。盖太祖与刘基所定。其文略仿宋经义，然代古人语气为之，体用排偶，谓之八股，通谓之制义。"实际上是一种限定题目、文体、字数的标准化考试，从理论上说，这种标准化考试能最大程度地减少阅卷官由于主观好恶而引起的偏差或误差。至于考试内容，也是那个时代朝野普遍认同的最佳选择。因为，五经乃华夏文化元典，而朱熹《四书章句集注》则代表着儒学的新思维新观念，所谓"心性之学"，注重道德完善与人格培养。这无疑也是一种"制度创新"。但八股毕竟只是考试文体，既非学术的论衡，也非思想的阐扬，读书人研习八股，不过为的是获得皇帝即国家认可的功名。功名一旦侥幸获得，便可跻身官场，享受权力带来的荣华富贵。至于"显亲扬名"，更是题中应有之义。这结果当然非常诱人。要拒绝这样的诱惑，很难。《儒林外史》开篇即感慨道："'功名'二字，自古及今，哪一个是看得破的！"其实以中国士林之世故，看破的不少，看淡的却不多。明末士林集体堕落的主要原因也许就在这里：明知八股之学是"伪学术"，而且流行二百余年在明末已演绎成纯粹的文字游戏，但却自欺欺人假戏真做，还煞有介事地组织各种文社，以文会友切磋时艺，社盟、社局动辄聚集千人，而且编选刊刻出《社稿房书课艺》《文选会议》之类的论文集，炒作得天下皆知。这当然不是研讨什么学术，更无思想的真知灼见，无非是文字游戏语言垃圾，黄宗羲就曾讥为"时文批尾之世界"，今谓之"伪学术"，但因其乃国家功名所系、个人名利所关，士林群体也就逢场作戏乐此不疲。

后人曾痛斥八股取士败坏学术销磨士气，如顾炎武便谓："八股之害，等于焚书；而败坏人才，有甚于咸阳之郊。"（《日知录》卷十六）吴敬梓假托明代的纪实小说《儒林外史》更是入骨三分地刻画了"体制"内外士林的种种丑态，作者假借元末明初的画家诗人王冕之口说："这个法却定的不好！将来读书人既有此一条荣身之路，把那文行出处都看得轻了。"又预言道："贯索犯文昌，一代文人有厄！"但这是后话，而且是体制外的声音。在明末的现实语境中，八股取士尽管已是弊端丛生漏洞百出的体制，但除非心甘情愿被淘汰出局或自我放逐成为体制之外的边缘人，否则只有一种选择——适应体制，自觉或不自觉地被体制同化。事实上，中国士林缺乏的就是超越精神，他们汲汲于国家功名，且美其名曰"入世精神"，而一旦国家功名的获得成为一种"体制"，如明代的八股取士，即使精神饱受折磨、人性倍遭扭曲，他们选择的不是抵制或反抗，促成体制的革新，而是尽可能适应体制，甚至无可奈何地被体制同化，泯灭个性丧失自我，也在所不惜。晚明戏曲作家汤显祖也是中过进士的，他的杰作《牡丹亭》虽未能突破"金榜题名洞房花烛"的俗套，但他已深切感受到士林这种生存状态的荒谬，故后来又有《邯郸记》与《南柯记》之作，视科第功名荣华富贵为梦幻泡影。这在当时可谓空谷足音。明人笔记多盛称科第之事，如某科状元，某人三元会，某家三代夺魁，某家祖孙或兄弟同中进士等，是士林津津乐道的热门话题。晚明公安派文人江盈科《谐史》记江西人罗念庵中状元后，不觉常有喜色，语人曰："某十年胸中遣状元二字不脱。"未免俗气可笑，但却是真情实语。故江氏谓："此见念庵不欺人处。而国家科名，即豪杰不能不嗜膻，亦可见矣。"明末士林之心态，由此可见一斑。八股之学不仅刺激了士林投机取巧的侥幸心理，而且孕育了假大空的学风与虚伪矫情的士风。人性固有的弱点，中国读书人历代相传的劣根性，在这种"体制"的引诱鼓励下，恶性膨胀。晚明思想家李贽力倡"童心"

之说，直斥"六经《语》《孟》，乃道学家之口实，假人之渊薮"（《童心说》，《焚书》卷三），乃有感而发。但李贽为他的思想付出了惨重代价，连文坛上的前卫人士袁中道也声称，他虽仰慕李氏其人，但不能学也不愿学也（《李温陵传》，《珂雪斋集》卷十七）。至于已被体制彻底同化丧失自我的士林中人，那就不仅成为假道学伪君子，而且是官场上的变色龙。士林的这种腐化蜕变历代皆有，但在明末却蔚然成风，饱读《诗》《书》在科场上过关斩将脱颖而出的士林精英，居然集体堕落，俯首帖耳听命于一文盲宦官。这与"体制化"所化成的一代士风，未始没有因果关系。阮大铖并非愚昧之徒平庸之辈，他在戏剧创作上所展示的才气与机智，以及他在官场上的前后表演，都证明他是士林中之精英。他之夤缘阿附魏忠贤，心甘情愿上贼船，非头脑天真是非莫辨，而恰恰是出自中国读书人的世故精明一种试图在体制内左右逢源的世故精明，这种世故精明，古今士林皆有，而在明末被发挥到极致。朱自清论传统气节，谓中国读书人有节无气，其实在明末，读书人连所谓"节"也谈不上，何论其"气"？无所谓道义也无所谓原则，而唯利是图唯上是从，这就是八股取士"体制化"所造就的士林群体品格。阮大铖的堕落乃一典型的案例。

明末士林的集体堕落，在八股取士文人政治的格局中，也就造成吏治腐败官场黑暗贿赂公行。东林党虽廉洁刚正号称"清流"，也不幸被污受其连累。据《明史》东林党诸君子传，魏忠贤加害东林党所罗织之主要罪名，非政治的而是经济的：受贿。据《明史·魏大中传》，阉党借汪文言之狱，将东林党一网打尽，而杨涟、左光斗、魏大中、袁化中、周朝瑞、顾大章等皆被诬以受贿罪。《明史·杨涟传》："（阉党）许显纯诬以受杨镐、熊廷弼贿，涟等初不承，已而恐以不承为酷刑所毙，冀下法司，得少缓死为后图，诸人俱自诬服。"我相信东林诸君子的人格，绝不可能为中饱私囊而拿政治原则个人清誉作交易，但在明末士风堕落学术腐败吏治腐化的大环境下，谁还相信你廉洁自律出淤泥而不染？魏忠贤这一招也真够狠毒：贪官污吏人人憎恨，既加之罪，何患无辞？我想当年东林党招权纳贿的罪状，以圣旨名义昭告天下时，不明真相的民间百姓也许还拍手称快。否则魏忠贤何以因诛东林而得到民间士庶拥护？据《明史·阉党传》，浙抚潘汝桢之在西湖为魏氏首建生祠，乃"徇机户请"。假民间百姓之名义，而行阿谀奉承之实，这本来就是文人政客惯用的伎俩。魏忠贤虽不幸而为文盲，但绝非弱智。集体献媚的全国运动，是否真代表士林民间的心声，我想魏氏一定心知肚明。他是真正看透并最大限度地利用了中国读书人的劣根性。士林虽好读书，但读书不一定能增长智慧，何况是迎合"体制"的读书？八股取士造就的读书人，能如东林诸君子者本来就是凤毛麟角，而东林又多意气书生，宜乎其被一文盲宦官玩于股掌之间也。

原载《四川师范大学学报》2004年第6期

复古与创新:寻找失落的"真诗"

有明三百年也许是中国诗歌史上最平庸的时代。无论是前人编选的《皇明诗选》(陈子龙、李雯)、《列朝诗集》(钱谦益)、《明诗综》(朱彝尊)、《明诗别裁集》(沈德潜、周准),还是今人编选的普及读本《明诗三百首》(金性尧),都难以激起我们阅读的快感和兴趣。要想在篇什浩瀚的明诗中找到几首令现代读者兴味盎然神思飞扬的绝妙之作,殊非易事。大学的中国古代文学课,最乏味的就是明诗。倡言"诗必盛唐之上"的前后七子不必说,即使标榜"独抒性灵,不拘格套"的公安派或追寻"孤情单绪"的竟陵派,虽然在当时曾风行天下,家传户诵,但今日读来,也不过尔尔。等而下之者,更不足道。并非明代文人移情别恋,事实上,他们对诗歌这一古典艺术形式依然是一往情深。袁宏道甚至曾宣称"我辈不可一日无诗",这等痴迷执着,岂让古人?可怜耗尽明代无数文人心智的诗歌创作,既无宋诗那样的哲思和理趣,也无清诗那样的渊雅和机智,更不用说唐诗那样的气象和神韵。一言以蔽之曰:平庸。

其实明诗的平庸,明人自知之。他们也曾进行过各种创作试验,以革新诗风,再现辉煌。最早的努力就是前后七子发动的、前后影响近百年的文学复古运动,甚至到明末还余波未息。活跃在明末诗坛的陈子龙、李雯等人就对李梦阳、何景明的开创振兴之功犹三致意焉,比为"大禹决百川,周公驱猛兽"(《皇明诗选序》)。前后七子的复古口号是"诗必盛唐之上",具体而言,古体取法汉魏,近体取法盛唐。他们对汉魏盛唐的诗法、格调、境界等,都作过非常深入的探讨,反复试验,往复辩难,多有会心之语,非门外汉不能道。其诗也不乏近古风类唐音者,如李梦阳《秋望》《林良画两角鹰歌》,何景明《明月篇》《秋江词》等。李、何诸人的文学复古运动给明代诗坛带来了一股新风,甚至连李贽、袁宏道这些目空一世、刻意求新的晚明前卫人士对这一点也不予否认。如李贽在《管登之书》中曾将李梦阳与王守仁并称:"一为道德,一为文章,千万世后,两先生精光俱在。"(见《焚书》)我们也许只有设身处地,才能有现场感,才能体会这场虽曰复古实为创新的诗歌运动在当日惊世骇俗、新人耳目的作用。正如我们今日读胡适、沈尹默、周作人、刘大白等人的新诗,如果不重现当日的语境,怎能想象这些语言直白、思想肤浅、情感幼稚的白话诗居然在诗坛上刮起了一股旋风,令那么多的后生如痴如醉,群起仿效?尽管如此,我们还是不得不承认,这场以"诗必盛唐以上"为口号的诗歌革新运动,并未从整体上改变明诗平庸的面貌。以上所举李、何诸人的名篇,在浩瀚的明诗中不过是吉光片羽。明末清初的钱谦益曾贬斥前后七子"牵率模拟剽贼于声句字之间,如婴儿之学语,如桐子之洛诵"(钱谦益《列朝诗集小传》丙集)。虽不无偏激,但明诗的平庸,却是不可否认的事实。清人沈德潜曾说："宋诗近腐，元诗近纤，明诗其复古也。"（《明诗别裁集序》）不过出自他个人的艺术趣味与艺术偏好。事实上，明诗复古只是一种对艺术境界的追求，而非明诗已经达到的艺术境界。

或曰：明诗之所以平庸，就在其斤斤于复古拟古，食古不化。学古人之语气与体式，字模句拟，得其形似，而失其精神，画虎不成反类犬。我认为，这是一种似是而非的批评。须知古典艺术如诗歌的写作或创作，与现代诗歌创作大异其趣，古典诗歌讲究形式和技法，讲究由模拟而独创，这与绘画、书法等古典艺术有许多相通相同之处。任何一位古典诗人都有一个模拟古人、转益多师的过程，最后由形似而神似而浑然自成一家。这是前人的成功经验，明人岂能不知？何景明在与李梦阳讨论"古法"时，就有"舍筏登岸"之说，主张通过学习模拟"古法"而进入独创的艺术境界①，这与"诗体解放"以后的白话新诗创作路数大不相同，不能简单地以白话新诗的艺术观念去衡量品评古典诗歌的创作得失。闻一多提倡写"现代格律诗"，还有"戴着镣铐跳舞"的比喻，何况古人？既然是"戴着镣铐跳舞"，就得遵循一定的章法或规则，而这些章法或规则，在古典诗歌那里，须经过模拟训练才能掌握并运用自如。这样看来，明诗之平庸，非复古拟古之病。值得注意的是，晚明公安派、竟陵派另辟蹊径，走的是与复古派完全不同的路数，或强调"独抒性灵"，或寻觅"孤情单绪"，总之是"不拘格套"。袁宏道在《与丘长孺》

---

① 《与李空同论诗书》，见《大复集》卷三十三。

中说:"唐自有诗,不必选体也;初、盛、中、晚皆有诗,不必初、盛也;欧、苏、陈、黄各有诗,不必唐也。"这显然比复古派"诗必盛唐以上"的眼界开阔。又说:"诗何必唐,又何必初与盛?要以出自性灵者为真诗尔。"①这种看似比复古派更能得艺术创作的真谛。但理论是一回事,创作可又是另一回事。尽管公安派的创作理论在"五四"新文学运动之后备受赞扬,甚至在各种文学史教科书上大书特书,但他们在诗歌创作上的成就却相形见绌。平心而论,还不及前后七子。

纵观有明三百年诗坛,缺少的不是诗学理论,也不是诗作,缺少的是"真诗"。这是当时人的同感。何谓"真诗"?袁宏道说得好:"出自性灵者为真诗。"他又说:"当代无文字,闾巷有真诗。"(《答李子髯》见《袁宏道集笺校》卷二)"闾巷"中人既非文人,也非学者,既不知古风唐韵,更不懂诗学理论,但他们性情天真,活得率真,相与咏歌,各言其情,即成"真诗"。袁宏道迷恋于《竹枝》《打草竿》《劈破玉》一类民歌时调,绝非仅出自文人的猎奇心理,他在给乃兄的信中说:"近来诗学大进,诗集大饶,诗肠大宽,诗眼大阔。世人以诗为诗,未免为诗苦。弟以《打草竿》《劈破玉》为诗,故足乐也。"(《伯修》,见《袁宏道集笺校》)这种见解和感受,并非袁宏道一人的独家心得。李梦阳在《诗集自序》中就曾坦言:"予之诗非真也,王子所谓'文人学子韵言'耳。"(《诗集自序》,见《空同集》四十五)"王子"名叔武,乃一人不了《文苑传》的无名小辈,

---

① 《与丘长孺》,见钱伯城笺校《袁宏道集笺校》卷六。

诗坛领袖李梦阳竟以其"真诗乃在民间"一语，反躬自省，甚至教学诗者取法《锁南枝》这样的民歌（见李开先《词谑》）。从民歌中寻找"真诗"，这一曾被现代诗学理论家奉为法宝的口号，其实早就被李梦阳、袁宏道等人喊出。出自性灵者乃是"真诗"，悟出这个常识性的道理者，又岂止袁宏道一人？李梦阳也说过"诗者天地自然之音也"（《诗集自序》），只是表述方式不同罢了。应该说，明代的主流诗人已经非常准确地意识到明诗平庸的根本原因，并找到了革新诗风的道路，或取法古人，或刻意创新，殊途同归：寻找失落的"真诗"。但是，除了前后七子近乎古风唐音的诗作，公安派诸子的一些不失谐趣却被后人讥为浮薄浅露的率性之作，以及竟陵派诸子"幽深孤峭"的"鬼趣"，我们从近三百年的明诗中几乎感受不到令人激动的新气象。

这真是一个有趣的现象：理论的进步，创作的滞后。事实上，由宋迄明，诗话著作层出不穷，诗歌流派此起彼伏，古典诗学的方方面面，风格、意象、声律、技巧等，无一不被学者认真探讨过。诗学理论愈来愈精深缜密，诗歌创作却江河日下。难怪有人感叹："诗话出而诗亡。"揆之今日，我们难道没有同感？中外大学的象牙之塔中，热烈讨论着各种诗学理论，这样主义，那样流派，古今比较，东西比较，建构或者解构，分析或者综合，美学或者哲学，令人眼界开阔，思想深刻。如果说20世纪最后30年所创造的知识总量超过了前此人类所创造的知识总和，那么此间中西大学教授所创造的诗学理论总量，无疑也超过了前此人类所创造的诗学理论总和，但近年诗坛的寂寞，也是空前的。我们由此可以推想宋以后理论与创作之间的巨大反差。尽管研究者可以找出各种理由来为宋以后的诗辩护,说这是继唐诗之后另辟蹊径,别开生面,但宋诗在明代没有读者市场,明诗在清代没有读者市场,清诗在现代没有读者市场,却是不争的事实。宋以后的诗,更多的是为学人所喜,尤其是宋诗,在清代为胸有万卷书的学人津津乐道,至演为声势浩大的"宋诗派"。但宋以后的诗究竟能引起读者多少的兴趣,激起读者多少美感,实在是令后代专家气短的事情。其实,今日许多研究古典诗学话语的专家,研究的也多是形而上的理论,他们究竟对宋以后的诗有多大的阅读兴趣,我始终表示怀疑。在今天的图书市场上,还是唐诗最有号召力。这样看来,明代复古派对宋诗的否定,后七子领袖王世贞甚至放言"宋无诗",而倡言"诗必盛唐以上",并非几个文人故作偏激狂妄之语以哗众取宠,而是对宋诗走入魔道的强烈反弹。遗憾的是,他们自己虽然有心,却也已无力挽狂澜于既倒,令人有"无可奈何花落去"的感叹。

当然,我们也可以这样理解:既然一代有一代之文学,一代也有一代之诗歌。先秦有先秦之诗,汉魏六朝有汉魏六朝之诗,唐宋有唐宋之诗,明清有明清之诗,现代有现代之诗,不应以唐诗为诗歌艺术的唯一标准。如钱锺书论"诗分唐宋":"唐诗多以丰神情韵见长,宋诗多以筋骨思理见胜。"(《谈艺录》)尽管如此,我们还是不能否认唐诗的独特魅力和唐以前诗的独特韵味,是宋以后诗所缺乏的。而这魅力、这韵味,正是诗之所以为诗。南宋严羽在《沧浪诗话》中说:"诗有别材,非关书也;诗有别趣,非关理也。"(见郭绍虞《沧浪诗话校释》)可谓得诗艺三昧。宋以后诗人书非不多,理非不精,学非不厚,识非不广,尤其是清人，主流诗人同时多为博雅的大学者，他们的诗确实别有一种情致，别有一种趣味，但可称为"学人之诗"，难以称为"诗人之诗"。要读懂以至欣赏这些"学人之诗"，胸中非藏有万卷书不可。平心而论，宋诗的哲思和理趣，清诗的渊雅和机智，虽无古诗那样的气韵和唐诗那样的气象，但在博雅君子文人学者圈子中，尚不乏知音。明人既无这种本钱，论哲理论不过宋人，掉书袋掉不过清人，所以只有落得个平庸。

明代诗人的艺术追求是无可非议的，他们要追求汉魏古风、盛唐气象，要向民歌中寻找"真诗"，要诗歌表现性灵，表现自我，见解不可谓不深刻。所以不能改变明诗平庸的面貌者，非不知也，非不为也，是不能也。为何不能？李贽一语道破天机：童心泯灭。宋以后的假人假语假诗文，固然失却童心；即使真人真语真诗文，也未尝不失却童心。我这里所谓童心，是指一种纯真烂漫的心态，是理性尚未成熟之前人类心灵的自然状态。这种心态或状态的保持或改变，对一个民族或群体来说，是不以人的意志为转移的文化现象。文化发展演进的规律，是从蒙昧趋向理性，也就是说，理性多一分，童心就少一分。事实上，自宋以降，中国文化就告别天真古朴的浪漫时代，走向成熟的理性时代。我们读宋以后的文学史学哲学，就能强烈感受到这种成熟的理性，已经开始弥漫于整个中国文化。宋诗正是中国文化理性成熟之后结出的花果。人类从蒙昧走向理性，人心由单纯日趋复杂，这毫无疑问是文明的进步，但古典诗歌的黄金时代也随之逐渐消逝。我始终认为，正如神话一样，诗歌也是人类童年时代的艺术。当人类日渐告别童年时代，理性日渐张扬，是否还可能继续保持天真烂漫的诗心？人心不古，这本来是道德家的老生常谈，如果用来描述诗歌艺术的衰落，不是也可以表达人类对自己日渐丧失的童心的追怀和感慨吗？当人类以日渐理性的眼光打量这个已经失去神秘感的世界和愈来愈世俗化的人生，用理性的头脑去思考自然与人生的种种问题时，还能在心底激起多少诗情？当然，理性成熟的人类照样可以用诗歌这种艺术形式去交流情感表现心灵，正如现代人也可以创造出科幻小说、科幻电影一类的"现代神话"，但那心灵、那想象，非复童心的自然流露，那是成年理性精神的故作天真。宋以后的诗人，诗心非不真也，诗艺非不精也，才气非不足也，学养非不厚也，唯独越来越失去古人的那份天真烂漫。文化日渐成熟，人心日渐世故，这是无可奈何的事。尽管后人追怀羡慕这种天真烂漫，也不乏超凡脱俗之辈力求挣脱理性的桎梏，返璞归真，但大都是徒劳。即使有晚明徐渭、李贽、袁宏道那样的性情率真之人，也不能再现盛唐以上的那种气象，原因在此：童心既泯。这童心不是指某个人的性灵，而是指某一民族的文化心理状态。这是可以从不同时代的诗中感受出来的。启功先生曾有《论诗绝句》，其一曰："唐以前诗次第长，三唐气壮脱口嚷。宋人句句出深思，元明以下全凭仿。"（见《启功丛稿·诗词卷》）笔者当年求学先生门下，曾听先生说：唐以前的诗是唱出来的，唐诗是嚷出来的，宋诗是想出来的，宋以后的诗是仿出来的。这个见解，不是从某种诗学理论推衍出来的，而是启功先生对古典诗歌含英咀华体悟出来的。当然，我们也可以举出个别例外来加以反驳，但从中国古典诗歌的整个发展走向看，启功先生的这种见解无疑是深刻的。

诗歌艺术随着理性成熟而日渐退化，这是宋以后中国古典诗歌的宿命。鲁迅说得好："一切好诗，到唐已被做完。"[①]闻一多也说："诗的发展到北宋实际也就完了，南宋的诗已经是强弩之末……我们只觉得明清两代关于诗的那许多运动和争论，无非重新证实一遍挣扎的徒劳与无益而已。"[②]尽管钱锺书、金性尧、钱仲联等一流学者别具慧眼沙里淘金，千里挑一万中取一，选编出《宋诗选注》《明诗三百首》《清诗精华录》等，但这些宋明清诗选本的号召力可能还不如一个普通学者编选的唐诗选本。此无它，对中国普通读者来说，唐诗的魅力是不可替代的。我并非唯唐诗主义者，只是想表明一个事实：古典诗歌的衰落，乃无可奈何之事。后代的学问胜过前人，后代的才识，胜过前人；后代的眼界胜过前人；后代的理论更胜过前人。他们可以在叙事艺术领域如散文小说创作中超越前人，更能创造出新的艺术形式如影视等，但在诗歌这样的艺术领域，也许就难以再创昔日的辉煌。艺术的退化，并非诗歌一例。马克思也曾经赞叹古希腊神话是后人不可能企及的高峰。现代人的想象也许超越古人，如科幻小说、科幻电影一类的"现代神话"，能与古希腊神话媲美吗？文明进化并不意味着一切艺术形式生命常青。随着中国文化理性成熟，世故愈深，作为人类童年心灵艺术的诗歌，自然渐渐变味，变为呈显才学的宋诗，再变为掉书袋的清诗。明人深感诗歌艺术走入魔道，力倡"诗必盛唐以上"，或"独抒性灵，不拘格套"，无论复古也罢，创新也罢，企图都是要找回失落的"真

---

① 《鲁迅书信集》下册，人民文学出版社，1976，第699页。
② 《文学的历史动向》，载《闻一多全集》三联书店，1982，第203页。

诗",无奈童心既泯,终归徒劳。数量上远远超过唐诗的或摹古或创新的平庸诗作,就是他们失败的记录。最多,只留下了一大堆诗学理论或思想资料供后代文学批评史家津津有味地咀嚼。

原载《西南师范大学学报》2002年第6期

词中故事：明末士风与清初科场案

康熙十五年（1676）冬雪之日，江南举人顾贞观在北京，寓居千佛寺中，想起远戍宁古塔的一位文友，百感交集，挥毫写下《金缕曲》二首。词曰：

季子平安否？便归来、平生万事，那堪回首。行路悠悠谁慰藉，母老家贫子幼，记不起、从前杯酒。魑魅择人应见惯，总输他覆雨翻云手。冰与雪，周旋久。

泪痕莫滴牛衣透。数天涯、依然骨肉，几家能够？比似红颜多命薄，更不如今还有。只绝塞、苦寒难受。廿载包胥承一诺，盼乌头马角终相救。置此札，君怀袖。

我亦飘零久。十年来、深恩负尽，死生师友。宿昔齐名非忝窃，试看杜陵穷瘦，曾不减、夜郎僝愁。薄命长辞知己别，问人生到此凄凉否？千万恨，为君剖。

兄生辛未吾丁丑。共些时、冰霜摧折，早衰蒲柳。词赋从今须少作，留取心魂相守。但愿得、河清人寿。归日急翻行戍稿，把空名料理传身后。言不尽，观顿首。

词是书信体,上章慰友,当时作者丧妻,而朋友尽管流放苦寒之地,抛母别子,但毕竟有妻相伴,故云"比似红颜多命薄,更不如今还有",让朋友感到自己并非世界上最不幸之人。"甘载包胥承一诺,盼乌头马角终相救",借用申包胥哭秦救楚的故事,表达对落难朋友鼎力相救的誓愿。下章自慨,倾诉十多年来对朋友的思念,并以杜甫自比,而以流放夜郎的李白喻友人,故有"杜陵消瘦""夜郎僝愁"云云。末句"言不尽,观顿首"原是书信结尾的套语,用在这里反觉自然亲切。并非苦心经营精雕细刻而成,也无名言警句,给人的感觉是平淡,如说家常话,但它却感动了许多读者,成为清词中最为人传诵的杰作之一,至有"千秋绝调"(陈廷焯语)之誉。作者以词代书,寄赠的朋友姓吴,名兆骞,字汉槎,江南吴江人。我想吴兆骞在冰天雪窖中获读此词,一定是热泪纵横情不能已。但这并不重要。因为,吴兆骞终于结束二十多年的流放生涯,并非他的眼泪感动了命运之神,而是顾贞观的词感动了一位贵人——纳兰性德,宰相明珠的公子。据作者附记云:

二词容若见之,为泣下数行,曰:"河梁生别之诗,山阳死友之传,得此而三。此事三千六百日中,弟当以身任之,不俟兄再嘱也。"余曰:"人寿几何,请以五载为期。"恳之太傅,亦蒙见许。而汉槎以辛酉入关矣。附书志感,兼志痛云。

按:"河梁生别之诗"即《昭明文选》中托名李陵与苏武的

"别离诗","山阳死友之传"则指《后汉书·独行传》中范式与张劭的故事。范式字巨卿,山阳金乡人,少游太学,为诸生,与汝南张劭为友。后劭寝疾笃,同郡郅君章、殷子征晨夜省视之。劭弥留之际,叹曰:"恨不见我死友耳!"子征曰:"吾与君章尽心于子,是非死友,复欲谁求?"劭曰:"若子者,吾生友耳;山阳范巨卿,所谓死友耳。"皆为古典诗文中抒写生死友情的千古绝唱。顾贞观《金缕曲》对友人之情真语切,丝毫不让前贤。纳兰性德是性情中人,重然诺,他既被顾词感动,便说动他父亲明珠宰相,吴兆骞终于在五年之后生还回京。纳兰性德后来在《祭吴汉槎文》中说:"《金缕》一章,声与泣随。我誓返子,实由此词。"这样一个动人的故事,后来有各种版本,其一曰顾贞观设计营救吴兆骞,会明珠宴客,举巨觥谓顾氏道:"饮此杯,为救汉槎!"顾素不饮酒,至是一饮而尽。明珠笑曰:"我这是玩笑。君即使不饮,我岂有不救汉槎的道理?"(见袁枚《随园诗话》卷三)又一曰吴兆骞还京后,因小故与顾贞观闹矛盾,顾亦不自辩。一日,明珠招兆骞小饮,入书房,见粉壁大书曰:"顾某为吴汉槎屈膝处。"顾贞观竟为救朋友而屈膝下跪,吴某不觉羞愧难当(见黄邛《锡金识小录》卷六)。因有这些传说,顾贞观其人其词,便成了有清一代士林津津乐道的一个话题。

这当然是关于友谊的话题。但我更感兴趣的是词中故事:吴兆骞何以被流放?据邓之诚《清诗纪事初编》卷三,吴兆骞少有隽才,曾为大诗人吴梅村激赏,誉为"江左三凤"之一。顾词云:"魑魅择人应见惯,总输他覆雨翻云手。"显见得吴兆骞是背后被人下了烂药。联想到清初的"文字狱",我猜想他一定是因触犯时讳,也就是涉及当日敏感的政治问题,被人告密,而罹此难。这在清初,乃司空见惯之事。但据孟森《心史丛刊》一集《科场案》所述,吴兆骞之遭人暗算,与所谓"时讳"无关,而是因为丁酉江南"科场案"。原来,吴兆骞于顺治十四年(农历丁酉)参加江南乡试,一举成功,但他万没想到一场大祸竟从天而降。有人向朝廷举报,此次江南科考有黑幕,正副主考方猷、钱开宗等人涉嫌舞弊。世祖遂责成刑部严鞫之,并决定亲自复试江南新科举人,以定真赝。还有一种传说:才子尤侗也参加了该科江南乡试,但名落孙山,气愤之余,撰《钧天乐》传奇,揭露考场幕后的种种暗箱操作。此剧传入禁中,惊动圣上,于是引发空前惨烈的丁酉科场大狱。也有记载说:江南乡试发榜后,舆论哗然,有无名氏撰《万金记》杂剧,以"方"字去一点为"万","钱"字去"戋"为"金",指二主考姓,备极行贿通贿状,流布禁中,上震怒,遂有是狱。顺治十五年三月十三日,北京尚春寒料峭,清世祖亲临西苑瀛台,以四书文二篇诗赋各一题复试江南新科举子,结果大多数人顺利过关,因文理不通革去举人者仅十四人而已。以吴兆骞的才情,通过这样的复试绝非难事,但他居然交了白卷!该年年底,丁酉科场案的处理结果出来了:正副主考"俱着正法",十七名房考(阅卷官)除一人已死亡外,一律处绞,妻子家产籍没入官。未完卷或交白卷的八人,责四十板,家产籍没入官,充军宁古塔。可怜的吴兆骞,就这样与妻子一道,被流放到距京城有七八千里之遥的宁古塔。这一年,吴兆骞仅廿七岁。而康熙二十年他被赦还回京时,已年过半百。这位江南名士最美好的岁月,就这样给蹉跎了。

吴兆骞当然不是咎由自取罪有应得。他既不可能勾兑考官,也不可能寻找枪手。他之所以交白卷,是被当时考场的恐怖气氛给吓破了胆,查慎行所谓"书生胆小当前破"也。据李延年《鹤征录》:"复试之日,堂上命二书一赋一诗,试官罗列侦视,堂下列武士,银铛而外,黄铜之夹棍,腰市之刀,悉森布焉。"又,王应奎《柳南随笔》:"是时每举人一名,命护军二员持刀夹两旁,与试者悉惴惴其栗,几不能下笔。"当然,在这样戒备森严如临大敌而且是"非我族类"的监控之下,也有临危不乱处变不惊之人,例如后来成为名相的张玉书。但吴兆骞偏偏神经短路,自遗伊戚;也有人说他是气愤不过,故意交了白卷。(刘禺生《世载堂杂忆》)但凡是了解他的人,无不为之惋惜。吴梅村曾有《悲歌赠吴季子》一诗,慨叹其遭遇:

人生千里与万里,黯然销魂别而已。君独何为至于此?山非山兮水非水,生非生兮死非死。十三学经并学史,生在江南长纨绮。词赋翩翩众莫比,白璧青蝇见排抵。一朝束缚去,上书难自理。绝塞千山断行李,送吏泪不止,流人复何倚?彼尚愁不归,我行定已矣。八月龙沙雪花起,橐驼垂腰马没耳。白骨皑皑经战垒,黑河无船渡者几?前忧猛虎后苍兕,土穴偷生若蝼蚁。大鱼如山不见尾,张鬐为风沫为雨。日月倒行入海底,白昼相逢半人鬼。噫嘻乎悲哉!生男聪明慎勿喜,仓颉夜哭良有以。受患只从读书始,君不见吴季子!

此诗流传甚广，与顾贞观的《金缕曲》二首，前后呼应，竟使蹉跎半生后来在文章功名上均无所成就的吴兆骞播在人口，成为丁酉科场案中最为人津津乐道的话题。但吴兆骞乃无辜罹难者，所以近人有以丁酉江南科场之狱为清朝统治者残酷摧折汉族士林的罪证。或以为，当时满洲初入关，立足未稳，东南沿海及云贵川三省尚在忠于明朝的势力的控制之中，而江南士林的反清情绪正在暗中酝酿，大有一触即发之势，故满洲统治者要借此剪除异己。其实不然。以汉族士林之世故，有奶便是娘，又有几人是忠于故国以身相许者？遗民顾炎武为之痛心疾首曰："士之无耻，是为国耻！"可见士林之改换门庭已无操守可言。这是可以理解的。岂不闻士乃附着于帝王这张皮上的毛，"皮之不存，毛将焉附？"我们何必以今日士林都未必能身体力行的道德去苛求明清易代之际处境尴尬的读书人？吴兆骞既已参加乡试，就表明他认同新朝，清朝统治者何苦要严厉惩治这样一位江南名士？

窃以为，丁酉江南科场案不过是明末士风所酿成的恶果，所谓"冰冻三日，非一日之寒"也。众所周知，科举制度之设，原其初衷，本来就为的是改变人情关系网决定士品高下的局面，通过分科考试来为国选才，所谓"考试面前人人平等"。旅美华人学者邓嗣禹曾在《哈佛亚洲研究学刊》第7卷第4期上发表《中国科举制度西传考》一文，旁征博引数十种西文文献，证明中国是最早发明考试的国家，而欧洲的文官考试制度乃受中国科举考试影响的结果。故有国人盛称科举制考试乃中国的"第五大发明"。但我却为之悲哀。因为，自从实行科举取士以来，总有人不信邪，要走人情关系的后门，要用金钱贿赂考官，要以作弊的方式猎取功名。尽管唐宋时代已有种种防止作弊的规定如密封、誊录、回避等,但中国人在作弊方面的想象力创造力实在是太丰富了,可谓是防不胜防。而人情观念之浓,也足以消解国家科考取士的严肃性与公正性。我甚至认为,明太祖与刘基商定以八股取士的方式,也是给逼出来的。八股文考试不过是一种规定了文体、章法甚至字数的标准化考试,虽然禁锢思想,但却能最大限度减少阅卷官的主观好恶以及舞弊的可能性,以保证国家科举取士的公正。但上有政策下有对策,即使你出偏题怪题,也被人情关系网一一化解。明代中后期,科场之黑暗,暗箱操作之盛行,皇帝也无可奈何。崇祯皇帝眼见大势已去,痛心疾首悲叹:"朕非亡国之君,而臣皆亡国之臣!"良有以也。这种风气延续至清初,尽管江山易主,科场舞弊的风气一如既往。据孟森《科场案》,就在丁酉江南科场案的同一年,北京、河南、山东、山西等地也同时惊曝出科场舞弊的黑幕。清朝统治者不下猛药能治住汉族士林相沿已久习以为常的痼疾吗?科举乃国家大典,古人所谓"王法",居然被视同儿戏,这让尚未沾染汉族士林恶习的清初统治者作何感想?所以我非常理解年轻的顺治皇帝的严厉甚至是严酷。满汉之仇已成历史旧账,我们今日何必要坚持狭隘的民族成见,为那些科场舞弊者鸣冤叫屈呢?吴兆骞不过是被殃及的"池鱼",他不得不吞下汉族士林自己种下的苦果。如是而已。

而且,吴兆骞悲剧的幕后还有故事。明末清初,文人为切磋八股,揣摩文风,纷纷结社,各立门户,争相标榜。据谢国桢《明清之际党社运动考》,清初顺治年间,吴中以慎交、同声二社最有影响,而吴兆骞为慎交社之领袖。吴兆骞少年气盛,曾语吴中名士汪琬曰:"江东无我,卿当独步。"可谓不可一世。又据邓之诚《清诗纪事初编》卷三:"吴兆骞,字汉槎,吴江人。少有隽才。……稍长,为慎交社眉目,与同声社章在兹、王发争操选政有隙。顺治十四年,罹科场之狱,遣戍宁古塔,章、王所告发也。"也就是说,吴兆骞之罹难,除了复试交白卷外,还因同声社的章在兹、王发下烂药。章、王二人因与吴争夺选刻评点八股文考卷之权,结下宿怨,于是乘人之危痛打落水狗。这就是顾词"魑魅择人应见惯,总输他覆雨翻云手"云云的注脚。拉帮结派,党同伐异,钩心斗角,互相拆台,这是明末清初文人结社的通病。其间无所谓正义非正义,无非是争名夺利,至多不过是趣味相左意气之争而已。用时下的流行语说,叫作争夺"话语霸权"。这种文人相轻结社为党的恶习,又随着他们科举考试成功而带进官场,进而左右士林,影响政坛。明末科场之黑暗政治之腐朽,与这种士风未始没有关系。清朝统治者决心整肃士风,而严惩江南文社领袖吴兆骞,未始没有"杀一儆百"的考虑。事实上,顺治十七年,也就是丁酉科场案两年之后,清廷便下令严禁士子立盟结社。江南名士吴兆骞可以说是撞到枪口上了。

读顾贞观《金缕曲》词,既慨叹古人义气之重,也为吴兆骞的无辜罹难蹉跎半生扼腕叹息。科场舞弊案历代皆有,而惩罚之严酷,则前所未有。清朝统治者对汉族士林是否太严酷太狠毒?但联想到明末清初的士风与科场风气,又觉得不如此不足以震慑士林。纵观古今历史,窃以为,中国的读书人,历来是服打不抽的,文雅一些说:敬酒不吃吃罚酒。这话也许有些恶毒。但事实就是如此。记得明人陆容眼见士风日坏,曾感慨道:"国初是国家对不起读书人,而今是读书人对不起国家。"(《菽园杂记》)明代后期士风之每况愈下,科场舞弊之日渐猖獗,积重难返,终于在清初引起总爆发,让统治者来算总账,结果是玉石俱焚,殃及无辜。可叹也哉!可叹也哉!

原载《读书》2003年第6期

论"度柳翠"杂剧的两个系统

徐渭《四声猿》包括《狂鼓史》《玉禅师》《雌木兰》《女状元》等四个杂剧,其中《玉禅师》(全名《玉禅师翠乡一梦》)搬演南宋月明和尚点化妓女柳翠成佛的故事,与元人李寿卿《月明和尚度柳翠》(以下简称《度柳翠》)似有先后承继关系。如董康《曲海总目提要》与胡士莹《话本小说概论》便皆以为李寿卿的《度柳翠》取材于民间传说,而徐渭的《玉禅师》又脱胎于李寿卿的《度柳翠》,两个杂剧搬演的同一故事。(见董康《曲海总目提要》卷一)这一故事的共同来源即杭州民间流行的"度柳翠"传说。后人遂以讹传讹,几成定谳。

同一故事或同一题材,被改编为不同的剧本或移植为不同的剧种,这在中国戏曲史上屡见不鲜。现代研究者就难免形成一种思维定势,凡题材相同者,便望文生义、钩赜索玄,以证成其有同源或承继关系。徐渭的《玉禅师》之于李寿卿《度柳翠》,便遭遇了这一命运。论者但以两剧皆搬演"月明和尚度柳翠"的故事,并未细读原作,就想当然地以为徐渭《玉禅师》乃旧曲翻新,与元人李寿卿《度柳翠》同出一源。其实,只要将两剧对读,便不难发现徐渭的《玉禅师》与李寿卿的《度柳翠》既非同出一源,也非旧曲翻新。其剧情、人物、命意,均各不相同;所同者,唯剧中人物"月明和尚"与"柳翠"之姓名耳。

李寿卿的《度柳翠》又名《月明和尚三度临歧柳》,是一典型的"度脱"剧。该剧"楔子"中老旦扮观音菩萨上场道:

我那净瓶内杨柳枝叶上偶污微尘,罚往人世,打一遭轮回,在杭州抱鉴营街积妓墙下,化作风尘匪妓,名为柳翠。直等三十年之后,填满宿债,那时着第十六尊罗汉月明尊者,直至人间点化柳翠,返本还元,同登佛会。

"柳翠"原是观音菩萨净瓶内的一枝杨柳,偶污微尘,被罚往人世为妓。全剧便围绕"月明尊者"下凡点化"柳翠"悟道成佛的过程展开。笔者认为《度柳翠》并非取材于"度柳翠"的民间传说,而是"主题先行",即将元代流行的"度脱"观念具体化,而"月明"和"柳翠"之命名,则明显具有象征色彩。"月明"象征佛法无所不照,"柳翠"象征沦落凡尘的人类。如:

〔旦儿云〕你是什么和尚?〔正末云〕我是月明和尚。〔旦儿云〕你是月明和尚,你是那个月?〔正末云〕柳翠,我这个月单道着你身上哩。〔唱〕若不是月正明,柳也你有谁问?休看我似那陌上的这征尘。(第一折)

这月明曾碾破银河万里空,这和尚曾击响金陵半夜钟,端的个洗碧落露华浓。(楔子《仙吕赏花时》)

> 这的是蟾影光磨百炼铜,这月曾照兴废古今同。你则看那北邙山的故冢,都一般潇洒月明中。(楔《幺篇》)
>
> 唱道是佛在西天,月临上方,才得你一缕阴凉。(第四折《鸳鸯煞》)

这难道不令人联想起禅宗"月映万川"的著名比喻?"月明"难道不是从这一经典比喻中化出?而"柳"在古典的话语系统中则代指春色、美色乃至妓女等,可视为"类名"或"共名",故月明和尚道:"柳翠也,自古及今,你这柳身上罪业不轻哩"(第二折)。剧中唱段即借"柳"这一意象大做文章:

> 早是这光阴速,更那堪岁月紧,现如今章台怕到春光尽。则这霸陵又早秋霜近,直教楚腰傲杀东风困。有一朝花褪彩云飞,那里取四时柳色黄金嫩。(第一折《寄生草》)
>
> 你倚仗着枝疏叶嫩当时候,不肯道跨天边彩凤,只待要听枝上鸣鸠。你可也锁不住心猿意马,却罩定野鹭沙鸥。你则恋着他那一时间翠嫩青柔,怎不想久以后绿惨红愁。(第二折《梁州第七》)
>
> 毕罢了斜阳古道愁如织,饱觑着碧天边蟾光似水,冰轮碾破玉尘飞,早则不倚禅床皱定双眉。柳也,你见了些朱门日日临官道,你见了些流水年年绕钓矶。则你那桃花脸休洗杨花泪,断不了你那章台上霜风渐渐,渭城边烟雨霏霏。(第三折《耍孩儿》)
>
> 来了你呵,黄莺也懒更啼,金蝉也无处栖。来了你呵,

再不见那绿荫深处把青骢系。来了你呵,再不见那舞春风楚宫别院纤细腰。来了你呵,再不见那缀晓露汉殿长门翠眉低。来了你呵,再不见那影蹁跹比张绪多娇媚。来了你呵,再不见那助清凉陶令宅两行斜映,增杀气亚夫营万缕低垂。(第三折《三煞》)

柳也,这不是大树大阴凉,我则怕甘做了老孤桩。柳也,早逢着玉殿骖鸾客,再休想那章台走马郎,度你到西方,饱看月明风清况。(第四折《得胜令》)

作者在这里并非掉书袋以显示自己博学多闻,而是通过"柳"以及相关的意象来表达"诸行无常"与超脱尘世的禅理。与马致远的《马丹阳三度任风子》、杨景贤的《马丹阳度脱刘行首》、谷子敬的《吕洞宾三度城南柳》等"神仙道化"剧一样,李寿卿的《度柳翠》也是风格严肃的"正剧",绝无滑稽谐谑的意味。再看田汝成《西湖游览志》记载的民间传说:

普济巷东通普济桥,又东为柳翠井,在宋为抱剑营地。相传绍兴间柳宣教者,尹临安,履任之日,水月寺僧玉通不赴庭参,宣教憾之,计遣妓女吴红莲,诡以迷道,诣寺投宿,诱之淫媾。玉通修行五十二年矣,戒律凝重,初甚拒之,乃至夜分,不胜骀荡,遂与通焉。已而询知京尹所赚也,惭恧而死,恚曰:"吾必坏汝门风。"宣教寻亡,而遗腹产柳翠,坐蓐之夕,母梦一僧入户,曰:"我玉通也。"既而家事零落,流寓临安,居抱剑营。柳翠色艺绝伦,遂隶乐籍,然好佛法,喜施与,造桥万松岭下,名柳翠桥,凿井营中,名柳翠井。久之,皋亭山显孝寺僧清了,谓净慈寺僧如晦曰:"老通堕落风尘久矣,盍往度之。"如晦乃以化缘诣柳翠,为陈因果事,柳翠幡然萌出家之想,如晦乃引见清了,清了为说佛法奥旨及本来面目,末且厉声曰:"二十八年烟花业障,尚尔耽迷耶?"柳翠言下大悟,归即谢铅华,绝宾客,沐浴而端化。归骨皋亭山,从所度也。(《西湖游览志》卷十三)

这是一个非常世俗化的故事:一个"修行五十二年""戒律凝重"的高僧,抵挡不住美色的诱惑而破了戒体。有趣的是,玉通和尚的堕落并非故意,也非情愿,而是误中临安府尹柳宣教故意设下的报复性的"美人计"。后来玉通投胎为柳宣教的女儿,沦落为妓,以败柳家门风,也很符合中国人冤冤相报的传统心理。这里的一切好像都非常符合人情之常,柳宣教的报复,玉通的堕落与反报复,柳翠的沦落以及悟道,很容易引起听众或读者"同情的理解",而不是憎恶或反感。这显然不是一个单纯的"度脱"故事,其意蕴要比李寿卿的《度柳翠》丰富得多。至少这里隐含着一种中国固有价值观念与佛教教义的冲突:人而无欲是否可能?《礼记·礼运》说:"饮食男女,人之大欲存焉。"儒家经典的这种男女观念是被中国人普遍认同的。明清通俗小说戏曲中描写和尚尼姑偷情的作品之多,就可以见出中国民间对佛教戒淫说的调侃态度。但"度柳翠"传说中的玉通,不是"花和尚"也不是"酒肉和尚",他是一位"戒律凝重"的高僧,他可以藐视世俗的权威（柳宣教），但却不能拒绝美色的诱惑，这是佛门的悲剧，却是中国民间的喜剧。田汝成的《西湖游览志余》记载杭州民间风俗：

> 杭州男女瞽者，多学琵琶，唱古今小说、平话，以觅衣食，谓之陶真。大抵说宋时事，盖汴京遗俗也。瞿宗吉过汴梁诗云（略），其俗殆与杭无异，若《红莲》《柳翠》《济颠》《雷峰塔》《双鱼扇坠》等记，皆杭州异事，或近世所拟作者也。（《西湖游览志余》卷二十）

与李寿卿《度柳翠》大异其趣的"度柳翠"传说，居然成了民间喜闻乐道的保留节目。而据清人陆次云《湖壖杂记》："今俗传月明和尚驮柳翠，灯月之夜，跳舞宣淫，大为不雅。"类似"猪八戒背媳妇"的滑稽剧，难怪清人翟灏的《通俗编》说："今所演，盖《武林旧事》所载元夕舞队之《耍和尚》也。"杭州民间传说以及据此搬演的"度柳翠"，是否即《耍和尚》，姑且不论，但民间以戏谑滑稽的风格表演玉通和尚误中美人计，却是不争的事实。

也就是说，"月明和尚度柳翠"的本事显然有两个系统：一是元人李寿卿《度柳翠》杂剧，一是杭州民间传说。前者是正剧，后者是喜剧，至少在民间演绎成喜剧。笔者认为，李寿卿的《度柳翠》无论从情节、人物、命意等方面而言，都不可能取材于民间传说，而是佛教"度脱"观念的演绎，而"度柳翠"的传说则不过是中国民间艺人对这一观念的解读。考《西湖游览志》所载传说,其真实性是很值得怀疑的。通检宋末潜说友著《咸淳临安志》卷四十八详载两宋杭州府尹,并无柳宣教其人;卷三十七《井》,也不见有所谓"柳翠井"。疑是元末明初民间说书艺人撮合道听途说张冠李戴,甚至是凭空虚构,借"月明和尚度柳翠"的话题杜撰出来的故事。"度柳翠"("柳翠"应视为"类名")本来是严肃正经的主题,而中国民间自古就有"解构"或"消解"严肃正经的传统,解构帝王,解构圣贤,解构神仙,解构英雄,消解一切严肃正经的话题,这是民间通俗文学的热点。和尚好色,尼姑偷情,正是民间艺人借题发挥消解正经的绝好题目。

徐渭的《玉禅师》从情节、人物,正是搬演的"度柳翠"民间传说,而非李寿卿《度柳翠》杂剧的旧曲翻新。徐渭的《玉禅师》虽然采用北曲,但与元杂剧的"一人独唱"不同,是生旦皆唱,此姑不论。徐渭并非充满批判精神或道义感的思想家,虽然其"胸中又有勃然不可磨灭之气,英雄失路托足无门之悲"(袁宏道《徐文长传》),但他其实只是一滑稽多智、游戏人生的浪漫才子。他创作《四声猿》《歌代啸》杂剧,戏谑调侃,无非是消解正统,化严肃为笑谈,令观众或读者在一笑之余,体悟到人生社会的荒诞。其《玉禅师》虽然也有月明和尚"点化"柳翠的情节,但并非严格的"度脱"剧,而是充满滑稽戏谑的"谐剧",剧情:柳宣教——红莲——玉通——柳翠——月明,我甚至觉得,徐渭也无意于讽刺或嘲笑,而是以一种游戏的态度来搬演佛门故事。第一出玉通和尚出场道:

俺想起俺家法门中这个修持，像什么？好像如今宰官们的阶级，从八九品巴到一二，不知有几多样的贤否升沉；又像俺们宝塔上的阶梯，从一二层扒将八九层，不知有几多般的跌磕蹭蹬。假饶想多情少，止不过忽剌剌两脚立追上能飞能举的紫霄宫十八位绝顶天仙；若是想少情多呵，不好了，少不得扑咚咚一交跌在那无岸无边的黑丰都十八层阿鼻地狱。那个绝顶天仙，也不是极头地位，还要一交一跌，不知跌在甚恶堑深坑。若到阿鼻地狱，却就是没眼针尖，由你会打会捞，管取捞不出长江大海。有一辈使拳头喝神骂鬼，和那等盘踝膝闭眼低眉，说顿的，说渐的，似狂蜂争二蜜，各逞两下酸甜；带儒的，带道的，如跛象扯双车，总没一边安稳。谤达摩单传没字，又面壁九年，却不是死林侵盲修瞎炼，不到落叶归根；笑惠可一味求心，又谈经万众，却不是生胡突斗嘴撩牙，惹得天花乱坠。真消息香喷喷止听梅花，假慈悲哭啼啼瞒过老鼠。言下大悟，才显得千寻海底泼剌剌透网金鳞；话里略粘，便不是百尺竿头滴溜溜腾空铁汉。

与李寿卿的《度柳翠》观音菩萨的开场白对读，就不难发现两者大异其趣。李寿卿在布道，徐渭在搞笑，这是他的拿手好戏。他曾道："无所不可，道在戏谑。"又道："天下事那一件不可笑者？"玉通和尚的这段开场独白，就令人观众绝倒。最令人叫绝的是，红莲勾引玉通的情节，在《西湖游览记》中不过"妓女吴红莲，诡以迷道，诣寺投宿，诱之淫媾"寥寥数语，而在徐渭的《玉禅师》中则扩展为一出（全剧两出），于是，别出心裁的场面出现了：

（红做肚疼渐甚欲死介）

玉通：懒道人，快烧些姜汤与这小娘子吃，想是受寒了。

道人：姜这里没有。要便到大殿上去讨。半夜三更黑漆漆，着舍要紧。

（红做疼死复活介）

玉通：小娘子，你这病是如今新感的，还是旧有的？

红莲：是旧有的。

玉通：既是旧有的，那每常发的时节，却怎么医才医得好？

红莲：不瞒老师父说，旧时我病发时，百般医也医不好。我说出来也羞人，只是我丈夫解开那热肚子，贴在我肚子上揉就揉好。

玉通：看起来，百药的气味，还不如人身上的气味更觉灵验。

坐怀乱与不乱，这就是中国民间判别道行高下的试金石。后来，《古今小说》卷二十九《月明和尚度柳翠》将吴红莲的这一段演绎为："妾丈夫在日，有此肚疼之病，我夫脱衣将妾搂于怀内，将热肚皮贴于妾冷肚皮，便不疼了。"这真是将问题逼到了极端。《楞严经》卷一载佛弟子阿难，被摩登伽女淫咒所惑，情难自禁，将破戒体，幸有如来佛遣文殊师利以咒解之。这当然是一个佛教寓言。在徐渭的《玉禅师》中，玉通和尚也想到了这一经典的"度脱"个案：

> 玉通：当时西天那摩登伽女，是个有神通的娼妇，用一个淫咒把阿难菩萨霎时间摄去，几乎儿坏了他的戒体，亏了世尊如来才救得他回。那阿难是个菩萨，尚且如此，何况于我？
>
> 红莲：师父，我还笑这个摩登没手段，若遇我红莲呵，由他铁阿难也弄个残。

这真有"呵佛骂祖"的味道。但更有趣味的是，高僧玉通与妓女红莲的对唱对白：

> 玉通：我在竹林峰坐了二十年，欲河堤不通一线。虽然是活在世，似死了不曾然。这等样牢坚，这等样牢坚，被一个小蝼蚁穿漏了黄河堑。
>
> 红莲：师父，吃蝼蚁儿钻得漏的黄河堑，可也不见牢。师父，你何不做个钻不漏的黄河堑？
>
> 玉通：我且问你，你敢是那个营娼惯撒奸的红莲么？
>
> 红莲：我便是。待怎么？
>
> 玉通：你这红莲，敢就是绿柳使你来的么？
>
> 红莲：也就是。又怎么？师父，你怎么这等明白？
>
> 玉通：我眉毛底下嵌着双闪电一般的慧眼，怕不知道。

红莲：哎呀，慧眼也漏了几点！可惜师父一时迷了心窍！也怨不得谁了。

玉通：我想起泼红莲这个贼。

红莲：师父，少骂些，也要认自家一半不是。

玉通：我与你何仇怨，梨花寒食天，装做个祭扫归来风雨投僧院。

红莲：不是这等，怎么圈套得你上。

玉通：又乔装病症，急切待要赴黄泉，绕禅床只叫行方便。

红莲：师父，你由我叫，则不理，我也没法儿。谁叫你真个与我行方便？

徐渭以一种滑稽谐谑的风格，将中国固有文化中的"色欲"观念与佛教戒律的冲突凸现出来。而玉通投胎柳家沦落为妓，月明和尚点化其证悟前身，与其说是"度脱"，不如说是逢场作戏逗人一笑。第二出外扮月明和尚道：

俺也不晓得脱离五浊，丢开最上一乘，刹那屁的三生，瞎帐他娘四大。一花五叶，总犯虚脾；百媚千娇，无非法本。搅长河一搭里酥酪醍醐，论大环跳不出瓦查尿溺。只要一棒打杀如来，料与狗吃；笑倒只鞋顶将出去，救了猫儿。所以上我这黄斋淡饭，窝出来臭刺刺的东西，也都化狮子粪，倒做了清辣香材；狗肉团鱼，呕出来鏖糟糟的涓滴，便都是风磨铜，好装成紫金佛面。才见得钳锤炉火，总翻腾臭腐神奇。不会得的一程分作两程行，会得的呵踢杀猢猻弄杀鬼。会得的似轮刀上阵，亦得见之；会不得的似对镜回头，当面错过。咳！鸳鸯绣出从君看，莫把金针度与人。

这与李寿卿的《度柳翠》中月明和尚满嘴严肃正经的布道判若两人。《度柳翠》中的柳翠是被禅理感化，其间还有阎王以地狱相胁（见第二折），最后才"参透禅关，了达身命，出离尘世"（见第三折《醉春风》）。而《玉禅师》中的柳翠是在月明和尚以"哑谜相参，禅锋敌对"的启迪下，省悟种种前因，最后皈依佛道。其间僧妓两人的对唱对白，幽默机智，令人神往。想当年该剧在舞台上演出时，一定别有一番情趣。

徐渭的《玉禅师》的命意，似乎并不在揭露佛教的虚伪。徐渭曾拜王畿、季本等王学传人为师，受到陆王心学影响，同时也研读佛经，着有《首楞严经解》（今佚）、《金刚经序》（见《徐文长佚草》卷一《金刚经跋》）等。虽然并非虔诚的信徒，但对佛教却有一种迷恋。他在《金刚经跋》中说："佛说是真实语，的的不诳。"佛所说，乃大彻大悟的真言；而和尚所行，多为矫情。而追求真性情，正是王学影响下的晚明文坛的一种风气。调侃和尚而尊佛，看似悖论，实则相通。因为在徐渭看来，佛与和尚是有区别的，故他信佛而不信和尚。事实上，在调侃世俗和尚的背后，隐藏着徐渭对佛教真如境界的倾心向往。《玉禅师》以及后来的《歌代啸》杂剧，皆可作如是观。这是可以在徐渭诗文中得到印证的。又，据近人董康《曲海总目提要》：

相传渭为总督胡宗宪记室，宠异特甚。渭尝出游杭州某寺，僧徒不礼焉，衔之。夜宿妓家，窃其睡鞋一，袖之入幕，诡言于少保：得之某寺僧房。少保怒，不复详，执其寺僧二三辈斩之辕门。渭为人猜而妒，妻死后再娶，辄以嫌弃。续又娶小妇，有殊色，一日，渭方自外归，忽户内欢笑作声，隔窗斜视，见一俊僧，年二十余，拥其妇于膝。渭怒，取刀趋击之，已不见，问妇，妇不知也。后旬日复自外归，见前僧与妇并枕卧。渭不胜忿怒，便取铁灯檠刺之，中妇顶门死。渭坐法系狱，赖援者获免。一日闲居，忽悟僧报，妇死非罪，赋《述梦诗》二章云（中略），自是绝不复娶。此剧之作，殆借以自喻也。

此说虽有趣，但乃无稽之词，不足取信。据王骥德的《曲律》：

徐天池先生《四声猿》，故是天地间一种奇绝文字。……先生居与余仅隔一垣，作时每了一剧，辄呼过斋头，朗歌一遍，津津意得。余拈所警绝以复，则举大白以酹，赏为知音。中《月明度柳翠》一剧，系先生早年之笔。

王乃徐弟子，亲见徐渭作《四声猿》，其说当可信。今人徐仑根据徐诗内证推定《四声猿》完成于徐入胡幕之前（据徐渭自著《畸谱》，他37岁应胡宗宪召入幕），而《玉禅师》则是

论"度柳翠"杂剧的两个系统　257

其"早年之笔",大约成于徐渭32岁之时。又据徐渭自作《畸谱》,他31岁时曾寓居杭州玛瑙寺,而田汝成的《西湖游览志》刊刻于五年之前即嘉靖二十六年,也就是说,徐渭有可能是在寓居杭州期间耳闻"度柳翠"的民间传说或读到田书的记载,觉得有趣好玩,于是创作了《玉禅师》杂剧。其间既无深刻的寓意,更无复杂的背景,不过是游戏人生而已,如徐渭自云"无所不可,道在戏谑"(《徐文长三集》卷二十一)。

冯梦龙所编《古今小说》中有一篇《月明和尚度柳翠》,其人物、情节与命意与徐渭的《玉禅师》基本相同。尤其是其中某些精彩的细节,更是如出一辙。这里不可避免就有一个谁脱胎于谁的问题。我的看法是,冯梦龙小说脱胎于徐渭杂剧的可能性更大一些。因为,《古今小说》刊刻于明末天启年间,后徐渭创作《玉禅师》近80年。徐渭不可能看到冯梦龙小说,而冯梦龙则肯定看过徐渭的杂剧。徐渭死后,由于袁宏道、陶望龄等人的推崇,声誉鹊起,至有推《四声猿》为"明曲之第一""有明绝奇文字之第一"者。众所周知,《古今小说》所收虽多为宋元旧本,也有冯氏或其他明人改作的故事新编,《月明和尚度柳翠》一篇究系宋元旧本还系冯氏故事新编,文献阙如,难下定谳。今人胡士莹《话本小说概论》以小说篇末有"至今皋亭山下有个柳翠墓古迹",判定其为元明之间的作品,证据似嫌不足。

徐渭的《玉禅师》上演后,又有好事者撰《红莲案》,将徐渭引入剧中。近人蒋瑞藻的《小说考证》引《闲居杂钞》:

徐文长《四声猿·玉禅师翠乡一梦》用宋月明和尚度柳

翠故事，临川吴士科撰《红莲案》，则借文长杀红莲，以了前案。吴之意，殆以红莲无着落，玉通之恨，终未尽销邪？玉通、文长，相隔数百年，而合为一时，文人好奇，正复何所不至。（蒋瑞藻《小说考证》卷七）

又述此续貂之作的剧情梗概：

徐渭与玉通、月明二师，相好也。杭州太守柳宣教用妓红莲计，致玉通化去，渭闻而恶之。渭尝建书院于西湖，与越王孙等会文其中。其邻即红莲所居，曰红莲院，渭誓不一往。诸生人甫寸者，小人也，为红莲谋，欲占书院而有之，讼之泉唐令匡罗输。宣教以红莲故，使人说匡，匡亦尝狎红莲者，竟夺书院与之。渭适又疑杀继妻，令遂锢之狱中，将加刑焉。时胡宗宪总督闽浙，侍郎诸南明、太史张元忭，交荐渭于宗宪，聘入幕府，访柳、匡劣迹，下狱抵罪。宣教女柳翠，至流落为娼，卖身红莲院中。宗宪既讨倭有功，军中又屡致白鹿，皆属渭作表，世宗嘉之，赐金帛无算。宗宪旋上疏乞休，荐渭才可大任，即以为闽浙总督，乃擒红莲并人甫寸诸人，尽杀之。见柳翠，若旧相识者，因释不问。翠见月明，顿悟宿因，遂从月明为尼。渭访玉通旧居与竹林寺，月明、柳翠亦至，暨开玉通之塔，翠忽化为通，与月明相携化去云。

将徐渭的悲剧人生演绎为这样的戏说，岂真知徐渭者哉！

原载《清华大学学报》2002年第5期

小说文本：中国文化的另一种解读

冯梦龙所编《古今小说》第一篇，名曰《蒋兴哥重会珍珠衫》（以下简称《珍珠衫》）。每当阅读现代学者引经据典阐释中国传统文化的学术论著时，我就要想到这篇难称经典的明代拟话本小说。

小说讲述了一个明版的"婚外恋"故事：湖广襄阳枣县人蒋兴哥继承父业走广东做买卖，因病滞留异乡。年轻漂亮的媳妇三巧儿守不住寂寞，与外地客商陈大郎闹起婚外恋。不料三巧儿竟动了真情，要与陈大郎做长久夫妻，大郎应允先回徽州老家安排妥帖，明年再来带她远走高飞。临别之时，三巧儿取出蒋家的祖传宝物"珍珠衫"送与情郎。世界上的事情总是冤家路窄，蒋兴哥竟然与陈大郎邂逅并成为知交，一日饮酒之间，无意中发现陈大郎身上的"珍珠衫"。他心中一惊，表面却不动声色，问起"珍珠衫"的来历，陈大郎眉飞色舞讲述了自己的风流艳遇。蒋兴哥强忍悲痛，回到家中，便一纸休书将三巧儿送回了娘家。三巧儿羞愧交加，欲死未能，嫁给南京进士吴杰为妾，随夫前往广东潮阳知县任上。陈大郎未忘旧约，前来枣阳重续前缘，不期路遇强贼，人财两空。陈妻平氏闻讯，前来接亡夫灵柩回乡，不料陷入绝境，衣食无着，经人撮合，和蒋兴哥结为夫妻，"珍珠衫"失而复归。后来，蒋兴哥又往广东贩珠，在合浦县遇上人命官司，知县正是三巧儿的后夫吴杰。三巧儿无意中得知此事，不忘旧日恩情，谎称蒋兴哥是自己出嗣母舅家的亲哥，恳求丈夫从中周全。吴知县审理此案纯属冤案，依法了结，并请蒋兴哥来家中与三巧儿相见。两人相见，情不能禁，相拥而哭。吴知县问明缘由，也感动不已，遂让这对往日夫妻破镜重圆。

小说作者想要表达的无非是"果报不爽"的老生常谈，正如"入话"中的四句诗所云："人心或可昧，天道不差移。我不淫人妇，人不淫我妻。"与"三言"中的同类小说一样，名为"喻世""警世""醒世"，但小说中绘声绘色津津乐道的却是三巧儿与陈大郎偷情的细节。大概当日的读者或听众最感兴趣的就是偷情的故事，这与今日读者喜欢读"婚外恋"小说的心理完全相同，人同此心，心同此理。名义上的道德说教或道德批判不过是作者躲避封杀甚至迫害的保护伞。这也正如《金瓶梅》《肉蒲团》等"诲淫"小说一样，明明是投读者色情心理之所好，却要祭出"劝善惩恶"的法宝，真个是"挂羊头卖狗肉"。但《金瓶梅》一类的小说，却是解读人类性意识的经典文本。笔者曾在哈佛燕京图书馆见一20世纪30年代伦敦版的《金瓶梅》英文译本（依据的自然是"洁本"），译者Clement Egerton声称他是因研究弗洛伊德心理分析而注意到这部中国16世纪的小说的，并认为这是心理和文化研究的宝藏。经过译者的生花妙笔，这部俗不可耐的明代市井小说，读起来居然如左拉的作品（译序中也确曾将其与左拉和易卜生的作品相提并论）。其实，这类赤裸裸表现人类性意识性行为的小说，在明末清初还有很多，只不过大多语言粗俗，手法拙劣，难登大雅之堂，入不了现代学者的法眼。《珍珠衫》还算上乘之作。但这篇明版"婚外恋"小说的技巧也并不高明，采用的是话本和拟话本小说千篇一律的"三段式"结构："入话"——"正话"——"后话"。这类故事，如果由现代作家来叙述，一定是扑朔迷离，摇曳生姿，波澜起伏；如果是大手笔，还会将人性的弱点写得很深刻，令读者对人类情感的复杂性感慨不已，如英国现代作家毛姆的《万事通》（或译《无所不知先生》）。那真是一篇艺术精品，一个普通的偷情故事，居然从一个旅游者的视角，被叙述得那么引人入胜，妙趣横生，幽默而又机智，而文笔却何等干净，何等雍容！比较起来，《珍珠衫》的平铺直叙真是毫无艺术性可言。不过，我们应该理解，"勾栏瓦肆"中的说书人和听众，最关注的是故事的内容本身，而不是叙事的艺术——这也正是中国古代小说的共同特点。难怪它们很难再吊起阅读趣味已经洋化的现代读者的胃口。

我之所以对这样一篇小说产生兴趣，并产生解读它的冲动，自然不是被它的故事所感动，也不是为它的艺术而倾倒。我是从这篇平铺直叙的通俗小说中读到了古代生活的另一面，与我从经史子集中获得的中国文化印象大异其趣。我觉得，如果将它视作一个社会生活和文化心理的文本，那么解读这样一个文本，无疑将会使我们看到古代社会和传统文化的另一面，甚至是更真实的一面，进而质疑：当今学者引经据典所作的种种历史描述和文化阐释果真符合当时中国人社会生活的实际吗？

《珍珠衫》涉及的是文学中的永恒主题：男女问题。按照我们的历史学家或文化史学家的描述，在传统社会中，由于受儒家道德的影响，男女之间筑起了一道高墙，讲究男女之大防，男女授受不亲，当然夫妻之间例外。尤其是宋代程朱理学宣扬"饿死事小，失节事大"，女性的贞操被视为比生命还要重要。欧阳修在《新五代史·冯道传》开篇就讲述了一位贞妇的故事：王凝妻李氏，因夫病卒于官，携幼子回乡，东过开封，欲投宿一旅店。旅店老板见其独携幼子，心生疑惑（怀疑她是人贩子），不许她投宿。李氏见天已暮，不愿离去，老板便"牵其臂而出之"。李氏仰天长恸曰："我为妇人，不能守节，而此手为人执邪？不可以一手并污吾身。"即引斧自断其臂。欧阳修一本正经讲述这个令我们现代读者毛骨悚然的故事，自然是别有用意，那就是羞辱于臣节有亏的冯道及其同类，但其对贞妇的赞美也是不言而喻的。毫无疑问，欧阳修的这种男女观念在那个时代是非常有代表性，甚至可以说是主流社会的道德准则。唐代张建封死后，其爱妾关盼盼独居彭城故燕子楼十余年，大诗人白居易为张生前好友，尽管自己很风流，却赠诗关盼盼讽其死（见《全唐诗》第十一函《关盼盼小传》）。朱熹对汉末蔡文姬的再嫁不但没有同情的理解，还要严加斥责（见《楚辞集注》）。可见，主流人士文化精英的性道德是何等森严，对女性的贞操是何等注重，简直没有商榷的余地。不仅如此，在男权至上的传统社会中，表彰女性贞节是形成制度的，有章可循，有法可依。上至朝廷，下至州县，都要为李氏这样的节妇烈女立"贞节牌坊"，其中最优秀者还要载入正史的《列女传》。但是，我们是否就可以据此断言：

普天下中国男女都认同并实践着这样的道德准则？《珍珠衫》就提供了一个有力的反证。不仅三巧儿、平氏这样的女性不拒绝一嫁再嫁，蒋兴哥也并不忌讳再娶已婚女人为正妻。平氏再嫁蒋兴哥前也有一番顾虑："他既是富家，怕不要二婚的。"媒婆张七嫂说："他也是续弦了，原对老身说：不拘头婚二婚，只要人才出众。"这与现代的婚姻观念有何不同？进士吴知县娶三巧儿为妾，后又让蒋氏夫妻破镜重圆，几时在计较什么贞节观念？三巧儿红杏出墙，也并非喜新厌旧，或风流成性，而是夫妻长久分居之后精神空虚性欲难熬的古今人情之常。东窗事发之后，她无颜面对丈夫，无颜面对父母，也不是出于贞节观念，而是自觉对不起丈夫待她的一片真情。尤其是蒋兴哥和她离婚时的君子风度，更令她追悔不已。这里根本不涉及所谓儒家的道德观念。如果说《金瓶梅》中的西门庆好色纵欲，夺人妻妾，不在乎已婚未婚，不在乎什么性道德，是任何社会都可能出现的土豪恶霸，不足以证明儒家性道德与古代中国人实际生活的距离，那《珍珠衫》中的蒋兴哥可是知礼守法的善良百姓，吴知县可是饱读圣贤书的士君子（在那个时代，属于精英阶层），他们尚且不十分在乎女性的贞节，何况经济地位远不如他们的数量更众的广大百姓？可见儒家尤其是程朱理学宣扬的那一套道德准则并非放之天下而皆准。至少，儒家道德准则与古人实际生活之间存在相当的距离，是不争的事实。

事实上，统治者推行的礼教或精英人士宣扬的道德观念是一回事，普通百姓的实际生活又是另一回事，两者之间不能简单地画上等号。朝廷表彰，正史记载，道德家宣扬，正说明在现实生活中,贞妇烈女并不多见,所以才被捧到这等地步。物以稀为贵,这是众所周知的常识。尽管宋代以后,程朱理学成为官方钦定的主流话语,士君子也不乏身体力行者,民间社会不可能不受其影响,但我们却不能说广大中国人的社会生活尤其是男女生活是完全按照这种道德模式建构起来的。我们读宋元以来的通俗小说,就明显感到民间社会的生活极富人情味,男女之间,夫妻之间,并非如道学家一厢情愿要求的那么循规蹈矩,那么道貌岸然。《珍珠衫》不过是其中一例。也许,有人会说,小说家言出于道听途说,甚至是向壁虚构,其真实性值得怀疑。其实,凡治中国小说史者,大概都有这样的同感,中国古代小说家缺乏的恰恰就是虚构能力。他们不善虚构,或不喜虚构,内容大都取材于生活中的真人真事或前人记载,他们不过在此基础上添枝加叶,铺张渲染,以动人耳目。换言之,中国古代小说大都是现实生活或历史的"通俗演义"。这大概也算是"源于生活,高于生活"的注脚吧。不仅"三言二拍"如此,《金瓶梅》《醒世姻缘传》《红楼梦》《儒林外史》《品花宝鉴》《九尾龟》《海上花列传》《官场现形记》《二十年目睹之怪现状》《老残游记》等描写社会生活的鸿篇巨制也莫如此。所以,考证古代小说的本事,将小说还原为历史,成了古今小说研究专家的一大嗜好。中国古代小说这种写实的特点,也许是中国史文化传统在文学上的反映,在今天演变为所谓的"纪实文学"。某些文学批评家不解,既然是"纪实",怎能叫"文学"?好像"文学"都非出自虚构不可。他们昧于中国古代小说甚至诗文的纪实传统,不知中国文学自古注重"观风俗,知薄厚"的认识功能。孔子尚且说"诗可以观",况通俗小说乎？小说亦可以观，观世态，知人情。窃以为，在认识社会生活世态人情这一点上，通俗小说的价值也许远远超过精英文化所创造的各种文本。即以宋以后的中国文化为例，理学家的语录、黄宗羲所编的《明儒学案》、全祖望所编的《宋元学案》，无非是宋元迄明的学术思想史料；《宋史》《元史》《明史》等高文典册，无非是主流社会的"宏大叙事"；宋元以来的集部，无非是精英阶层的生活写照或情感表现。如果我们据此来解读中国民间社会的文化心理，或据此重构中国古代社会的全景，虽然方便省事，但无疑也是很危险的。

关键问题是，我们今天所读到的有关中国文化的权威阐释和历史描述，大多都是对精英文化的阐释和对主流社会的描述。即使是所谓的实证性研究，也习惯于引经据典，从主流传统中去寻找中国传统文化种种劣根性或优越性的证据，好像几位圣贤的语录、朝廷的制度或正史上的几个事例，就是中国文化的传统。这就难免失真，进而误导后学以及广大普通读者。法国18世纪启蒙思想家伏尔泰、狄德罗、霍尔巴赫等人对中国文化情有独钟，在他们的想象中，中国人都以孔子的教导为具体行为的准则，过着理性道德的生活。德国哲学家莱布尼兹也对儒家道德政治赞誉有加。这些赞誉，即使在我们中国人自己看来，也有"盛名之下，其实难副"的感觉。伏尔泰这些第一流的欧洲学者"不识庐山真面目"，并非"只缘身在此山中"。他们误读中国文化的原因，与今天中国学者误解老祖宗的原因几乎一样，那就是眼睛只盯在精英文化上，忽视甚至无视非精英非主流文化。伏尔泰等人并非想当"中国通"，无非是想从东方文化中寻找精神资源，以批判欧洲当时的封建专制，郢书燕说，在所难免，情有可原。彼之所谓"中国文化"，大都是凭借此邦或彼邦精英人士的某些文本加上自己一厢情愿的想象建构起来的海市蜃楼般的"空中世界"，在现实生活中并不存在，至少与现实生活存在相当距离。如果据此来寻找"庐山真面目"，那无疑会误入歧途。曾有学者声称21世纪是中国文化的世纪，列举中国文化的种种优点，诸如"自强不息""天人合一""内在超越"等；也有学者对传统文化痛心疾首，道是中国传统文化扼杀人性，例证就是程颐说的"饿死事小，失节事大"，朱熹说的"存天理，灭人欲"，就是历代王朝宣扬的纲常伦理，以及鲁迅在《狂人日记》中揭露的"吃人的礼教"。见仁见智，不一而足。双方的证据自然都是十分有力的，但他们忽略了一个事实，还有许多在主流社会之外的中国人，他们并不是都过着圣贤或士君子那样的生活，如在家庭婚姻性生活方面，就不是儒家道德程朱理学的一统天下。这就形成了另外一种中国文化。宋元以来的通俗小说如《珍珠衫》等，就展示了这种生活这种文化的一个片断。即使知书识礼的士君子们，其生活态度道德实践果真就那么符合纲常伦理吗？以今推古，我始终表示怀疑。我们由此可以推知，古代中国普通百姓包括不少士君子的性道德性观念，其实并不如我们想象的那样封闭，那样保守。中国人憎恶道貌岸然的伪君子，并非始自现代。须知古今中外的人性如"食色"，是没有什么本质差异的。如果说有什么不同，那就是我们从西方引进一夫一妻制后，传统的一夫一妻多妾制被理所当然宣布为非法，从制度上给男女平等的婚姻提供了法律保证。至于性意识，我以为，并无本质的变化。读明清通俗小说，不难得到印证。

1980年代学界"文化热"时，曾在《读书》上见一篇文章，说中国文化是"吃文化"，西方文化是"性文化"。作者旁征博引各种文献证明中国传统道德在男女之事上的禁欲主义和保守主义，而在吃喝方面却堪称世界之最，上至皇帝，下至百姓，请客吃饭蔚然成风。吃得花样百出，吃得稀奇古怪，形成独步世界的饮食文化。官场商场，军界学界，应酬交际，婚丧嫁娶，逢年过节，无不以"吃"为主题。老子曰："民以食为天。"民谚曰："饱暖思淫欲。"都以"吃"为人生首要大事。相比之下，西方人吃得简单，吃得单调，他们的心思和兴趣都用在了男女问题上。那证据就是西方爱情诗爱情小说黄色影像远远超过中国。中国多饕餮之徒，西方多好色之士。笔者曾以此请教一位外教，外教莫名其妙："如果说中国是'吃文化'，那中国这么多人口，世界第一，又是怎么来的？"事实上，中国人从来都是食色并重，《礼记·礼运》就说："饮食男女，人之大欲存焉。"孔夫子也曾感慨："吾未见好德如好色者。"禁欲或清心寡欲，无非是少数圣贤的道德说教或某些宗教（例如佛教）的人生取向，不能等同于普通百姓甚至士君子的人生追求道德实践。明清小说戏曲，例如《月明和尚度柳翠》（《古今小说》）、《闻人生野战翠浮庵》（《拍案惊奇》）、《僧尼共犯》（冯惟敏杂剧）等，不是就嘲笑了宗教禁欲主义的虚伪，表现了男女情欲的难以遏制吗？如果我们将这些小说与薄伽丘的《十日谈》对读，就不难发现，古代中国人与西方人对男女性爱的认识，几乎同样开放，同样富有人情味。

文化传统是多元的，是有层次的结构。哲学史或学术思想史，展示的是精英阶层的精神世界，是传统士大夫的"精神现象学"，既非现实世界的翻版，也非中国文化的全部。仅凭思想或观念来描述丰富多彩的文化传统，就如同后人仅以几个榜样、几项法令、几篇社论或我们今天在书斋里创造的各种学术思潮来解读当代中国人的精神生活和现实生活，那无疑是非常可笑的。当然，《珍珠衫》一类的小说戏曲，反映的也只是古代中国人生活的一个侧面，并非全貌。但有一点是可以肯定的，当我们论及或比较任何文化传统时，应该谨慎一些，不要简单化。

原载《四川大学学报》2001年第6期

白蛇传：民间传说的三教演绎

据说，"白蛇传"是中国古代"四大民间传说"之一。现代各种形式的演绎很多，而且深受广大观众喜爱。"白素贞"这个芳名听来也许有些道学气，不如"白娘子"那样富有人情味，但这位由蛇修炼成精幻化为人的美女，不仅令戏中的许仙神魂颠倒，更令戏外的观众如痴如醉。这是一种很有趣也很奇怪的审美现象。因为，蛇之为物，尖头细脑，蟠绕蠕动，这样的形象在平常人的平常心中，似很难激起生理上的快感与心理上的美感。事实上，在古今人的心目中，蛇几乎都是邪恶的象征，即使幻化为美女，也不会改变其邪恶的本性。我们这一代人从小就被谆谆告诫：要警惕"化装成美女的毒蛇"。这个形象生动的比喻，曾被官方和民间舆论广泛应用，成为革命时代的经典话语之一。白娘子不就是"化装成美女的毒蛇"吗？它何以能引起现代广大观众"同情的理解"甚至热烈的共鸣呢？

通常的解释是，这个传说以及根据这个传说演绎的戏曲影视，表现了古代青年男女对恋爱自由、婚姻自主的渴望，因而具有反封建的精神。我认为这样的解释很牵强。因为，自从西汉司马相如与卓文君两情相许私订终身以来，有情人不顾"父母之命、媒妁之言"的婚姻习俗而自由恋爱的佳话，就在后代层出不穷，被书会才人浪漫文人编为小说与戏曲，广为传播，如元杂剧《西厢记》《墙头马上》、明传奇《牡丹亭》《燕子笺》等，作者中不乏阮大铖这样的无行文人。无论以旧道德还是新伦理来评判，阮大铖都绝非善类，更不可能封他为"反封建"先驱。动辄给"才子佳人"贴上"反封建"的标签，曾是现代很流行的批评模式，古人的情感世界与艺术世界就这样不分青红皂白被纳入教条主义的阐释框架之中，可谓化神奇为腐朽。一言以蔽之曰：煞风景。例如《牡丹亭》，杜丽娘由梦生情，由情成病，由病而殒，这样一个古今中外人生皆无法回避而又非常尴尬的青春心理与生理的问题，怎能简单地以"反封建礼教"的批评模式阐释之？排开先入之见，细读原作，我们就会发现，汤显祖的深刻之处，就在于他超越道德伦理的立场，非常真实地表现了少女青春觉醒后的郁闷与冲动，可以说是以艺术的形式，提出了一个弗洛伊德式的心理分析个案。杜丽娘式的春梦，难道不是弗洛伊德《诗人与白日梦》的注脚？杜丽娘的父母也绝非通常意义上的所谓"封建家长"。杜宝夫妇对女儿的怜爱与担心，与现代父母的心情没有什么两样，正所谓"可怜天下父母心"。

"白蛇传"这个传说也许很另类，首先它不是流行的才子佳人模式，而是人蛇之恋，许仙乃杭州生药铺一打工仔，要地位没地位，要金钱没金钱，天上突然掉下这个白娘子。而白娘子聪明美丽，一往情深，法海禅师从中作梗，使自由恋爱的有情人成不了眷属。这难道表现的不是反封建思想？关键问题是，法海并非"封建家长"，不过一和尚一高僧而已，他有什么权力什么理由去干涉破坏世俗男女的恋爱婚姻？这与佛法与人情都说不过去。其实，历史上也没有这样多管闲事的和尚与高僧。法海所以拆散这一对鸳鸯，是出于救人于厄的慈悲，因为白娘子原来是一条蛇，修炼成精幻化成人，所谓"化装成美女的毒蛇"，而许仙被其迷惑被其缠绕。这显然是一个宗教隐喻，却被今人作了奇特解会。白娘子这个美丽多情敢爱敢恨、富有牺牲精神与担当精神的现代形象，其实就是很多中国男性的梦中情人，不过出身可疑而已。但在科学昌明的现代，白娘子的出身乃一伪命题。谁真相信蛇能幻化为人？但在现实生活中，"出身"的确曾是纠缠现代中国人的一个噩梦。旧时代的门第出身观念且不说，"文革"中的"牛鬼蛇神"就是出身可疑之人，而"蛇女"或"鬼男"的生死恋，也多是由"出身"引发出来的悲剧。这种情结在"文革"后的旧戏新编中，不可能没有反映。如袁多寿"文革"结束后的1979年改编的秦腔《白蛇传》，当许仙得知白娘子（芳名"白云仙"）是蛇身后，不但没有恐惧感厌恶感，反而宣称："你纵是妖，我就爱妖；你纵是蛇，我就爱蛇！"也许只有"文革"过来人，才能深切体会这份爱情宣言的历史沉重感与沧桑感。可以说，白娘子这个形象所以能引起现代观众的"同情的理解"与热烈共鸣，首先因为蛇的隐喻义已脱胎换骨，象征一种现代自由精神，其次是这种演绎艺术地再现了很多现代中国男性的白日梦。

这显然不是古代民间传说"白蛇传"的原旨。西湖白蛇的民间传说，其实很简单。据明人田汝成《西湖游览志》卷三：

"雷峰塔……吴越王妃于此建塔，始以千尺十三层为率，寻以财力未充，姑建七级，后复以风水家言，止存五级，俗称王妃塔。以地产黄皮木，遂讹黄皮塔。俗传湖中有白蛇、青鱼两怪，镇压塔下。"[1]明人朱国祯《涌幢小品》卷三十二："雷峰塔相传镇青鱼、白蛇之妖。嘉靖时，塔烟搏羊角而上，谓两妖吐毒，迫视之，聚虻耳。"所记西湖之怪还有三尾龟、三足蟾。"俗传""相传"云云，表明此乃西湖民间传言。白蛇与青鱼两怪何以被镇压雷峰塔下，则语焉不详。很多民间传说原来并没有首尾贯穿的完整故事，可能是一个简单的情节片段，甚至也可能就是一种说法而已，如雷峰塔镇白蛇、青鱼之妖一类。而且，即使是如此简单的传言，最早的文字记载也仅始见于明代后期。我通过计算机搜寻《四部丛刊》《四库全书》等大型丛书，可以确凿无误地证实这一点。据田氏《西湖游览志余》卷二十："杭州男女瞽者，多学琵琶，唱古今小说、平话，以觅衣食，谓之陶真。大抵说宋时事，盖汴京遗俗也。……若红莲、柳翠、济颠、雷峰塔、双鱼扇坠等记，皆杭州异事，或近世所拟作者也。"[2]这个雷峰塔镇白蛇、青鱼之妖的简单传说，经过明代杭州说书艺人之口，如何演绎为曲折离奇、内涵丰富的蛇妖迷人的故事，则无从得知。

　　古人是相信蛇或其他动物幻化为人这一类故事的。如果说上古传说中的伏羲"人面蛇身"源于原始图腾信仰，那么秦汉以后的蛇变人的传说，就源自一种普遍的迷信。如《太平广

---

[1]　田汝成：《西湖游览志》，东方出版社，2012，第36页。
[2]　田汝成：《西湖游览志余》，上海古籍出版社，1998，第298—299页。

记》卷四百五十六引《潇湘录》记华阴县令王真妻被一少年诱奸，引《集异记》记邓家女被一白衣少年幻惑，引《广古今五行记》记会稽郡吏薛重妻与一醉汉同眠，其诱奸幻惑者皆蛇所变。①古人志怪小说，非同后代小说纯出自虚构，多是见闻的实录。我们今人视之为迷信，古人却信以为真。清人钱咏《履园丛话》卷十六："世传盲词有《白蛇传》，虽妇人女子皆知之，能津津乐道者，而不知此种事世间竟有之。"他举以为证的，是乾隆年间其幕友某君嫁女时所遇鳖精虾精夺女事，言之凿凿。同卷记某卖碗者娶蛇妻事，同样言之凿凿。由此可见，蛇能变人，在古人那里，并非妄言；但在唐宋以来的观念中，非妖即邪，遇之不祥。《太平广记》卷七百五十八引《博异志》记唐陇西人李黄于长安东市邂逅一白衣佳丽，为色所迷，随至其宅，求与寻欢，三日归卧，但觉被底身渐消尽，其妻揭被而视，空注水而已，唯有头存。家人寻白衣佳丽宅所，乃空园，有一皂角树，彼处人云：往往有巨白蛇在树下。这一传说，还有不同版本，为色所迷而丧命者为金吾参军李琯。这个故事《古今说海》引作《白蛇记》，被许多现代学者视为民间传说《白蛇传》的最早版本或最早来源，显然很牵强。第一，蛇变人是历代皆有、各地皆有的迷信，明代出现的白蛇传说不一定是从唐代笔记小说演化而来，这里没有可资寻绎的痕迹，我们没有必要捕风捉影把两者生拉硬扯在一起；第二，唐代小说中为蛇妖所迷者，李黄为盐铁使李逊之侄子，李琯为凤翔节度使之侄，记录者也为文人士夫，而非所谓

---

① 李昉等：《太平广记》，中华书局，1961年。

"民间"。如果考虑到笔记小说实录的特点,我们更不能将其与"民间传说"等量齐观。然而,有一点是共同的,无论蛇变男还是变女,皆为妖为邪。《圣经·旧约》谓蛇引诱夏娃偷吃知善恶果,而人类终于失去乐园,这当然是一个隐喻。但在犹太教、基督教世界中,蛇作为象征,肯定不是善类,与中国古人观念不约而同。真是人同此心,心同此理。

明人洪楩所编《清平山堂话本》中有《西湖三塔记》一篇,可能要算是西湖白蛇故事最早的版本。这篇小说文字粗疏,但已有比较完整的故事情节:宋孝宗淳熙年间,临安涌金门有一人,姓奚名宣赞,年方二十余,已婚,生来不好酒色,只喜闲耍。清明节到西湖观玩,救一迷路女孩卯奴。卯奴婆婆寻来,感谢宣赞,邀至其家。见一如花似玉的白衣娘子,不觉心神荡漾。但此白衣娘子乃一吃人心肝的妖怪,觅得新欢后,便要杀旧人。幸得卯奴相救,宣赞两次逃离。宣赞有一叔叔奚真人,在龙虎山学道,望见城西有黑气,特来降妖,妖怪现形:卯奴是乌鸡,婆子是个獭,白衣娘子是条白蛇。奚真人化缘,造三座石塔,镇三怪于湖内。①这很显然是道教徒或信仰道教的说书艺人对民间迷信传说的一种演绎,也是较浅薄的演绎。奚宣赞与白衣娘子(白蛇)之间没有后来那么多曲折离奇、引人入胜的故事,白蛇尽管如花似玉,不好酒色的奚宣赞也一见倾心想入非非,但她不掩饰自己的穷凶极恶,当着新欢的面把旧人开肠破肚取出心肝,用以侑酒。这种令人毛骨悚然的恐怖描写,正是民间百姓对妖魔鬼怪

---

① 《清平山堂话本》,上海古籍出版社,1984年。

的想象与理解。这里不涉及后来被突显的色欲或两性感情问题,无非借着西湖三怪的由头,又把道教老掉牙的降魔伏妖神话再重复一遍。不过民间百姓是相信这个世界上有妖魔鬼怪的,所以这种了无新义但却具体到西湖的故事,由说书艺人在杭州现场说法,还是能引起听众的兴味。

冯梦龙所编《警世通言》中有《白娘子永镇雷峰塔》。虽系晚出,但却应该是后来各种"白蛇传"的蓝本。这篇小说是冯氏搜集他人之作,还是自出机杼,不得而知,但很显然是从佛教立场来演绎西湖白蛇传说的。小说的叙事技巧比《西湖三塔记》高明得多,寓意也比后者深刻得多丰富得多。佛道二教都曾借用通俗文学如戏曲小说的形式,来演绎其教义。如元代盛行"神仙道化剧",臧懋循《元曲选序》引朱有燉《涵虚子》谓"杂剧十科",第一即"神仙道化",皆以道教神仙点化度脱凡人为主题。从文学表现的艺术看,道教徒比佛教徒要逊色许多,根本不在同一水平线上。我想大概原因,佛教有一种悲悯情怀,对人性的弱点有深刻的感悟与理解,故能直指人心。如这篇小说,它当然是在阐释佛教教义,后话中法海题诗:"奉劝世人休爱色,爱色之人被色迷。心正自然邪不扰,身端怎有恶来欺?但看许宣因爱色,带累官司惹是非。不是老僧来救护,白蛇吞了不留些。"许宣坐化前留诗:"祖师度我出红尘,铁树开花始见春。化化轮回重化化,生生转变再生生。欲知有色还无色,须识无形却有形。色即是空空即色,空空色色要分明。"这皆是老生常谈式的说教,要在看完这篇小说后才能有所思有所悟。尽管小说市井生活味很浓,对市民社会人情世故的表现很细腻很到位,但我觉得这篇小说整个就是一种隐喻，或者说是象征小说。许宣是凡人，年二十二，自幼父母双亡，未婚，在姐夫李仁的生药铺做主管，但也有七情六欲，也有爱美之心。因清明前到保俶塔寺烧香追荐祖宗，雨中与白娘子邂逅同船。小说写道："许宣平生是个老实之人，见了此等如花似玉的美妇人，旁边又有个俊俏美女样的丫鬟，也不免动念。"这写得非常入情入理。经过系列曲折，许宣由杭州而苏州而镇江，误会解除，有情人终于成了眷属。婚后生活幸福无比，小说写道："白娘子放出迷人声态，颠鸾倒凤，百媚千娇，喜得许宣如遇神仙，只恨相见之晚"；"夫妻二人如鱼似水，终日在王主人家快乐昏迷缠定。"这可能就是凡人追求的幸福生活。但小说作者埋下了一条伏线，许宣的幸福是必须付出代价的，因为白娘子是蛇，邪恶的象征。许宣一次次陷入困境，但又一次次执迷不悟，直至镇江金山寺遇上法海禅师。法海乃唐代高僧，笔者游镇江金山寺，曾在法海洞前徘徊久之，想象当年小说作者要把这位唐代高僧拉到明代小说中来的苦心。人生在世，为欲所苦，而诸欲之中，色欲第一。俗言曰："万恶淫为首。"又曰："红颜祸水。"人为色所迷为色所苦。这里当然有传统的男性单边主义，将责任推在女性身上；也有现实人生的感悟。事实上，古往今来，许多人生悲剧的确是因沉湎美色、纵欲无度所酿成的。但人常为物欲所驱使，执迷不悟。如何超脱世俗之苦，也正是佛千言万语要开解的人生之谜。如是我闻，我闻如是，佛苦口婆心千言万语，其实都是在譬喻。这篇小说也是譬喻，是劝世文学，"警世"是也。当然，这个以佛家视角演绎的话本小说也非原生态的民间传说，它是对西湖民间迷信传说的升华，也是佛道二教互争高下的一种反映。小说中的终南山道士看见许宣头上一道黑气，知道是有妖怪缠他，但最后不但未能救得许宣，自己还当众出丑，被白娘子戏弄一番。这显然是对道教演绎的"白蛇传"的解构。因为佛家的演绎更富人情味与市井味，所以在清代广泛流传，成为各种民间说唱文学、地方戏曲所祖的蓝本。据傅惜华先生所编《白蛇传集》，有马头调、八角曲、鼓子曲、宝卷、子弟书、南词、滩簧、传奇等。通读这些作品，尽管比小说《白娘子永镇雷峰塔》增加了一些情节，如盗灵芝、水漫金山、哭塔、祭塔等，尤其是强化了白蛇对许宣的情感，甚至两人还生下儿子许锡麟（或名许蛟龙、许猩猩等），后中状元，要前往西湖拆塔救母。与许宣皈依佛教不同，许锡麟因有杀母之仇，痛恨法海，不共戴天。但这里表现的也非所谓"反封建"，而是孝道。皇帝恩准其前往祭母，但不许拆塔。这些作品仍旧保留了小说的基本主题，并未将白娘子塑造为善类，更未将许宣塑造为为情色在所不惜的斗士。而是在佛教劝世的主题下，加入了儒教伦理的演绎，也加入了中国民间的世俗趣味，诸如"水漫金山"等情节，舞台一定非常热闹。而且，许宣原是如来佛的捧钵侍者，白娘子原是峨嵋山白蛇，在西王母蟠桃园潜修千年，因慕红尘胜境锦绣繁华，不禁动了欲念。法海乃奉佛命下凡拯救许宣。值得一提的是乾隆年间方成培改编的传奇《雷峰塔》，据方氏序，适逢"璇闱之庆"，淮商得以共襄盛典，大学士高某令商人于祝嘏新剧外，开演斯剧。《清稗类钞》记演出实况："高宗南巡时，须演新剧，乃延名流数十辈，使撰《雷峰塔》传奇。然又恐伶人之不习也，即用旧曲腔拍，以取唱衍之便利。若歌者偶忘曲文，亦可因依旧曲,含混歌之,不致与笛板相迕。当御舟开行时,二舟前导,戏台即架于二舟之上,向御舟演唱。高宗辄顾而乐之。"① 这说明"白蛇传"不仅流行于市井民间,而且也获得了士大夫阶层甚至皇家的认同。原因很简单,明清人演绎的"白蛇传",尽管情节有出入,语言有雅俗,但皆以法海超度许宣为主题,法海收服白蛇,情节曲折,场面热闹,才可能在庆典上演。方氏有感于旧剧"辞鄙调讹",乃"重为更定,遣词命意,颇极经营,务使有俾世道,以归于雅正"。②第一出《开宗》释迦牟尼文佛的开场白即明确交代了此剧的主题:"空即是色,色即是空。要知非色非空,须观第一义谛。谁识无文无字,是为不二法门。吾乃释迦牟尼文佛是也。于毗岚后,现清净身;自无始来,出广长舌。扬法砢,救迷津,腾汉廷而皎梦;持慧灯,灿长夜,照东域以流慈。珠缨大士,常登护法之筵;金杵神王,每夹降魔之座。今日慧眼照得震旦峨眉山,有一白蛇,向在西池王母蟠桃园中,潜身修炼,被他窃食蟠桃,遂悟苦修,迄今千载。不意这妖孽,不肯皈依清净,翻自堕落轮回,与临安许宣,缔成婚媾。那许宣原系我座前一捧钵侍者,因与此妖旧有宿缘,致令增此一番孽案。但恐他逗入迷途,忘却本来面目。吾当命法海下凡,委曲收服妖邪,永镇雷峰宝塔,接引许宣,同归极乐。"与黄图珌前此所作同名传奇比较,方氏《雷峰塔》更加儒教伦理化,如白娘子盗银,许宣姐夫并未劝许宣自首,而是让许宣出门避祸,自己前往衙门举报。白娘子赴嵩山南极仙翁处求(非盗)昏昏九死还魂

---

① 徐珂:《清稗类钞》第一册,中华书局,1984,第341页。
② 方培成:《〈雷峰塔传奇〉自叙》,载吴毓华编《中国古代戏曲序跋集》,中国戏剧出版社,1990,第513页。

仙草,与白鹤童子、鹿仙翁、东方仙翁等神仙相战,后被叶仙翁所擒,白娘子求情,道出欲救丈夫性命的苦衷,仙翁命鹤童取仙草与她,并放归还。众仙不解:"此妖既已被擒,为何反放了他去?"叶仙翁道:"他丈夫许宣乃世尊座前一捧钵侍者,与此妖原有宿缘,故降生临安,了其孽案。今被他惊死,看世尊之面,理应救之。这妖以后自有法海禅师收取。"第二十五出《水斗》,法海祭起宝钵,欲收白蛇,忽被文曲星托住,许宣问:"可曾收取那妖孽?"法海道:"这孽畜腹中怀孕,不能收取。"在佛教的基础上,加入了儒家观念。第二十六出《断桥》表现的也非夫妻情深,而是白娘子怨恨,许宣恐惧,而后与其周旋。全剧的看点,正如《开宗》所总结:"觅配偶的白云姑多情吃苦,了宿缘的许晋贤薄幸抛家,施法力的海禅师风雷炼塔,感孝行的慈悲佛忏度妖蛇。"已远离西湖民间迷信传说的原意。

总之,"白蛇传"原是西湖民间迷信传说,经过道、佛、儒三教的演绎,在清代最后成为以拯救、超度为主题的宗教伦理劝世剧。至于它的推陈出新,以自由恋爱、婚姻自主为主题,则是现代观念的演绎,与古代民间白蛇传说大异其趣。我这里并非认为现代艺术演绎一定要忠于古代民间传说原型,而是要认清两者之间有明显的不同,不应该混为一谈,否则就是一种观念上的误导。而这种以今律古、以今释古的误导,在古代民间传说的现代演绎与古典文学的现代阐释中,比比皆是,导致现代中国人对传统文化极大的误解。

原载中华书局《项楚先生欣开八秩颂寿文集》

朱熹与严蕊：从南宋流言到晚明小说

程朱理学虽在明代被朝廷定为官学，但自明代中期王守仁心学流行以来，就不断受到质疑和挑战，不过因朝廷功令所在，才得以继续维持其官学的正宗地位。《明史·儒林传序》云："宗守仁者曰姚江之学，别立宗旨，显与朱子背驰，门徒遍天下，流传逾百年，其教大行，其弊滋甚。嘉、隆而后，笃信程朱，不迁异说者，无复几人矣。"（卷二百八十二《儒林一》）但这主要是士大夫精英阶层的学术思潮，是儒学内部的学理之争，不是儒学基本价值的解构与颠覆，对民间文化心理的影响并不大。以白话通俗小说为例，我们从中虽然可以偶尔读到对假道学的讥讽，但更多的还是对儒学基本价值的肯定与褒扬。理学与心学之间的紧张，"性即理"还是"心即理"，"存天理"还是"致良知"，诸如此类的思想交锋学术争论，不是通俗小说家感兴趣的话题。唯一例外，晚明凌濛初写过一篇解构道学家朱熹的小说，因而格外引人注目，今日文学史论及凌濛初"二拍"，都要提及，以突显其对程朱理学假道学的批判精神。

凌濛初的这篇小说，乃根据宋人笔记敷演成文，名《硬勘案大儒争闲气，甘受刑侠女著芳名》(《二刻拍案惊奇》)，话头是"世事莫有成心"："道学的正派，莫如朱文公晦翁，读书的人那一个不尊奉他？岂不是个大贤？只为成心上边，也曾断错了事。"但在凌濛初笔下，朱熹不仅是因有"成心"而断错事，简直就是个心胸狭隘、心狠手毒的卑鄙小人。被小说誉为"侠女"的严蕊，台州官妓，色艺俱佳，"琴棋书画，歌舞管弦之类，无所不通"，而且"行事最有义气，待人常是真心"。台州太守唐仲友，"少年高才，风流文彩"，见严蕊"如此十全可喜，尽有眷顾之意"。良辰佳节公私应酬之际，召其来"侑酒"，陪酒助兴，"却是与他谑浪狎昵，也算不得许多清处"。朱熹时任提举浙东常平仓，听说唐仲友讥讽他"尚不识字，如何做得监司"，很愤愤然，便借口"台州刑政有枉"，要亲往巡视，实际上是找唐的碴儿。事出突然，唐迎接不及，朱熹竟恼怒道："果然如此轻薄，不把我放在心上。"当即追取了唐的太守印信，上本参奏："唐某不伏讲学，罔知圣贤道理，却诋臣为不识字；居官不存政体，亵昵娼流。鞫得奸情，再行复奏。"将严蕊收监，严刑逼供，追勘其与太守通奸情状。唐不服，也上奏自辩："朱某不遵法制，一方再按，突然而来，因失迎候，酷逼娼流，妄污职官。力不能使贱妇诬服，尚辱渎奏，明见欺妄。"宋孝宗问宰相王淮："二人是非，卿意如何？"王淮是唐同乡友人，以"此乃秀才争闲气"为答，将朱唐两人各自平调，了结了这桩公案。

小说浓墨重彩刻画了妓女严蕊，一个风尘中弱女子，受尽严刑拷打，也只说："循分供唱，吟诗侑酒是有的，曾无一毫他事。"朱熹将她发往绍兴，异地监禁，继续追勘。狱官出于同情之心，劝她及早招认。严蕊却说："身为贱伎，纵是与太守有奸，料然不到得死罪，招认了有何大害？但天下事真则是真，假则是假，岂可自惜微躯，信口妄言，以污士大夫？今日宁可置我死地，要我诬人，断然不成！"严蕊"声价腾涌"，舆论至比为"古来义侠之伦"。小说结尾道："后人评论这个严蕊，乃是真正讲得道学的。"并引七言古风讥讽朱熹："君侯能讲毋自欺，乃遣女子诬人为！虽在缧绁非其罪，尼父之语胡忘之？"云云。

朱熹为泄一己之私愤，竟依仗权势，对一无辜妓女大搞刑讯逼供，以罗织罪名，诬人清白；而妓女不畏强权，宁死不屈，义干云天。凌濛初虽然解构的是朱熹这个人，口头上大讲诚心正意毋自欺，实际上却反其道而行之，貌似君子，实则小人，典型的假道学。但潜台词：程朱理学是人格分裂的伪学术。可以想象，在程朱理学还被朝廷尊为孔孟正传圣贤嫡派的时代，这篇以世俗心理解构道学家朱熹的小说，在普通市民读者心中，比士大夫精英的学术解构更具颠覆性。关键问题是，凌氏所依据的宋人笔记，也是道听途说，而非信史。据南宋洪迈《夷坚志》云：

> 台州官奴严蕊，尤有才思而通书，究达古今。唐与正为守，颇瞩目。朱元晦提举浙东，按部发其事，捕蕊下狱，杖其背，犹以为伍伯行杖轻，复押至会稽，再论决。蕊堕酷刑，而系乐籍如故。岳商卿提点刑狱，因疏决至台，蕊陈状乞自便。岳令作词，应声口占云："不是爱风尘，似被前身误。花落花开自有时，总是东君主。去也终须去，住也如何住？若得山花插满头，莫问奴归处！"岳即判从良。（《夷

坚志》庚卷十"严蕊")

洪迈与朱熹为同时人,是除朱熹之外,最早提及严蕊的人,所记却很简略。至宋末元初周密《齐东野语》,才绘声绘色起来:

> 天台营妓严蕊字幼芳,善琴弈、歌舞、丝竹、书画,色艺冠一时。间作诗词,有新语。颇通古今,善逢迎。四方闻其名者,有不远千里而登门者。……其后朱晦庵以使节行部至台,欲擿与正之罪,遂指其尝与蕊为滥,系狱月余。蕊虽备受棰楚,而一语不及唐,然犹不免受杖。移籍绍兴,且复就越置狱鞠之,久不得其情。狱吏因好言诱之曰:"汝何不早认,亦不过杖罪?况已经断,罪不重科,何为受此辛苦邪?"蕊答云:"身为贱妓,纵是与太守有滥,科亦不至死罪。然是非真伪,岂可妄言,以污士大夫?虽死,不可污也!"其辞既坚,于是再痛杖之,仍系于狱。两月之间,一再受杖,委顿几死。然声价愈腾,至彻阜陵之听。未几,朱公改除,而岳霖商卿为宪,因贺朔之际,怜其病瘁,命之作词自陈。蕊略不构思,即口占《卜算子》云……即日判令从良。继而宗室近属,纳为小妇以终身焉。(《齐东野语》卷二十"台妓严蕊")

凌濛初小说中的严蕊故事,即取材于此。但《齐东野语》成书,距朱唐交恶已七八十年。其末云:"《夷坚志》亦尝略载其

事而不能详,余盖得之天台故家云。"也是道听途说来的,传信传疑而已。据朱熹《按知台州唐仲友第四状》,大略云:

> 今据通判申,于黄岩县郑爽家追到严蕊,据供:每遇仲友筵会,严蕊进入宅堂,因此密熟,出入无间,上下合干人并无阻节。今年二月二十六日宴会夜深,仲友因与严蕊逾滥,欲行落籍,遣归婺州永康亲戚家,说与严蕊:"如在彼处不好,却来投奔我。"至五月十六日筵会,仲友亲戚高宣教撰曲一首,名《卜算子》,后一段云:"去又如何去,住又如何住?但得山花插满头,莫问奴归处!"五月十七日,仲友贺转官燕会,用弟子祗应,仲友复与严蕊逾滥。仲友令严蕊逐便:"且归黄岩住,下来投奔我。"(《朱文公文集》卷十九)

可见严蕊并非如《齐东野语》所说,侠义风骨,而是在收监后,就招供了她与唐仲友之间"逾滥"等事实。"逾滥"即过度,违背朝廷法度。值得一提的是,后来广为流传播在人口的《卜算子》一词,如上引朱熹奏状,也非严蕊所作,而是唐仲友的表弟高宣教所撰。

朱熹在浙东提举任上,上章弹劾的地方官员,不止唐仲友一人,但弹劾唐仲友却引起了轩然大波,台州官妓严蕊也因此而成为南宋笔记小说中被津津乐道的人物,盖因故事之后还有故事。据《宋史》朱熹本传:

会浙东大饥，宰相王淮奏改熹提举浙东常平茶盐公事，即日单车就道……知台州唐仲友与王淮同里为姻家，吏部尚书郑丙、侍御史张大经交荐之，迁江西提刑，未行。熹行部至台，讼仲友者纷然，按得其实，章三上，淮匿不以闻。熹论愈力，仲友亦自辩，淮乃以熹章进呈，上令宰属看详。都司陈庸等乞令浙西提刑委清强官究实，仍令熹速往旱伤州郡相视。熹时留台未行，既奉诏，益上章，论前后六上。淮不得已，夺仲友江西新命以授熹，辞不拜，遂归，且乞奉祠。（《宋史》卷四百二十七《道学三》）

朱熹前往浙东地区考察灾情，以实地考察为根据，与耳闻目睹之所及，连续上章弹劾不恤民情弄虚作假的地方官吏。（见《朱文公文集》卷十六《奏绍兴府指使密克勤偷盗官米状》，卷十七《奏衢州守臣李峄不留意荒政状》《奏张大声孙孜检放旱伤不实状》《奏劾知宁海县王辟纲不职状》）而非专门去找台州太守唐仲友的不是。据朱熹自述，他于淳熙九年秋七月十六日，"起离绍兴府白塔院，道间遇见台州流民两辈，通计四十七人。扶老携幼，狼狈道途"（卷十八《按知台州唐仲友第一状》）。询问其故，皆云："本州旱伤至重，官司催税紧急，不免抛弃乡里，前去逐食。"（同上）这引起了朱熹的关注。经过亲自询访，不仅证明台州流民所言属实，而且发现唐仲友"多有不法不公事件"，"众口諠哗，殊骇闻听"。（同上）朱熹于是亲往台州，果然查出唐仲友贪赃枉法诸多情节，包括其与严蕊、沈芳、王静、张婵、朱妙等官妓"逾滥"的作风问题。据《朱文公文集》所载弹劾唐仲友六状,既有人证也有物证,有些证据甚至很琐细,不可能是想当然的凭空虚构。用他自己的话说:"其官属所言,士民所诉,与臣前后所闻大略不异。虽其曲折未必尽如所陈,然万口一词,此其中必有可信者。"(同上,第三状)

此时唐仲友已迁江西提刑,本来可以顺利交接去赴新命,却被朱熹弹劾。虽有王淮在朝中斡旋回护,但在朱熹的坚持下,终被罢官。王淮是宰相,与唐仲友同里姻亲,如果朱熹纯属挟私报复,凭空诬陷,不可能出现这样的结局。但朝廷却将原已任命唐的江西提刑一职转授朱熹。这给人造成一种假象,朱熹弹劾唐仲友,好像是为了取而代之。朱熹拒绝了这一任命,朝廷又让他与江东提刑梁总互换,朱熹以"臣祖乡徽州婺源县正隶江东",理应回避为由坚辞(同上,卷二十二《辞免江东提刑奏状一》)。这背后当然是王淮在起作用。事实上,朱熹弹劾唐仲友,不仅得罪宰相王淮一人,而且触动了官场庞大的关系网。朱熹心知肚明,所以他在辞状中说:

> 伏念臣所劾赃吏党羽众多,棋布星罗,并当要路。自其事觉以来,大者宰制斡旋于上,小者驰骛经营于下,其所以蔽日月之明而损雷霆之威者,臣不敢论。若其加害于臣不遗余力,则远而至于师友渊源之所自,亦复无故横肆觝排。向非陛下圣明,洞见底蕴,力赐主张,则不惟不肖之身久为鱼肉,而其变乱白黑诖误圣朝,又有不可胜言者。然陛下怜臣愈厚,则此辈之疾臣愈深。是以为臣今日之计,惟有乞身就

闲，或可少纾患害。若更贪恋恩荣，冒当一道刺举之责，则其速怨召祸必有甚于前日者。陛下虽欲始终保全，亦恐有所不能及矣。（卷二十二《辞免江东提刑奏状三》）

朱熹的担忧并非多余，因为唐仲友虽罢官，但并未被追究，而押解绍兴府根勘的关联人犯，也得朝旨释放（同上，卷二十二《辞免进职奏状二》）。这令朱熹很失望，因而乞请奉祠，去做宫观官这样的闲差。朱熹就这样被王淮排挤出局。六年之后，即淳熙十四年，杨万里还上书朝廷，为朱熹鸣不平：

> 臣窃见浙东监司朱熹以言台州守臣唐仲友而畀祠禄，至今六年。朝廷藐然不省，亦废然不用，天下屈之。或曰熹之经学上祖孔孟，下师程颢程颐，举而用之，必有可观，臣未论也。或曰熹之才气，大用则应变，小用则拨烦，置之散地，深可惜也，臣亦未论也。臣独怪熹以监司而劾郡守，郡守废而不用，监司亦废而不用。以郡守为是乎，尤当伸监司以养其直也，不当废监司也；以监司为是乎，则当废郡守矣。今也熹与仲友两废而两不用，臣不知此为赏耶为罚耶？使仲友而无罪，仲友何不请诣廷尉以辩之？使熹而举按之不实，朝廷何不声熹之罪以罚之？何直为此愤愤也。（《诚斋集》卷六十二《旱暵应诏上疏》）

朱熹与唐仲友之间，必然有个是非曲直，或朱是而唐非，或唐是而朱非，为何最后出现"两废两不用"的"愤愤"之局，而且得到对朱熹印象颇佳的宋孝宗的认可？南宋史学家李心传云：

> 王丞相淮当国，不善晦翁，郑尚书丙始创为"道学"之目，王丞相又擢太府寺丞陈贾为监察御史，俾上疏言："近日搢绅所谓道学者，大率假其名以济其伪，愿明诏中外，痛革此习，每于除授听纳之际，考察其人，摈斥勿用。"（《建炎以来朝野杂记》甲集卷六《道学兴废》）
>
> 会先生劾唐守不法，王丞相庇之，章十上，始罢而去。除先生江西提刑，又易江东。又以救荒功，例权直徽猷阁。江西乃填台守之阙，江东则坟墓在焉。时九年秋也。先生引嫌求免，未报。吏部尚书郑丙与台守善，首以道学诋先生，监察御史陈贾因论："近日搢绅有所谓'道学'者，大率假其名以济其伪。愿考察其人，摈斥勿用。"盖附时宰意，专指先生也。（同上，乙集卷九《晦庵先生非素隐》）

也就是说，王淮等人有意回避朱熹弹劾唐仲友的是非，而创为"道学"之名以攻朱熹，将官场是非之争变为学术之争，而历来学术之争，见仁见智，各有是非。叶绍翁《四朝闻见记》云：

> 淳熙间，考亭以行部劾台守唐氏，上将置唐于理。王与唐为姻，乃以唐自辩疏与考亭章俱取旨。未知其孰是，王但微笑。上固问之，乃以"朱，程学；唐，苏学"为对。上笑而缓唐罪。时尚方崇厉苏氏，未遑表章程氏也，故王探上之意以为解。考亭上书力辩，以谓至以臣得力于师友之学以中

伤。不报。故终王之居相位,屡召不拜。(乙集"洛学")

唐仲友虽非不学无术之辈,但与所谓"苏学"也扯不上渊源,何况朱熹弹劾唐仲友亦非学术之争,而是监司纠举地方不法官员,在朱熹职权范围之内,也是他的职责所在。事情本来很简单,但王淮"探上之意",将其引到"程学"与"苏学"的学术之争上来,巧妙地转化了朱唐问题的性质。这种解释,局外人很难辨其真伪。时过境迁,更容易被后人采信,如宋末元初周密《齐东野语》云:

> 朱晦庵按唐仲友事,或云吕伯恭尝与仲友同书会,有隙,朱主吕,故抑唐,是不然也。盖唐平时恃才轻晦庵,而陈同父颇为朱所进,与唐每不相下。同父游台,尝狎籍妓,嘱唐为脱籍,许之,偶郡集,唐与妓云:"汝果欲从陈官人邪?"妓谢。唐云:"汝须能忍饥受冻乃可。"妓闻,大恚。自是陈至妓家,无复前之奉承矣。陈知为唐所卖,亟往见朱。朱问:"近日小唐云何?"答曰:"唐谓公尚不识字,如何作监司?"朱衔之。遂以部内有冤狱,乞再巡按。既至台,适唐出迎少稽,朱益以陈言为信,立索郡印,付以次官。乃摭唐罪具奏。而唐亦作奏驰上。时唐乡相王淮当轴,既进呈,上问王,王奏:"此秀才争闲气耳。"遂两平其事。(卷十七《朱唐交奏本末》)

朱弹劾唐,皆因文人相轻,个人恩怨,不过一场"秀才争闲气"的闹剧。凌濛初小说所叙朱唐交恶始末，即本于此。事实上，南宋学术兴盛，学派林立，旨趣不同，见解各异，如朱熹与陆九渊、叶适、陈亮等，学术皆不同，且时有争论，但并未妨碍他们之间的交谊。朱熹因唐仲友讥其"尚不识字"一语，而且还只是传闻，竟恼羞成怒，不惜依仗权势诬陷他人，把无辜的妓女也牵涉进来，严刑逼供，结果自己反倒落下话柄，被人耻笑。朱熹没这么愚蠢。

但朱熹却因此被卷进了官场党争的巨大漩涡之中。王淮等朝廷官僚以朱熹为突破口，以反"道学"为口实，而实为排斥异己的官场斗争愈演愈烈，终于在宋宁宗庆元二年韩侂胄执政时，酝酿成"庆元党禁"，宣布道学为"伪学"，全面清洗在朝的异己分子。叶适论学与朱熹不同，但因曾为朱熹辩护，居然也名列"伪学之籍"而被贬斥。这一切皆溯源于朱熹弹劾唐仲友事件。据《宋史·王淮传》：

> 初，朱熹为浙东提举，劾知台州唐仲友，淮素善仲友，不喜熹，乃擢陈贾为监察御史，俾上疏言近日道学假名济伪之弊，请诏痛革之。郑丙为吏部尚书，相与叶力攻道学，熹由此得祠。其后庆元伪学之禁始于此。（卷三百九十六）

如果说王淮等人还是以学术之名来转移朱唐交恶的是非，那么至"庆元党禁"时，便堕落为赤裸裸的人身攻击。据叶氏《四朝闻见录》载监察御史胡纮奏称朱熹：

资本回邪，加以忮忍，初事豪侠，务为武断，自知盛世此术难售，寻变所习，剽张载、程颐之余论，寓以吃菜事魔之妖术，以簧鼓后近，张浮驾诞，私立品题，收招四方无行义之徒以益其党伍，相与餐粗食淡，衣褒带博，或会于鹅湖之寺，或呈身于长沙敬简之堂，潜形匿影，如鬼如魅。（《四朝闻见录》丁集"庆元党"）

劾奏朱熹"不孝于亲""不敬于君"等六大罪外，竟然攻讦道：

又诱引尼姑二人以为宠妾，每之官则与之偕行，谓其能修身，可乎？家妇不夫而自孕，诸子盗牛而宰杀，谓其能齐家，可乎？

这样的人身攻击，太离谱了，近乎市井无赖的谩骂，可见南宋"庆元党禁"中之攻"伪学"者，罔顾事实，无中生有，恶意中伤，无所不用其极。

我们就不难理解，宋人笔记中的严蕊故事是怎样编排出来的了。朱熹是朝廷命官，而严蕊是风尘弱女子，利用人皆有之的同情弱者的心理，打妓女严蕊这张牌，杀伤力可能更大。道学家之于妓女，即使是捕风捉影的流言，也自然会被很多人津津乐道，广为传播。于是朱熹弹劾不法官员的事件，一变而成争闲气泄私愤的报复行为，再变而成妓女严蕊的侠义传奇。流言虽然可畏，但程朱理学还处于在野状态,任人评说,茶余饭后的谈资而已。

但在程朱理学被官方尊为金科玉律的时代,流言的意义就大不相同了。朱熹是宋代新儒学的集大成者,思想博大深邃,但正如任何学术思想一样,在野时勃勃有生机,一旦被朝廷尊为官学,就逐渐异化为僵死的教条,越是博大深邃,越能折磨人的神经。民间普通百姓无所谓,受折磨的是渴望通过科举博取功名、跻身主流社会的读书人。尤其是科场失意的读书人,饱受折磨却名落孙山,对程朱理学产生不同程度的反感,也是人情之常。凌濛初终其身,廪膳生员,秀才而已。他对程朱理学的习得,可能跟明朝大多数普通士人一样,仅限于朝廷功令所规定的内容,科举考试的敲门砖而已。被科举体制异化的官方儒学,也就是程朱理学,批量生产了很多口是心非的假道学,而这些人往往科场得意,官场风光,跻身主流社会。在以科举入仕为正途的时代,作为通俗小说家的凌濛初,属于主流社会之外的边缘文人,心中难免纠结着不平之气。如果说他对假道学的厌恶来自日常人生经验,那么他对道学家朱熹的解构,则主要来自科场失意士人对官方儒学与主流社会的逆反心理。这种逆反心理,让他从一个极端走向另一个极端,把流言当事实,以世俗趣味来戏说朱熹。与其说是批判精神,不如说是恶搞。

按照一般通俗小说家的眼光看,朱熹可能属于最没故事的人。他的一生,不是从政为官,就是著书讲学,既没有跌宕起伏的人生传奇,也没有滑稽诙谐的趣事,更没有诗酒风流的艳闻。但凌濛初却从很常见的宋人笔记中,发现了这个很能吸引市民读者眼球的题目:道学家朱熹与妓女严蕊。凌濛初借题发挥,把对官方儒学的反感甚至厌恶,都发泄在朱熹身上。在小说中朱熹不仅气量狭小,而且心理阴暗,如把妓女严蕊收监后,朱熹道是:"仲友风流,必然有染;况且妇女柔脆,吃不得刑拷,不论有无,自然招承,便好参奏他罪名了。"而写到严蕊出狱后,"却是门前车马比前更甚。只因死不肯招唐仲友一事,四方之人重他义气。那些少年尚气节的朋友,一发道是堪比古来义侠之伦……一班风月场中人,自然与道学不对,但是来看严蕊的,没一个不骂朱晦庵两句"。这些都很投合市民读者的世俗趣味。小说中借陈亮之口批道学:"而今的世界,只管讲那道学、说正心诚意的,多是一班害了风痹病、不知痛痒之人。君父大仇全然不理,方且扬眉袖手,高谈性命,不知性命是什么东西?"在宋人笔记中,陈亮才是个因私泄愤挑拨离间的小人,朱唐之间的是非就是他挑起来的。但凌濛初贬朱的倾向性很明显,在他笔下,唐仲友跟官妓严蕊的"谑浪狎昵",虽然"算不得许多清处",不过是才子风流;陈亮的拨弄口舌,也不过是因唐仲友坏了他跟妓女的好事,"一时心中愤气",把事情闹这么大,原非其本意,都情有可原。只有朱熹才是最令人厌恶的角色,他就是假道学的总代表。宋明道学家都强调做人的道德,凌濛初讲的恰恰就是朱熹的为人,而不是他的学术,在盛产假道学的晚明,这无疑很容易激起普通市民读者的共鸣。凌濛初深谙通俗小说之道,追求的是可读性,拍案惊奇,传信传疑,谁会去追究这个朱熹的真伪呢?

原载《四川师范大学学报》2013年第5期

吴敬梓等人修复先贤祠质疑

吴敬梓等人修先贤祠一事，最早的记载见于金和同治八年（1869年）撰写的《〈儒林外史〉跋》：

> 先生（指吴敬梓）又鸠同志诸君，筑先贤祠于雨花山之麓，祀泰伯以下名贤凡二百三十余人。宇宫极闳丽，工费甚巨，先生售所居屋成之。

其后，光绪九年（1882），顾云的《盋山志》也作了如下记载：

> 江宁雨花台，明所建先贤祠在焉，祀泰伯以下五百余人。岁久，圮，吴征君与同志议复其旧，资弗继，则独鬻全椒老屋成之。（《盋山志》卷四）

此二说虽然不尽相同，当都认为吴敬梓曾与同志捐资修筑或修复先贤祠于南京雨花，祀泰伯以下名贤凡二百三十余人或五百余人。所谓"同志",据研究者考证,主要有程廷祚、樊明徵等人。

我们并不知道金和、顾云二人此说有何证据,是否可信,但却被后代人不断援引,愈说愈真。沿袭金说的有平步青《霞外攟屑》与钱静方《小说丛考》的有关词条,鲁迅《中国小说史略》也直接引用了金说。沿袭顾说的有民国初年张其浚等人纂修的《全椒县志》(见该志卷十《人物志》吴敬梓传)。胡适写《吴敬梓年谱》,则引用了《全椒县志》的说法,并根据志中"四十二产尽"一语,推定吴敬梓等人修先贤祠一事当在乾隆五年(1740),即在吴敬梓四十岁左右(见《胡适文存》二集)。前几年出版的孟醒仁先生著《吴敬梓年谱》也基本沿袭了胡适《年谱》的说法,同时举出吴敬梓之子吴烺《过惠山寺憩听松庵同蒙泉、爱棠作》一诗中"千秋让德仰姬宗"句作为旁证。至于其他人重复的引述,此处从略。吴敬梓等人修先贤祠一说似乎已成定论,不可移易。尤其是首倡此说的金和乃吴敬梓从兄吴檠(《儒林外史》中杜慎卿的原型)外孙女之子,更增加了此说的权威性。

问题在于,金和距吴敬梓上下一百余年,不过耳闻先辈传说,难免有失真失实、夸大溢美之词,如其谓吴敬梓为"东南诗坛盟主",就是不符合历史事实的夸张之辞。我们只要稍加稽考,就会发现吴敬梓等人修先贤祠一事,也很可疑。

嘉庆年间,吕燕昭、姚鼐等人纂修的《江宁府志》有如下记载:

先贤祠在溪之东。宋开庆元年，制使马光祖建。所祀先贤四十一人，各有记赞，曰："至德逊王吴泰伯……"皆生长江宁与游宦往来于斯地者。……后祠毁。明焦竑言于学士李廷机、叶向高，属祠郎葛寅亮于普德寺后山建祠设位，补入苏公。国初，总督范承勋改建于府学之西。（卷十三《祠庙》）

据此可知：一、先贤祠初建于宋理宗开庆年间；二、明后期又重建于普德寺后山，即雨花山麓或雨花台邻近（参葛寅亮《金陵梵刹志》卷三十八）；三、康熙二十三年（1684），清开国元勋范文程之子范承勋出任两江总督（《清史稿》卷二百三十二），即迁修先贤祠于江宁府学之西，其地理位置与明先贤祠遗址各在南北一方。按照金和、顾云的说法，吴敬梓等人修复的是雨花台明先贤祠。既然范承勋已将先贤祠迁修于他处，吴敬梓等人何必又要在同一个城市再建一座先贤祠与之遥遥相对呢？我们可以举出四个方面的反证，对此事加以质疑。

第一，《江宁府志》不载此事。该志主修人姚鼐也是安徽人，与吴敬梓为同省老乡。乾隆三十五年（1770）以前，他与吴敬梓之子吴烺相识，并为其《杉亭集》作序（见《惜抱轩文集》卷四），可见他与吴烺不是点头之交。既然《江宁府志》中对先贤祠的历史叙述得如此详尽，一直提本朝迁修之事，为什么对自己朋友父亲同样的壮举只字不提？于惯例于情理似乎都说不过去。也就是说，如果吴敬梓等人真有修复先贤祠一事，必定会见诸《江宁府志》无疑。

第二，吴敬梓生前友人有关吴敬梓的诗文未提到此事。乾隆五年（1740），也即胡适《年谱》推定的修复先贤祠之时，《文木山房集》付梓，唐时琳、程廷祚分别为之序，但均无一语涉及先贤祠（见《文木山房集》卷首诸序）。乾隆六年，吴敬梓与程晋芳相识（见《勉行堂文集》卷二《严冬有诗序》），而且成为知交。吴去世后，程为之作传，对亡友的生平事迹作了详细叙述（见《勉行堂文集》卷六）。应该说，这篇《文木老人传》是吴敬梓生平最可信的资料，但不仅此传，而且作者其他提到吴敬梓的文字（如《勉行堂文集》卷五《寄怀严冬有》、卷二《怀人诗》及《勉行堂诗集》卷九《哭吴敏轩》等），竟然也无一语涉及先贤祠。另外，首次刊刻《儒林外史》的吴友人金兆燕、对吴仰慕之至的王又曾，他们在有关诗文中（见金兆燕《棕亭诗钞》卷三《寄吴文木先生》《甲戌仲冬送吴文木先生旅榇于扬州城外登舟归金陵》及王又曾《丁辛老屋集》卷十二《书吴征君敏轩先生〈文木山房诗集〉后有序》），也均未提及此事。也就是说，如果吴敬梓等人真有修复先贤祠一事，他的友人是不可能使其湮没无闻的，必定会载于文字之间。

第三，所谓"同志诸君"的资料不载此事。据研究者考证，参与修复先贤祠的主要人物还有吴友人樊明徵（即《儒林外史》中的迟衡山的原型）、程廷祚（即小说中庄征君的原型）。《续纂句容县志》卷九樊明徵传说："其为学，博而能精，耻为空言炫世，于古人车服礼乐皆考核而制其器，有受教者，则举器以示之。"《江宁府志》卷四十《文苑》樊明徵传也说他

"不徒为空言"。他与诗人袁枚也有交往,袁枚说他"博学好古",他死后,袁枚为题挽联:"地下又添高士伴,生前原当古人看。"(《随园诗话》卷一)而修先贤祠一事应是樊明徵"博学好古""不徒为空言"的最有力的例证,为何不见之于记载?程廷祚是吴敬梓的师辈,对吴敬梓的思想影响很大。程廷祚是当时南京的儒学名流,与袁枚也是忘年交(见《小仓山房文集》卷四《征士程绵庄先生墓志铭》),是程晋芳的长辈与至友。但袁程二人分别为程廷祚撰写的墓志铭及其有关诗文中却只字未提修先贤祠一事。又,程廷祚在《先考彼斋府君行状》中曾引其父《金陵祀典议》:"以谓金陵,东南大都会,江海会流,禹迹所至。泰伯窜居荆蛮,为开天立极之君,此邦亦在封内。七十子衍圣人之传者唯子游为吴人。二圣一贤宜于会城崇其庙宇,重其禋祀,以补数千载之阙失。"(《青溪集》卷十二)如果程廷祚果真参与修复先贤祠,以偿其父之遗愿,该是怎样一桩得意之举,为何对此事避而不谈?

第四,现有吴敬梓本人的诗文不载此事。《移家赋》吴敬梓自注:"按族谱,高祖为仲雍九十九世孙。"(《文木山房集》卷一)研究者多引此条证成吴敬梓等人修先贤祠一事。但事实上,二者没有必然的因果关系,最多不过是一条无足轻重的旁证而已。至于引吴烺"千秋让德仰姬宗"作证,更属捕风捉影,牵强附会。吴烺在无锡惠山寺泰伯祠(今存)作诗,言及泰伯"让德",与吴敬梓等人在南京雨花台修先贤祠有什么直接或间接的关系呢?又,新中国成立后发现的吴敬梓《金陵咏物图诗》中有一首《雨花台》,诗前小序说:"聚宝山之巅为雨花台……山麓为梅冈，晋豫章内史梅赜家于冈上，或云营于冈下。山，聚宝门二里外，直造其颠，上有方正学、景忠介二先生祠……近年冈下仓颉庙，郡中士大夫以牲牷酒醴致祭庙中，奏古乐，用佾舞，每倾城往观，此殊有三代报赛风。"文中对雨花台名胜古迹一一道来，梅冈、方景二先生祠、仓颉庙等，甚至对郡中士大夫以古礼古乐致祭仓颉也津津乐道，而对本人参与修复的先贤祠却略而不提，真叫人百思不得其解。

至此，我们可以大胆推定，明代先贤祠至清初已由范承勋迁往江宁府学之西，雨花台遗址至吴敬梓时已毁弃不存，而吴敬梓等人本无修复先贤祠一事。

既然如此，金和、顾云二人之说又从何而来？我们认为，如果不是金和顾云，也是前人附会《儒林外史》第三十三、三十六、三十七回中有关泰伯祠的情节而成的。历史上，这种以讹传讹的事例比比皆是。何况《儒林外史》中的人与事大都有据可寻，更增加了猜测、附会、传误的可能性。但《儒林外史》毕竟是小说，不是历史，书中所写怎可能一一坐实？笔者不揣冒昧，敢以此质疑于诸研究者，望赐教。

原载《南京师范大学学报》1986年第3期

吴敬梓"不赴廷试"辨析

《儒林外史》的作者吴敬梓与同时代的曹雪芹一样,生前冷落,身后热闹。正因为如此,凡是涉及这位小说家生平线索的材料,哪怕是只言片语,在现代研究家看来,都如同至宝,弥足珍贵。遗憾的是,这些材料有些也是"小说家言",并非信史,但今人多据此来分析小说家本人的什么思想,就难免有捕风捉影、郢书燕说之嫌。即使实有其事的一些情节,在后人的传闻中,也不无夸张的色彩,如吴敬梓拒绝参加清廷的博学鸿词试,就是一例。

吴敬梓生平事迹中,最为现代研究家津津乐道的,就是此事。据说,这不但表现了吴敬梓轻视功名的超凡脱俗之心,而且还表现了这位小说家拒绝与封建统治者合作的政治态度,正因为如此,他才能写出伟大的讽刺小说《儒林外史》云云。

所谓"博学鸿词",是中国古代由皇帝亲自主持开考的制科之一,始创于唐开元年间,目的是在常科之外选择特异之才。这在清代算得上是"旷世盛典"。据《清史稿·选举三》,清代博学鸿词只开科两次,第一次在康熙朝,先由在京三品以上及科道官，在外督、抚、布、按分别推荐，在143名被荐者中，经过御试，取中者仅50人；第二次在乾隆朝，雍正十三年（1735）下诏举行博学鸿词试，但一年之后，"仅河东督臣举一人，直隶督臣举二人，他省未有应者，诏责诸臣观望"。原来，京官及外省封疆大吏"以事关旷典，相顾迟回"，唯恐举非其人而受到朝廷处罚。翌年，雍正驾崩，乾隆即位，再次下诏督促，各地才推荐176人，经过御试，取中者15人，第二年补试，又取4人，共19人。这就是吴敬梓拒绝应试的那一次，当时，吴敬梓35岁左右，尚未移居南京。

可以想象，能有资格参加这种最高规格的考试，在当时是何等风光。据程晋芳《文木先生传》："安徽巡抚赵公国麟闻其名，招之试，才之，以博学鸿词荐，竟不赴廷试；亦自此不应乡举，而家益贫。"（《勉行堂文集》卷六）由此看来，吴敬梓是故意"不赴廷试"，也就是拒绝参加博学鸿词试。程晋芳是吴敬梓的朋友，又是当时有名的文人（后来曾任《四库全书》编修，《清史稿·文苑》有传），"桐城派"就是因他的一句戏言而得名的（见姚鼐《刘海峰先生八十序》）。程晋芳既有如此地位和身份，按照通常惯例，他的说法当然具有权威性，不容置疑。于是在后来关于吴敬梓的文字中，此事即成定案，而且越传越神，如金和《〈儒林外史〉跋》："雍正乙卯，再举博学鸿词，当事人以先生及先生从兄青然先生应诏书，先生坚卧不起，竟弃诸生籍。"顾云《吴敬梓传》就说得更详细："乾隆间，再以博学鸿词荐，有司奉所下檄，朝夕造请，坚以疾笃辞。或咎之，曰：'吾既生值明盛，即出，其有补斯世耶，否耶？与徒持词赋博一官，虽若枚马，曷足贵耶？'卒弗就。且脱诸生籍，去居江宁。"（《盋山志》卷四）值得注意的是，这篇《吴敬梓传》首次提到吴敬梓是"托病"推辞博学鸿词，而且有吴敬梓自己的解释。金和与顾云都是晚清人，距吴敬梓时代已有一百余年，此时《儒林外史》流传已广，顾云的传文就与《儒林外史》中杜少卿托病推辞征辟的情节非常类似。胡适在写《吴敬梓年谱》时，对此事当然有所考证，但依据就是程晋芳、金和等人的传文和序文。从此，吴敬梓拒绝参加清廷博学鸿词试便成定案，成为分析吴敬梓思想及《儒林外史》创作动机的重要根据。

　　吴敬梓曾被安徽巡抚推荐，而吴敬梓并未参加在北京举行的廷试，根据现在已经发现的材料分析，确有其事。关键在于，吴敬梓没有参加廷试出于何种原因，是否如人们盛称的那样是出于"清高"或"拒绝与统治者合作"。我们的看法是否定的。在吴敬梓的生前好友中，提及此事的，除程晋芳外，还有程廷祚、唐时琳等人。据《文木山房集》程廷祚序："曾与荐鸿博，以病未赴，论者惜之。"（《文木山房集》卷首）这位程廷祚也是吴敬梓的朋友，是清代颜李学派的传人，在当时已经非常有名气，《清史稿·儒林》有传，附《颜元传》后。有趣的是，在这次博学鸿词的预选中，程廷祚也被当地举荐，他并没有拒绝，到北京参加了御试，但是最后由于拒绝巴结某要人而"报罢"（见《清史稿》本传）。此事在《儒林外史》第35回《圣天子求贤问道，庄征君辞爵还家》中有详细描述。小说中的庄征君的原型就是程廷祚。程廷祚是程晋芳的长辈，比吴敬梓年长十岁，与吴敬梓的关系更密切。据胡适《吴敬梓年谱》考证，《文木山房集》刻于吴敬梓40岁前，此时距博学鸿词还不到五年，程廷祚在序中说他"以病未赴，论者惜之"，应该是有根据的。按，程晋芳比吴敬梓小17岁，当吴敬梓被荐博学鸿词时，他才18岁，关于吴敬梓"不赴廷试"一事，他最多只是听说而已。因此，程廷祚与程晋芳的异辞，应该是"亲见之"与"传闻之"的不同，即使从通常的惯例来说，程廷祚的说法也更具有权威性。

最有力的证据是当事人唐时琳的证词。唐时琳是为《文木山房集》作序的人之一，他的序不长，专说博学鸿词一事，全文照录如下：

朝廷法古制科取士，自世庙时，诏在廷诸臣及各省大吏，采访博学鸿词之彦，余司训江宁三年，无以应也。今天子即位之元年，相国泰安赵公方巡抚安徽，考取全椒诸生吴敬梓敏轩，侍读钱塘郑公督学于上江，交口称不置。既檄行全椒，取具结状，将论荐焉，而敏轩病不能就道。两月后病愈，至余斋，盖敏轩之得受知于二公者，则又余之荐也。余察其容憔悴，非托为病辞者，因告之曰："子休矣！当子膺荐举时，余为子筮之，得井之三爻，其辞曰：'井渫不食，为我心恻。王明并受其福。'今子学优才赡，躬膺盛典，遇而不遇，岂非行道之人皆为心恻者乎？虽然，古人不得志于今，必有所传于后。吾子研究六籍之文，发为光怪，俾后人收而宝之，又奚让乎历金门、上玉堂者哉！且士得与于甲乙之科，沾沾得意以终其身者，徒以文章一日之知耳；子之文受知于当代巨公大儒，虽久困草茅，窃恐庙堂珥笔之君子，有不及子之著名者矣。由此言之,未可谓之不遇也。"

原来,吴敬梓被安徽巡抚赵国麟所知,最早还是出自唐时琳的推荐,是唐时琳和吴敬梓之间有"知遇之恩"。他在此序中称"敏轩病不能就道",而且说明是真病,"非托为病辞者",连以病为托词的事都给否定了。还有一点值得一提,根据此序,吴敬梓只是安徽巡抚预备举荐的人选之一,序中称"檄行全椒,取具结状,将论荐焉"。这篇序与程廷祚的序作于同时,都是经过吴敬梓过目的,所言不至于太离谱。

论者或许会说:吴敬梓"托为病辞",是为了避免朝廷的迫害。这完全是想当然之辞。在中国历史上,除了明太祖朱元璋外,帝王对于拒绝征聘的文人都是相当宽容的,甚至从士林舆论来说,拒绝帝王征聘本身就是一种殊荣。李白赞扬孟浩然:"红颜弃轩冕,白首卧松云。醉月频中圣,迷花不事君。"杜甫赞扬李白:"李白一斗诗百篇,长安市上酒家眠。天子呼来不上船,自称臣是酒中仙。"这都是历来为传统文人津津乐道的佳话。在清朝,只要不触犯时讳,不涉及满汉民族之间的敏感问题,最高统治者对汉族文人还是以礼相待的,至少比汉族皇帝如朱元璋等要客气得多。对于拒绝征聘的文人,也并没有朱元璋"寰中士夫不为君用者,罪至抄"那样的威逼。康熙对待黄宗羲等人拒绝征聘的宽容态度,就是证明。雍正乾隆两朝也没有文人因拒绝征聘而被迫害的记载。何况吴敬梓当时还只是安徽巡抚赵国麟拟定推荐应试的人选之一,还谈不上帝王征聘,更谈不上避免朝廷迫害。现代有些研究家甚至把《儒林外史》假托明朝也说成是作者为了"避祸",这更是想当然之辞。至少从明末清初开始,就有人对"八股取士"公开持否定态度,如顾炎武就说:"八股取士,甚于焚书。"而朝臣非议"八股取士"者也大有人在(详见《清史稿·选举三》)。正因为"八股取士"的局限,朝廷才在常科外设博学鸿词等制科,以网罗遗才。总之,吴敬梓如果真要拒绝参加博学鸿词试,即使以"托病"为辞,也不存在"避祸"的原因。

而且,从吴敬梓的家世及其交往来说,也找不到他拒绝与统治者合作的根据。他不是清初遗民那样的民族主义者,也不是民族主义者的后裔。他的祖先就是由科第起家的,全椒吴氏曾有过五十年"家门鼎盛"的时期(吴敬梓《移家赋》),"全椒吴氏,百年以来称极盛"(《文木山房集序言》)。其子吴烺的朋友王又曾有诗赞曰:"国初以来重科第,鼎盛最数全椒吴。"(《丁辛老屋集》卷十二《书吴征君敏轩先生文木山房诗集后,有序》)也就是说,他的家族是清王朝的既得利益者,这也是他引以为豪的。他周围的朋友,如颜李学派的传人程廷祚,无论就年龄、学识、地位,都在他之上,是他非常尊敬的长辈,对他的思想及人生态度都曾经有很大影响,这在《儒林外史》一书中是有反映的。程晋芳《文木先生传》也说:"与余族祖绵庄(程廷祚)为至契。绵庄好治经,先生晚年亦好治经。"但这位程廷祚不但接受了正式推荐,而且前往北京参加了廷试,据《清史稿》本传,他甚至在乾隆十六年(当时吴敬梓52岁)还接受江苏巡抚的推荐,再次前往北京参加了皇帝亲自主持的"经明行修"试(制科之一)。吴敬梓虽然并非一定要亦步亦趋,但至少不存在拒绝与统治者合作的动机。据前引程晋芳的《文木先生传》，吴敬梓"生平见才士，汲引如不及；独嫉时文之士如仇，其尤工者，则尤嫉之"。有趣的是，程晋芳本人就是靠"时文"（八股文）获取了进士头衔的。这且不论。清廷举行博学鸿词试，从当时的角度来说，就是为了弥补常科以八股取士之不足，据《清史稿·选举四》，雍正十一年诏曰："博学鸿词之科，所以待卓越淹博之士。"御史吴元安建言："荐博学鸿词原期得湛深经术、敦崇实学之儒，诗赋虽取兼长，经史尤为根柢。若徒骈缀骊偶，推敲声律，纵有文藻可观，终觉名实未称。"根据这种精神，廷试分两场，首场诗赋论各一篇，二场制策两篇。这显然是特为不喜八股而具有真才实学（当时的标准）之士设计的。吴敬梓痛恨八股，并不能解释他为什么要托病推辞与"八股取士"完全不同的博学鸿词试。

根据以上分析，我们至少可以得出这样的结论：吴敬梓未参加博学鸿词的廷试，其中并不存在拒绝与统治者合作的动机。

吴敬梓自己又是怎么解释的呢？在《儒林外史》的第33回，有巡抚举荐天长县儒学生员杜仪的情节，这位巡抚是杜仪先祖的门生，所以杜仪这样答道："大人垂爱，小侄岂不知？但小侄麋鹿之性，草野惯了，大人误采虚名，近又多病，还求大人另访。"在同一回中：

> 迟衡山闲话说起："而今读书的朋友，只不过讲个举业，若会做两句诗赋，就算雅极的了，放着经史上礼、乐、兵、书、农的事，全然不问！我本朝太祖定了天下，大功不

差似汤、武,却全然不曾制作礼乐。少卿兄,你此番征辟了去,替朝廷做些正经事,方不愧我辈所学。"杜少卿道:"这征辟的事,小弟已是辞了。正为走出去做不出什么事业,徒惹高人一笑,所以宁可不出去好。"

这位杜仪字少卿的原型就是吴敬梓。杜少卿拒绝应征的原因,一是"草野惯了",再是"走出去做不出什么事业"。这一解释当然不一定是历史上的吴敬梓拒绝参加博学鸿词的真正原因,但至少可以看出,这是出于"潇洒任性",他追求的是"逍遥自在",并没有诸位论者标榜的"拒绝与封建统治者合作"的深意。这在古代,是并不稀奇的。《儒林外史》中称杜少卿"托病"推辞巡抚举荐,其中也许具有一定的真实性。根据小说中的描写,杜少卿乃一慷慨仗义、任性豪爽的世家子弟,书中借"现任翰林院侍读"高某的口,评价杜少卿说:"这儿子就更胡说,混穿混吃,和尚、道士、工匠、花子,都拉着相与,却不肯相与一个正经人!不到十年内,把六七万银子弄得精光。天长县站不住,搬在南京城里,日日携着乃眷上酒馆吃酒,手里拿着一个铜盏子,就像讨饭的一般。不想他家竟出了这样子弟。学生在家里,往常教子侄们读书,就以他为戒。每人读书的桌子上写着一纸条贴着,上面写道:'不可学天长杜仪!'"与吴敬梓自作《减字木兰花》"田庐尽卖,乡里传为子弟戒"相印证(《文木山房集》卷四)。高翰林当然是以非常世俗的眼光来看"奇人"杜少卿的,但由此可以看出,吴敬梓科场不遇也罢,还是"托病"不赴博学鸿词廷试也罢,都与他这种人生态度有关。

还有一层原因,这是吴敬梓自己最清楚的,就是他对自己学识的估价。按照现代的标准,他当然是第一流的文学家,用胡适在《吴敬梓年谱》开篇说的:我们安徽的大文人不是方苞,不是姚鼐,而是吴敬梓。但在吴敬梓时代,"稗官小说"是不登大雅之堂的,八股文可以博取功名,经史或诗文也可以博取功名。八股文非吴敬梓所长,经史和诗文也非其所长(这要以当时的标准来衡量)。尽管程晋芳称"其学尤精《文选》,诗赋援笔立成,夙构者莫之为胜"(《勉行堂文集》卷六),但须知古人在为人作传时,多为溢美之辞,不能作为客观的评价。这有吴敬梓现存的诗文作证。吴敬梓生前已有《文木山房集》行世,收入其所作诗文词赋,尽管作序诸公赞美备至,如方嶟《序》称其"能以诗赋力追汉唐作者",黄河《序》称"其诗如出水芙蕖,娟秀欲滴,论者称其直逼温李,而清永润洁,又出于李颀、常建之间;至辞学婉而多风,亦庶几白石、玉田之流亚"等(《文木山房集》卷首),都是客套话。古今为朋友文集作序的,或出于友情,或出于礼节礼貌,都要说好话,我们切不可当真。他的诗文作品,除了朋友,知之者甚少。其生前好友程晋芳曾在《怀人诗》中感叹:"《外史》记儒林,刻画何工妍。吾为斯人悲,竟以稗说传。"(《勉行堂诗集》卷二)这位后来名列《清史稿·文苑传》的正统文人做梦也没有想到,不但吴敬梓本人因"稗说"而名垂不朽,就连他也是沾了吴敬梓的光,到现在还被学者偶尔提起。

吴敬梓的诗才平平,这有《文木山房集》中的诗赋作证。如果以诗才来论吴敬梓的话,那他只能算是一个不入流的诗人。《文木山房集》在当时及后来没有任何反响,清人或近人编的较著名的清诗选本,都没有选取哪怕一两首短章。这不是因为编者有什么偏见,或者是诗人的创作不被人理解,原因只有一个:吴敬梓的诗写得太平常。这部凝结着作者心血的诗文集,除了几位朋友,几乎无人知晓,名副其实是"孤芳自赏"。吴敬梓的才气在于小说创作,在于以"婉而多讽,戚而能谐"的工笔刻画世态人情,而这在吴敬梓那个时代是不登大雅之堂的,既不能博取功名,也不能换稿费。因此,尽管他生前《儒林外史》已经问世,而且"人争传写之"(《勉行堂文集》卷六),但他却穷困潦倒,甚至到了"灶冷囊无钱"的地步。

当时南京郊外小仓山下有一座豪华的随园,主人是当时有"诗坛盟主"之称的袁枚。袁枚比吴敬梓小15岁,23岁中进士,先入翰林,后出为地方官,做过六年知县,乾隆十三年(1748)辞官,居于南京小仓山下的随园,其诗文集就以小仓山为名。当时吴敬梓48岁左右。我曾对吴袁两人的关系非常感兴趣,通检《小仓山房文集》《小仓山房诗集》与《随园诗话》等,结果大为失望。尽管袁枚在《随园诗话》中提到了许多无名之辈,却没有一字提及吴敬梓。有趣的是,吴敬梓的朋友,如程廷祚、程晋芳、樊明徵等,却是袁枚随园的座上客,这是有袁枚的诗文作证的。程廷祚是当时南京的儒学名流,曾经为《文木山房集》作序;程晋芳也是有名的文人,曾经为吴敬梓作传。程廷祚和程晋芳在《清史稿》中都有传,分别在《儒林》和《文苑》。吴敬梓诗文如果在当时很有影响的话,又有这样的朋友从中介绍,按常理来说,他不可能与袁枚没有交往。但事实上,吴敬梓没有进入"诗坛盟主"袁枚的圈子。

因此，吴敬梓推辞或谢绝博学鸿词试，应该说是有"自知之明"的。博学鸿词是皇帝亲自主持的制举，今天可以不屑一提，但在吴敬梓时代，却是旷世盛典。尽管吴敬梓在一地出类拔萃，甚至受到地方大吏的欣赏，定为推荐人选，但放在全国范围来看，恐怕就是另一回事。乾隆元年博学鸿词试的结果，在被举荐的176人中，仅有19人取中。如果吴敬梓应试，以他的学术、诗才与文笔，将名落孙山无疑。这一点，吴敬梓本人肯定比现代研究者更加清楚。

但是，不管什么原因，吴敬梓未赴廷试的举动却被朋友传为佳话，并以"征君"或"聘君"称之，如郭肇《赠吴聘君敬梓》《答吴聘君敬梓》（《佛香阁诗存》），黄河序《文木山房集》称"吴聘君敏轩"，金兆燕《寄吴文木先生》："昔年鹤版下纶扉，严徐车马纷飙驰。蒲轮觅径过蓬户，凿坏而遁人不知。"其身后更被其子吴烺的朋友尊为"征君"，如沈大成《全椒吴征君诗集序》称"故征君全椒吴敏轩先生"（《学福斋集》卷五），王又曾《书吴征君敏轩先生文木山房诗集后有序》称："杜老惟耽旧草堂，征书一任鹤衔将。闲居日对钟山坐，赢得《儒林外史》详。"顾云《盋山志》卷四："吴征君敬梓。"他辞去的名誉竟成了他的头衔。这是中国古代特有的现象。一个人被帝王征召，即使未成现实，也是一种殊荣；如果拒绝帝王的征召，则更受人尊敬。

总之，吴敬梓没有参加清廷的博学鸿词试，可能有两个原因：一是因病（据程廷祚、唐时琳等人说），一是托病（据《儒林外史》情节）。但不管何种原因，都不存在他拒不与清朝统治者合作的迹象,都不能证明《儒林外史》的作者有什么"反骨"。

原载《四川大学学报》1997年第2期

庞德：中国诗的"发明者"

美国意象派诗人埃兹拉·庞德（Ezra Pound，1885—1973）的名字，对现代中国读者来说，并不陌生。他那首令人想起日本俳句的《在地铁站上》，不仅在英语世界流传甚广，在中国也颇有知名度：

幻影一般出现在人群中的这些面孔；
湿漉漉的黑色枝条上开放的花瓣。（杜运燮译）

据说，庞德曾先后写过三十行和十五行，都不满意，几经删改，最后才凝聚成这两句"意象诗"。但是，如果没有译者诗外的阐释发挥，我们中国读者也许很难体会到其意象的绝妙。唐诗中，比这精彩的意象俯拾即是："云想衣裳花想容"（李白《清平调》）、"梨花一枝春带雨"（白居易《长恨歌》）、"人面桃花相映红"（崔护《题都城南庄》）。我不知道唐诗被译成另一种语言后，是否还能传达原文中的神韵，但庞德这首名诗被译成汉语后（还有好几种汉译文本），味同嚼蜡，却是不少读者的共同感觉。好在原文既不艰深，也不晦涩：

> The apparition of these faces in the crowd;
> Petals on a wet, black bough.

"幻影一般出现（apparition）""面孔（faces）""湿漉漉（wet）""黑色枝条（black bough）"等汉译，就很难产生原文中的韵味和美感。但也真是难为了译者，我至今也想不出既能达意又能传神的翻译，只有感慨：诗果真是不能翻译的！

但庞德却以翻译中国诗蜚声英语世界。我在美国哈佛访学时，曾在学校附近的一家书店买了一本《美国名诗101首》（101 Great American Poems，多佛出版公司，1998年版），由美国桂冠诗人约瑟夫·布罗茨基创建的"美国诗歌与文学普及学会"编选，类似当年上海古籍出版社推出的《唐诗一百首》《唐宋词一百首》那样的普及读本。庞德的诗入选了两首，一首即《在地铁站上》，另一首名"The River–Merchant's Wife: A Letter"。注曰："译李白中文诗。"就是李白的《长干行》："妾发初覆额，折花门前剧。郎骑竹马来，绕床弄青梅……"一首中文译诗，居然荣膺"美国名诗101首"的殊誉，与朗费罗、爱伦坡、惠特曼、迪金森、弗洛斯特、桑德堡、艾略特这些美国一流诗人的杰作，交相辉映。后来，又见到多种英美诗选本，无论是普及选本也罢，还是Norton American Poetry（《诺顿美国诗选》，诺顿出版公司，1998年版）、Understanding Poetry（《理解诗歌》，Cleanth Brooks & Robert Penn Warren 编著，温斯顿出版公司，1976年版）这样的权威选本也罢，无一例外要选录庞德这首据说是"错误百出"的译诗。也就是说，李白的《长干行》经过庞德的生花妙笔，已经被美国人毫无愧色地"攘为己有"。这在中外翻译史上不能不说是一个奇迹。

更奇的是，这位以翻译中国诗享誉英语世界的庞德，竟然不谙中文。据肯纳尔（Huge Kenner）所著《庞德的诗歌》（*The Poetry of Ezra Pound*，伯克莱加州大学出版社，1973年版）介绍，20世纪初，庞德读翟理斯（Herbert A. Giles）所著《中国文学史》，便对中国诗产生了浓厚的兴趣，当然他所读的是"二手货"。他是凭一种诗人的敏感，体悟到中国诗哪怕是经过翻译的中国诗的独特韵味。也许是忍不住技痒，也许是不满汉学家的拘谨，他居然根据翟理斯的译文，"重译"托名汉武帝的《落叶哀蝉曲》和班婕妤的《怨歌行》，并将其收入自己的诗集《仪式》（*Lustra*）。《落叶哀蝉曲》是一首尘封在中国古典诗库里的平庸之作："罗袂兮无声，玉墀兮尘生。虚房冷而寂寞，落叶依于重扃。望彼美女兮安得，感余心兮未宁。"庞德题名《刘彻》的"译诗"，却推陈出新，"化腐朽为神奇"，将其创造为一首典型的现代"意象诗"：

> Liu Che
>
> The rustling of the silk is discontinued,
> Dust drifts over the courtyard,
> There is no sound of footfall, and the leaves
> Scurry into heaps and lie still

And she the rejoicer of the heart is beneath them:
A wet leaf that clings to the threshold.

我敢断定，英美读者读这首诗的感觉，绝对比我们读中文原诗的感觉要美妙得多。班婕妤《怨歌行》是最早的五言诗："新裂齐纨素，皎洁如霜雪。裁为合欢扇，团团似明月。出入君怀袖，动摇微风发。常恐秋节至，凉飙夺炎热。弃捐箧笥中，恩情中道绝。"以扇之于人喻宫妃之于君王，比喻固然贴切，但语言质朴，殊少余韵。庞德敏感地抓住了这首诗的"灵魂"：

Fan-Piece, for Her Imperial Lord
O fan of white silk
Clear as frost on the grass-blade,
You also are laid aside.

其实，就是原诗的第一和最后一行。如果将诗题《扇，为伊皇而作》（这是"画龙点睛"之笔）与正文连读："啊白绢之扇/皎洁如草上之霜，/你也被抛在一旁。"你就不得不佩服庞德的"诗心"。正是这颗"诗心"，以心会心，悟到了中国古典诗人的浪漫之心，在诗集《仪式》（Lustra）中，庞德以《墓志铭》（Epitaphs）为题，表达了他对中国诗人的神往：

Fu I
Fu I loved the high cloud and the hill

Alas, he died of alcohol.

Li Po
And Li Po also died drunk
He tried to embrace a moon
In the Yellow River.

这些诗意大概都来自翟理斯《中国文学史》对中国诗人的描述，而不是中国诗中的"意象"。"傅奕眷恋行云与高山，呜呼哀哉死于酒"典出《旧唐书》。据《旧唐书·傅奕传》："奕生平遇患，未尝请医服药。虽究阴阳数术之书，而并不之信。又尝醉卧，蹶然而起曰：'吾其死矣！'因自为墓志曰：'傅奕，青山白云人也，因酒醉死，呜呼哀哉。'其纵达皆此类。"但"李白也是醉死，他欲拥抱黄河中的月亮"却大可商榷。据古代民间传说，李白醉酒，投入长江，拥月仙去。20多年前，我大学实习，曾经在安徽采石矶凭吊"唐诗人李白衣冠冢"，并在碑前留影。面对浩浩长江，不禁神游故国，想见诗仙李白之风流神采。庞德将"长江"改为"黄河"，是不知还是明知故犯，以达到色彩对应的诗意效果（月亮在黄色的河中），文献语焉不详，但我凭直觉断定，他是"明知故犯"。the Yangtze River（扬子江）在英语中与the Yellow River（黄河）给读者带来的色彩感觉与联想，可大不相同。也许正是这种对中国诗人的"心领神会"，引起了一位美国汉学家遗孀的注意。

据佩尔金斯（David Perkins）所著《现代诗史》（*A History of*

Modern Poetry），哈佛大学出版社，1976年版）介绍，1912年，庞德与玛丽·费诺罗沙（Mary Fenollosa）相识。这位夫人的亡夫是厄内斯特·费诺罗沙（Ernest Fenollosa，1853—1908），语言学家，生于美国马萨诸塞州，后来前往日本研究中国、日本的古典艺术和诗歌，不幸病故，留下十七本研究笔记和其他手稿。费诺罗沙的遗孀是有心之人，她要完成亡夫遗愿，将亡夫一生的心血变为不朽的"诗碑"。她在满世界寻找一位能解读亡夫遗稿并将其译为英文的人。当她读到庞德的诗集 Lustra，振奋不已："欲继亡夫未竟事业，舍伊其谁耶？"真个是"众里寻他千百度，蓦然回首，那人却在灯火阑珊处！"庞德读罢费诺罗沙的遗稿，一见倾心，相遇恨晚。费诺罗沙说："汉字乃绘画之速写，一行中国诗就是一行速写画。"又说："一个汉字就是一个意象（a image），一首诗就是一连串意象（a succession of images）。"志在创新且素有慧根的诗人庞德真如醍醐灌顶，茅塞顿开。他后来回忆说："例如'明'这个汉字的意象，日月为明，意味着光照的全过程：光的辐射、吸收与反射；因此，'明'有聪明、明亮、光明、照耀之意。"（Confucian Terminology，1945）1913至1914年的冬天，压根儿不懂汉语的美国诗人庞德，凭借他仅有的中国印象以及诗人之心，钻研费诺罗沙的遗稿，反复领会，加上诗人的想象，于是就有了轰动一时、开创美国一代诗风的《神州集》（Cathay，1915）。

《神州集》并非标准的翻译，与严复主张的"信达雅"何啻千里。说句实话，如果按照通行的标准看，庞德的这部《神州集》真可谓"野狐禅"。庞德不谙汉语，更不谙中国文化的语境和背景。旅美华裔学者叶维廉（Wan-Lim Yip）在其《庞德的〈神州集〉》（*Pound's Cathay*）一书中，曾逐字逐句指出庞德的误译。例如李白《送孟浩然之广陵》："故人西辞黄鹤楼，烟花三月下扬州……"庞德译为：

> Ko-Jin goes west from Ko-keku-to,
> The smoke-flowers are blurred over the river.
> His lone sail blots the far sky,
> And now I see only the river,
> The Long Kiang, reaching heaven.

将"故人"误译为人名，"黄鹤楼"音译（日文读音）为地名，不知是费诺罗沙遗稿就已如此呢，还是庞德故弄玄虚，以造成一种"陌生化"的效果？难道"黄鹤"这一中国诗歌的经典意象在英语中还不如一个拗口的异国地名令人浮想联翩？时间（三月）、地点（扬州）都给漏译了，全诗中突出的意象是"长江"，连诗题也给改为"Separation on the River Kiang"（《江上送别》）。诸如此类的误译和漏译，并非完全因为庞德不谙汉语，常常是有意为之。如李白《长干行》原诗中"常存抱柱信，岂上望夫台"，运用了两个典故：一是尾生守约而丧生的故事（见《庄子·盗跖》），一是思妇盼夫归来望穿秋水的传说。这样的典故，不但庞德不懂，普通中国读者也不一定全懂（尤其第一句）。庞德就采取了通融的政策，意译为：

> Forever and forever and forever
>
> Why should I clime the look out?

"尾生"没有了,"望夫台"也没有了。但保留这样的典故,却可能会给英语世界的读者造成理解上的障碍,如王国维《人间词话》所说的"隔"。要让其"不隔",最好就是将这类典故省去。庞德翻译中国诗,如像我们的笺注家那样讲究"无一字无来处",字斟句酌,原文照译,可读性和审美性就会大大降低,《神州集》也就不可能在英语世界的读者中掀起一阵"汉诗热"。

不过,庞德的《神州集》不是严格意义上的翻译,甚至也不是通常意义上的改写,他是在用英语的诗歌语言表现"中国诗"的"神韵",是一种"发明"或创造。诺贝尔奖得主T. S. 艾略特在其选编的《庞德诗选》的序言中就说:

> 说到《神州集》,我们必须指出:庞德是我们这个时代的中国诗的发明者……窃以为,庞德的翻译比理雅各(James Legge)这类汉学家的翻译更能使我们深刻领悟到中国诗的真精神。我曾预言,三百年之后,庞德的《神州集》将成为所谓"温莎翻译(Windsor Translation)",正如恰普曼(Chapman)之荷马、诺斯(North)之普鲁塔克(Plutarch)今日成为"都铎翻译(Tudor Translation)"一样,将被视为"二十世纪诗歌的杰作",而非某种"译诗"。一代自有一代之翻译。质言之,我们今日所知道的中

国诗,不过是庞德发明出来的某种东西。我们与其说有一种自在的中国诗(a Chinese poetry-in-itself),等待着某位举世无双的理想的翻译家去发现,毋宁说庞德以其传神的翻译丰富了现代英语诗歌的宝库。

艾略特当日所言,正是今日美国学者的共识,难怪他们不约而同地要把李白的《长干行》选入各种版本的"美国诗选"中。

庞德的足迹从未踏上过神州大地。他对这个东方文明古国以及在这片土地上产生的中国诗与中国文化,始终有一种距离感和神秘感。他卷帙浩繁的《诗章》(Cantos)中,有描写中国的篇章(如第十三章),还不时引用儒家格言和中国古诗,甚至将《击壤歌》原文"日出而作,日入而息。凿井而饮,耕田而食"与"礼""乐""仁""爱"等汉字穿插其间。对中国诗和中国文化如此一往情深,欧美诗人中还没有第二个。

原载《读书》2001年第10期

初版后记

我们这代"50后"生长在动乱年代,童年遭遇饥荒,少年遭遇"文革",小学中学都是混毕业的。我在同年级算好学者,所谓好学,无非是课外多读了一些被官方列为禁书的中外文学名著。高中毕业后到农村插队,白天出工,晚上在农家土屋摇曳的煤油灯下,如饥似渴阅读从各种渠道得到的文史哲书籍,似懂非懂。但这些漫无边际没有功利目的的阅读,不仅让我空虚的心灵有所寄托,在黑暗时代向往着自由与光明,也培养了我对人文学科浓厚的兴趣。但1977年恢复高考,我却突然对文科感到厌倦,选择了理工科。进入大学后到工厂实习,发现自己对工程技术人员的生活毫无兴趣。这才意识到选择专业就是选择一种生活方式,乃至选择一种人生。大学毕业前,在系总支书记陈老师与同学的鼓励下,跨专业报考古代文学研究生,后来成为一名从事古代文学教学与研究的高校教师。

毋庸讳言,在现代社会,古代文学是很边缘很冷门的学科,很多朋友曾对我的选择不理解,我却乐在其中。即使在高校教师很清贫的二十世纪八九十年代,也没后悔这种选择,因为我在"子曰诗云之乎者也"中找到了自己喜欢的生活方式。读书教书,与古人为友,在这个浮华喧嚣的时代,怡然自得,尽可能保持着精神的自由与内心的宁静。

本集所收论文,或"学报体",或"《读书》体",短则三四千言,长则万余言,故名《短长集》。论题从秦汉到明清,不是我精力充沛兴趣广泛,主要是因为教学工作的需要。我在硕士博士生阶段的研究课题是汉宋经学与秦汉儒学,博士毕业后到四川大学中文系任教,系上分配给我的工作却是讲授明清文学。好在硕士生阶段,诸老先生继承"蜀学"传统,学位课程以专书导读为主,从《毛诗》《庄子集释》《史记》《文选》到《元曲选》《古文辞类纂》等,获益匪浅。当年的学风与现在恰好相反,导师再三强调的是多读书,读好书,而不是发表论文。自知半路出家,才疏学浅,所以无论寒暑,甚至周末看坝坝电影,都手不释卷。没有明确的功利目的,而是为充实自己,为对得起读书人这个称号而已。因有这样苦读泛读的笨功夫,所以能很快适应新的教学任务,并受到学生的欢迎。

光阴荏苒,不觉老之已至。当年弃工学文,无所谓雄心壮志,不过是服从内心的呼唤,选择自己喜欢的生活方式。自我期许,平常人平常心,如朱熹《大学章句序》所云"知其性分之所固有,尽其职分之所当为",做一个称职的高校教师而已。近30年所撰写论文,努力表达自己对传统文化与文学的认识与理解,虽然不乏新意有所创获,却不敢自诩对学术有多大新贡献。有些当年算是大胆新颖的观点,今日看来难免幼稚可笑。敝帚自珍，姑仍其旧，以见时代变化之迹。博士生赵宝靖同学不辞辛劳为我搜集整理这些旧文，谨致谢忱。

谢谦

2015年2月22日于四川大学江安花园

再版后记

2021年年底,我65岁,光荣退休,彻底躺平。我所谓躺平,不是饱食终日,无所用心,而是随心所欲,做自己喜欢的事情。

我所喜欢的事情,一是旅游观光,一是整理旧文。我现在就在飞往贝尔格莱德的万米高空,用WPS手机版,撰写《儒学与古典文学论集》的后记。此书九年前曾以《短长集》为名由中国社会科学出版社出版,此次由四川人民出版社再版,文字有修改,篇目有增删,比旧版更完善。另一本随笔集《国学漫笔》,十四五年前为《成都日报》撰写的专栏文字结集,刚刚整理完毕,也将由四川人民出版社出版。

我这一生,平淡无奇,赖以安身立命的工作无非三件事:读书、教书和写书。先后与成都出版社、四川大学出版社、中国人民大学出版社、高等教育出版社、中国社会科学出版社、四川辞书出版社、商务印书馆国际有限公司、中华书局、广西师大出版社等多家出版社有过合作,但与四川人民出版社最有缘分。从1990年出版译著《钟与鼓——〈诗经〉的主题与创作方式》起,《国学基本知识现代诠释词典》《中国古代宗教与礼乐文化》等学术类著述，以及《十八岁的花季》《十八岁的雨季》《十八岁的偶像》《鬼精灵漫游数学王国》《鬼精灵漫游语文王国》《鬼精灵漫游历史王国》《鬼精灵漫游自然王国》等为脱贫而编写的中小学生趣味读物，都是由四川人民出版社出版。值得一提的是，由本人主持、四川大学古代文学教研室集体编写的专业教材《中国文学》（四卷本），1999年由四川人民出版社初版，2002年荣获教育部"全国普通高校优秀教材"二等奖，2006年修订再版，2023年再次修订为"珍藏版"，成为我们教研室集体的人生纪念。

除学术性文字外，同时也整理天涯博客上的生活类文字，先期结集成两书，一本《结婚记》，去年已由中华书局出版；另一本《种豆得瓜集》，今年也将由广西师大出版社出版。两本书都是非虚构写作，或曰生活散文，讲述我自己曾经经历和正在经历的人生故事，以体现我的人生追求，将学术和人生打成一片。有媒体记者称《结婚记》是"成都版《浮生六记》"，新华社《新华每日电讯》发表长篇专访推介此书，央视网"2023年读书盛典"也将此书推荐为生活类优秀图书，很受读者好评。一般人的刻板印象，古典文学教授就是传说中的"子曰诗云之乎者也"迂夫子，食古不化，不接地气。我相信我的学术论集和生活散文，会彻底颠覆这一印象。

谢谦

2024年6月5日当地时间8：30—11：05

于Qatar Airways多哈—贝尔格莱德231航班

图书在版编目（CIP）数据

儒学与古典文学论集 / 谢谦著. -- 成都：四川人民出版社, 2025.1. -- ISBN 978-7-220-13765-5
Ⅰ.B222.05-53；I206.2-53
中国国家版本馆CIP数据核字第2024R9P644号

RUXUE YU GUDIAN WENXUE LUNJI

儒学与古典文学论集
谢谦 著

出 版 人	黄立新
策　　划	江　澄　李淑云
责任编辑	李淑云
封面设计	张　科
版式设计	张迪茗
责任校对	申婷婷
责任印制	周　奇

出版发行	四川人民出版社（成都市三色路238号）
网　　址	http://www.scpph.com
E-mail	scrmcbs@sina.com
新浪微博	@四川人民出版社
微信公众号	四川人民出版社
发行部业务电话	（028）86361653　86361656
防盗版举报电话	（028）86361661
照　　排	四川胜翔数码印务设计有限公司
印　　刷	成都东江印务有限公司
成品尺寸	145mm×210mm
印　　张	10.375
字　　数	218千
版　　次	2025年1月第1版
印　　次	2025年1月第1次印刷
书　　号	ISBN 978-7-220-13765-5
定　　价	69.00元

■版权所有·侵权必究
本书若出现印装质量问题，请与我社发行部联系调换
电话：（028）86361656